한국어 학습자를 위한 문법교육 연구

저자 박덕유 외

박문사

한국어 학습자를 위한 문법교육 연구

머리말

한국어는 표음문자인 한글과 표의문자인 한자의 상호보완으로 이루어진 우수한 언어이다. 특히, 과학적이고 체계적인 문자인 한글은 배우기 쉬운 훌륭한 문자이지만 어휘를 이해하는 데에는 한계성을 지닌다. 이를 보완하기 위해 뜻글자인 한자를 사용함으로써 어휘를 쉽게 이해할 수 있게 되었다. 세종은 이러한 언어 환경을 알고 훈민정음의 제자 원리에 풀어쓰기를 하지 않고 자음과 모음이 결합하여 한 음절을 이루는 모아쓰기 방식인 부서법(附書法)을 만들었다.

한국어는 표음주의와 표의주의의 상호보완으로 이루어지다 보니 동일한 단어에 대해 발음과 표기의 차이점이 발생하게 되어 한국어를 배우려는 외국인들은 이를 어렵게 여기는 것이 사실이다. 예를 들어 '마를'이라고 발음하지만 표기에서는 '말을'이라고 어근인 명사와 조사를 구별하여 적어야 한다. 따라서 한국어를 제대로 이해하기 위해서는 한국어의 문법규칙을 학습해야 한다.

더욱이 21세기의 언어는 컴퓨터와 인터넷, 그리고 스마트폰의 보급으로 일상적인 언어를 온라인상에서 사용하기 쉽게 변형시켜 어법에 상관없이 편리하게 사용하고 있어 '어법에 맞지 않은 표현'이 상당히 많아 우리 언어의 파괴 현상까지 치닫고 있는 실정이므로 그 어느 때보다 문법적인 지식이 필요한 시점이다. 따라서 문법 지식의 독자성을 확보하는 입장에서 '음운론, 형태론, 문장론'을 중심으로 체계적이고 구조적인 문법 지식을 분석적으로 학습하는 것이 우선적이며, 다음으로 의미론이나 화용론 등을 중심으로 문법 지식을 종합적으로 고찰하는 학습도 필요하다.

외국인들이 한국어를 배우는 초보 단계에서는 의사소통 중심의 기능주의적 학습이 중요하지만, 정확하고 체계적인 학습을 위해서는 한국어 문법 학습이 반드시 필요하다. 보다 효율적인 문법 학습을 위해서는 한국어의 문법적 규칙과 특징을 배워야 하고, 모국어와의 차이점을 비교 분석함으로써 효율적인 교육 방안을 마련해야 할 것이다.

이에 본서에서는 크게 한국어 음운론, 한국어 형태론, 한국어 어휘·의미론, 한국어 문장론 등 4개 장으로 나누어 구성하였다. 제1장 한국어 음운론 연구에서는 <한국어 초급 교재에서의 발음교육 방안 연구: 음운 변동 규칙을 중심으로>, 제2장 한국어 형태론 연구에서는 <한국어와 미얀마어의 조사 대조 연구>, <한국어와 중국어의 조어법 대조 연구>, <한국어 학습자를 위한 대등합성어 교육 연구>, 제3장 한국어 어휘·의미론 연구에서는 <한국어 고급 학습자의 다의 관계 인식 양상 연구: 동사 '먹다'를 중심으로>, <의미 중심 어휘지도를 위한 고급 한국어 학습자의 단어 연상 조사 연구>, 제4장 한국어 문장론 연구에서는 <한국어 피동, 사동 오류 분석 및 교육 방안 연구>, <중국인 학습자를 위한 한국어 어순 교육 방안 연구>를 다루었다.

한국어 문법은 단순히 지식을 획득하는 것만이 아니라, 그것을 실제 생활에 적용함으로써 한국어를 올바르게 사용할 수 있어야 한다. 이에 본서는 한국어 문법교육의 이론적인 면에서 문제가 되는 것과, 이론을 실생활에 적용할 수 있는 부분들을 통해 지식 전달뿐만 아니라 문제해결 능력을 진단함으로써 보다 정확한 언어생활을 할 수 있도록 집필하였다.

끝으로 『한국어 학습자를 위한 문법교육 연구』는 전반적인 지식 전달용이 아니라 개별적인 주제 선정과 그에 따른 특징 분석 등 실제적인 이해를 꾀하고자 집필하였다. 이에 본서를 흔쾌히 허락하신 윤석현 사장님과 편집을 맡아서 수고해 주신 이신 대리님께 진심으로 고마움을 전한다.

2012년 8월
저자 씀

차례

제3장

한국어 어휘·의미론 연구

제4장

한국어 문장론 연구

제 **1** 장
한국어 음운론 연구

제1장 한국어 음운론 연구

한국어 초급 교재에서의 발음교육 방안 연구

한국어 초급 교재에서의
발음교육 방안 연구
-음운 변동 규칙을 중심으로-

1 서론

　최근 한국어 교육은 의사소통 중심으로 이루어지고 있으며 많은 교재들이 기능 중심의 통합된 교재로 출간되고 있다. 대부분의 통합교재는 초급 교재의 첫 부분에서 음운, 음절 구성, 받침 발음의 기본적인 음운 교육을 하고 있지만 본문에서는 음운 규칙에 대한 설명을 포함하지 않고 있다. 이는 음운 변동 규칙은 교사의 간단한 설명으로 쉽게 이해될 수 있고, 일단 학습자가 음운 변동 현상을 이해하기만 하면 학습자 스스로가 자신의 발음을 교정할 수 있다고 생각하기 때문이다.[1] 한국어는 음절과 음절의 경계에서 많은 음운 변동이 일어나므로 자음과 모음의 정확한 발음만으로는 정확한 발음을 할 수 없고, 소리의 축약

---

[1] 정명숙(2003)에서는 한국어 발음이 제대로 이루어지지 않고 있는 이유에 대해 기술했다.

이나 연음 등 음운 변동 규칙을 알지 못하면 이해와 표현의 모순이 생길 수 있다. 이에 발음을 집중적으로 학습할 수 있도록 외국인을 위한 한국어 발음 교재가 출간되어 있으나 일반적으로 통합 교재를 통해 한국어를 학습하는 외국인 학습자들이 별도로 발음 교재를 학습하기는 쉽지 않을 것이다.[2]

한국어는 음운 변동의 수가 많고 복잡하므로 한국어를 배우는 초기부터 체계적이고 지속적으로 교육해야 한다. 이에 본고에서는 한국어 발음 교재의 음운 변동 규칙에 대한 부분을 분석하고 보완함으로써 이를 초급 통합 교재 내에서 활용하여 통합 수업 속에서 음운 변동에 대한 교육이 진행될 수 있는 방안을 마련하고자 한다.

이를 위해 우선 한국어 발음 교재 분석을 통해 외국인을 위한 한국어 발음 교육에서 음운 변동 규칙을 어떻게 설명하고 있는지에 대한 실태를 파악하도록 하겠다. 현재 한국어 발음 교육을 위한 교재로는 서울대학교의 『외국인을 위한 한국어 발음 47』(2009) 1,2권과 연세대학교의 『한국어 발음』(1995), 그리고 고려대학교의 『표준 한국어 발음 연습』(1991) 1,2권이 있다. 따라서 세 대학의 발음교육 내용을 비교 분석하고, 그 문제점을 보완하기 위해 현행 국어 어문 규정집의 <표준발음법> 항목을 토대로 음운 변동 규칙의 교수-학습 순서를 정하고자 한다.

다음으로 현재 많은 한국어 학습자들이 사용하고 있는 11개 대학 교

---

2) 인하대학교 한국어 강좌의 정규 과정은 총 6단계로 구성되어 있으며 각 단계마다 200시간의 수업으로 진행된다. 하루 4시간, 일주일에 20시간, 총 10주에 걸쳐 수업이 진행되며 인하한국어 교재는 이런 수업 시간에 맞춰 사용할 수 있도록 고안된 교재이다. 그러므로 정규 과정에서 통합 수업을 받는 외국인 학습자들이 학습하고 있는 교재 이외에 따로 발음 교재를 학습할 기회는 많지 않을 것으로 본다.

재를 분석하고, 그 중 3개 대학의 초급 교재 내에서 발음 부분이 어떻게 제시되고 있는지를 고찰하고자 한다. 나아가 짜여진 교육과정 내의 주제와 연관되는 규칙을 찾아 수준에 맞게 교재 안에서 교육할 수 있는 방안을 모색할 것이다.

대부분의 한국어 교재에서는 따로 발음 부분을 제시하고 있지 않으며, 제시하고 있다고 하더라도 음운 변동 규칙에 대한 설명 없이 주의해야 할 부분만 나와 있는 실정이다.[3] 이렇게 통합 수업이 진행된다면 학습자들이 원리를 알고 발음하기보다는 연습을 통해 개별 발음을 암기하는 식이 될 것이다. 따라서 사례를 제시하는 것보다는 음운 규칙에 대한 원리 설명을 추가한다면 학습자들이 정확한 발음을 연습을 통해 체득하는 것뿐만 아니라 원리 학습을 통해 이해함으로써 더욱 오래 기억하고 오용 사례가 줄어들 것으로 기대한다.

2 한국어 발음 교재에서의 음운 변동 교수 – 학습 내용 분석

한국어 발음 교재는 학습자의 효과적인 한국어 발음 교육과 학습을 위해 개발된 교재이다[4]. 이는 많은 연구를 통해 발음교육을 위한 내용과 방법을 제시해 놓았다고 볼 수 있다. 한국어 통합 교재 내에서 발음 부분을 효과적으로 교육하기 위해서는 발음 교재에서의 교육 순서와

----

3) 이 부분에 대해서는 본론의 '통합 교재의 발음교육 내용 분석' 부분에서 보다 자세하게 다루도록 하겠다.
4) 서울대학교(2009), 「외국인을 위한 한국어 발음 47」에서는 머리말에서 발음 교재의 출판 목적에 대해 설명하고 있다.

내용을 살펴보고 이를 알맞게 적용하는 것이 필요하다고 생각하여 본
장에서는 현재 출판되어 있는 한국어 발음 교재를 분석하고자 한다.

이를 위해 연세대학교(1995), 고려대학교(1991), 서울대학교(2009)에
서 발간한 세 권의 발음 교재를 분석 대상으로 하되, 본 연구의 내용
기재의 편의를 위해 각 교재에 다음과 같은 기호를 붙여 표기하기로
한다.

<표 1> 한국어 발음 교재 분석 대상

기호	교재
(가)	『표준 한국어 발음 연습 1, 2』, 고려대학교 민족 문화 연구소(1991)
(나)	『한국어 발음』, 연세대학교(1995)
(다)	『외국인을 위한 한국어 발음 47』, 서울대학교(2009)

위의 (가), (나), (다) 교재에서 제시한 음운 변동 규칙의 내용 순서
를 제시하면 다음과 같다.

<표 2> 분석 교재 내 음운 변동 규칙 제시 순서

	(가) 교재	(나) 교재	(다) 교재
음운 변동 규칙 제시 순서	음절 끝소리 규칙	음절 끝소리 규칙	홑받침 (끝소리 규칙)
	연음	겹받침	겹받침
	비음화(ㅂ+ㄴ,ㅁ)	유무성 자음	연음
	겹받침(ㅆ,)	모음조화	경음화 1 (학교[학꾜])
	구개음화	축약과 탈락	경음화 2 (신다[신따])
	격음화(ㅎ)	자음동화	경음화 3 (할 거예요[할꺼예요])

비음화(ㅁ,ㅇ+ㄹ)	경음화와 유성음화	경음화 4 (여권[여꿘])
비음화(ㄱ+ㄴ/ㅁ)	격음화	비음화 1 (한국말[한궁말])
비음화(ㄷ+ㄴ/ㅁ)	구개음화	비음화 2 (음료수[음뇨수])
겹받침( )	사잇소리	유음화
겹받침( )		유기음화
유음화		ㄴ첨가
연음법칙과 절음법칙		구개음화
ㄴ첨가		ㅎ탈락

세 교재 모두 음운 변동 규칙에서 '음절 끝소리 규칙'을 제일 먼저 제시하고 있다. (가) 교재는 한 항목의 음운규칙을 분산시켜서 교재에 배치하고 있는데, 동일한 비음화 현상이라 하더라도 네 부분으로 나누어서 제시하고 있다. 또한 겹받침도 1권 내에서만 세 부분으로 나누어서 제시하고 있다. (다) 교재도 (가) 교재와 마찬가지로 한 항목의 음운규칙을 여러 단원에 걸쳐 제시하고 있는데, (가) 교재는 한 항목의 음운 변동이 연속적으로 제시되어 있지 않는 반면에 (다) 교재에서는 한 항목의 음운 변동에 대해서 단원이 연속하여 구성되어 있다. (나) 교재는 음운 규칙을 한 항목 안에 제시함으로써 반복적인 제시를 피하고 있으나 보다 구체적인 제시가 필요하다.

또한, 이향(2002)에서 제시한 것처럼 (나) 교재는 음운 변동 사항을 현상별로 묶어 그 내용을 정리해 놓았다면 (가)와 (다) 교재는 나름대로의 난이도와 학습순서를 고려하여 간단한 것에서 복잡한 것으로 제시하고, 중요하다고 생각되는 항목의 반복 심화학습을 할 수 있도록 구성하고 있다.

한편, 이주희(2009)에서는 (가)와 (나) 교재를 분석하고 두 발음 교재의 문제점을 다음과 같이 네 가지로 정리하였다.

① 학습대상이 명확하지 않다.
② 내용 제시의 순서와 난이도에 대한 고려가 없다.
③ 다양한 연습이나 활동이 부족하다.
④ 시청각적인 자료가 부족하다.

이는 (가)와 (나) 교재가 1990년대에 출간되었고, (다) 교재가 2009년에 출간되어 시기적 간격이 비교적 크며, (다) 교재에서는 (가)와 (나) 교재의 문제점으로 지적된 연습 활동이나 시청각 자료 면에서 많이 보강된 것으로 보인다.

그러나 (다) 교재는 경음화를 1,2,3,4까지 세분한 점에 비해 연음규칙에 대해서는 매우 단순하게 다룬 점이나 비음화에 대해 '한국말, 음료수'에서처럼 'ㄱ'이 'ㅇ'으로, 'ㄹ'이 'ㄴ'으로 비음화된 사례를 분류하여 제시하였으나 '닫는[단는], 밥물[밤물]'에서처럼 'ㄷ'이 'ㄴ'으로, 'ㅂ'이 'ㅁ'으로 비음화 발음된 주요 규칙에 대해서는 언급이 없다. 또한, 유기음화와 'ㅎ' 탈락은 'ㅎ' 발음이라는 동일한 항목으로 설명될 것을 순차적 연계성 없이 제시한 점 등의 문제점이 보인다.

이에 본고에서는 세 교재 모두 발음학습의 체계성과 위계성이 미흡한 것으로 보고, <표 2>에서 제시한 항목별 내용을 모두 포괄하여 순차적이고도 체계적으로 제시하고자 한다.

3 한국어 음운 변동 규칙 제시 내용 선정

　김형복(2004)에서는 음운 변동 규칙의 교수-학습 순서를 제시하기 위해 두 가지 원칙을 기준으로 삼았다. 즉, 기초가 되는 것으로 쉽고 단순한 것을 먼저 가르치는 것과 많이 사용되는 것을 먼저 가르치는 것을 들었다. 이 중 "많이 사용되는 것을 먼저 가르친다."는 기준의 근거를 마련하기 위해 한국어 기초 어휘5)를 대상으로 음운 변동 규칙의 빈도를 조사하여 그 규칙의 교수-학습 순서를 제시하고 있다.

　본고에서는 이러한 발음 교재의 내용을 통합 교재에 적용시킴으로써 발음교육을 위한 음운 변동 규칙 내용을 선정하기 위해 표준발음법을 중심으로 제시하고자 한다. 현행 어문 규정의 표준발음법(1988년 제정)은 모두 30항으로 이루어져 있다. 표준발음법6) 은 별개의 독립된 영역이 아니라, 박덕유(2007)에서 제시한 것처럼 음운 영역에 관련된

---

5) 김형복(2004)에서는 한국어 기초 어휘에 나타는 음운 변동 규칙의 빈도를 조사하기 위하여 다음의 어휘를 대상으로 하였다.
　① 국립국어연구원(2003), 「한국어 학습용 어휘 선정 결과 보고서」의 1단계(초급) 어휘 982개
　② 한국어세계화추진위원회(2000), 「한국어 교육 기초 어휘 의미 빈도사전의 개발 사업 보고서」의 기초 어휘 1,087개
　③ 조현용(2000), 「한국어 어휘 교육 연구」의 한국어 교육용 기본 어휘 725개
　①~③을 대상으로 각 어휘 내에 나타나는 음운 변동 규칙의 빈도를 조사하였다.
6) '표준발음법'은 국어과 교육과정의 내용 체계의 하위 영역 중 '국어의 이해와 탐구' 영역이 아니라, 독립된 범주인 '국어의 규범과 적용'에 들어 있다. 그러나 이에 대한 내용이 <부록>에 실려 있어 실제로 학교 현장에서 학습하지 않게 되고, 또한, '표준발음법' 하위 영역이 음운에 관련된 전반적인 내용이므로 음운 영역에서 다루는 것이 실제 학생들의 오용 현상을 바로 잡을 수 있는 방안이 될 수 있다.

것이다. 이에 표준발음법에 따른 내용을 제시하면 다음과 같다.

    (1) 제1장 총칙(제1항)

    (2) 제2장 자음과 모음(제2항~제5항) → 음운

    (3) 제3장 소리의 길이(제6,7항) → 운소

    (4) 제4장 받침의 발음(제8항~제16항) → 음절말 끝소리규칙(홑받침,
        겹받침), ㅎ의 발음(축약, 탈락), 연음규칙(절음법칙)

    (5) 제5장 소리의 동화(제17항~제22항) → 구개음화, 비음화, 유음화,
        모음동화7)

    (6) 제6장 된소리되기(제23항~제28항) → 된소리, 사잇소리

    (7) 제7장 소리의 첨가(제29,30항) → ㄴ첨가, 사잇소리

이에 <표준발음법>에 따른 한국어 발음교육에서 교수-학습할 내용의 항목을 정리하면 아래 <표 3>과 같다.

<표 3> <표준발음법>에 따른 교수-학습 내용 항목

1. 음운(자음, 모음)	7. 비음화
2. 운소-소리의 장단	8. 유음화
3. 음절말 끝소리규칙	9. 모음동화(모음조화, 모음축약 포함)
4. 'ㅎ' 발음(축약과 탈락)	10. 된소리
5. 연음규칙(절음법칙8) 내포)	11. 첨가(ㄴ첨가, 사잇소리)
6. 구개음화	

······················

7) 결합적(조건) 변화의 음운변동은 다음과 같이 나눌 수 있다.
    ① 동화
      ㉠ 자음동화 : 비음화, 유음화   ㉡ 자음·모음동화 : 구개음화
      ㉢ 모음동화 : 모음조화, ㅣ모음 역행동화
    ② 비동화
      ㉠ 축약   ㉡ 탈락
      ㉢ 받침의 끝소리규칙   ㉣ 첨가 : 된소리, 사잇소리
8) 절음법칙은 합성어나 단어 사이에서 앞의 받침이 모음을 만날 때, 받침이 모음

<표 2>에서 제시한 발음 교재의 겹받침은 <표 3>의 음절말 끝소리 규칙과 'ㅎ' 발음에서 설명되는 사항이다. 그리고 격음화와 유기음은 'ㅎ' 발음의 축약에서 설명된다.

 # 4 초급 교재에서의 발음교육 방안

효과적인 발음교육을 위해서는 교사가 학습자들에게 '무엇을', '왜' 학습하고 있는지를 분명히 알도록 해야 하는 제시 단계가 필요하다. 그런 다음에는 원어민의 자연스러운 발음을 듣고 따라하는 연습단계 가 필요하며, 마지막으로는 학습자가 연습과 같은 인위적인 상황에서 벗어나 자연스러운 상황에서도 학습한 방법대로 발음할 수 있도록 하는 생성 단계가 필요하다. 본 장에서는 효과적인 발음 교육을 위해 발음교육에 대한 이론을 고찰하고 통합 교재 내에서 좀 더 효과적인 발음 교육을 할 수 있는 방안을 마련해 보고자 한다.

4.1. 발음교육에 대한 학습 원리

현재까지 영어 교수법을 중심으로 한 외국어 교수법에 있어 발음교 육은 두 가지 방향으로 발전해 왔는데 이는 '직관적-모방적 접근법' (intutive-imitative approach)과 '분석적-언어적 접근법'(analytic-linguistic

---

위에 바로 연음되지 않고, 끊어져서 대표음으로 발음되는 음운 법칙으로 일종 의 연음법칙에 해당된다.

approach)이다.9) 이 두가지 접근법의 특징을 살펴보면 다음과 같다.

<표 4> 발음교육의 두 가지 접근법

직관적-모방적 접근법	분석적-언어적 접근법
- 학습자들에게 명시적인 정보를 제공하지 않고, 목표어의 소리와 리듬을 모방하고 청취하게 하는 방법 - 듣고 따라할 수 있는 원어민의 발음과 같은 모델이 전제 되어야 함 - 오디오, 비디오, CD를 사용하여 학습자들의 발음이 향상 된다는 것을 전제로 함	- 음성기호(Phonetic alphabet), 조음기술(articulatory descriptions), 발성기관 도표 (chart of vocal apparatus), 대조정보(contrastive information)와 더불어 청취, 모방 등 소리생성에 도움이 되는 정보와 자료를 이용하는 방법 - 명확하게 목표어의 소리를 들려주고 주의를 기울이게 함 - 직관적-모방적 접근법을 보완하는 방법으로 발전 됨

이 두 가지 접근법은 어느 것이 우위에 있고, 좋고 나쁘다고 평가할 수 없다. 발음 교수 상황이나 학습자에 맞추어 두 가지 접근법을 적절히 통합하거나 또는 장점을 수용하여, 효과적인 발음교육에 활용하는 것이 타당하다고 본다. 이에 본고에서는 두 가지 접근법을 통합하여 사용하되 그 중 분석적-언어적 접근법에 가깝게 접근하려고 한다. 현재 통합 교재에서의 발음 부분은 정확히 발음해야 할 내용만 교재에 제시하거나 CD를 통해 정확한 원어민의 발음을 들려 주는 것으로 학습하므로 '직관적-모방적 접근법'에 가깝다고 볼 수 있다. 이에 '분석적-언어적 접근법'을 통해 발음하는 방법에 대한 설명을 추가함으로써

....

9) Celee-Murcia, M. Briton, D. & Goodwin, J. (2002). Teaching pronounciation. Cambridge:Cambridge University Press. 이주희(2009) 재인용.

보다 정확한 발음을 할 수 있도록 하고자 함이다. 이와 같은 접근법에 대한 근거는 이주희(2009)에서 실시한 요구조사[10] 결과에서도 찾아볼 수 있다. 그 내용 중 일부를 보이면 다음과 같다.

(1) 초급 단계에서 사용한 교재의 발음 부분에 대한 만족도 조사
 ① **만족하지 않는다** - 62%
 ② **전혀 만족하지 않는다** - 15%
 ③ 만족한다 - 11%
(2) 사용 교재 불만족에 대한 이유
 ① 연습이나 활동이 없다 - 33%
 ② **설명과 제시가 간단하다** - 30.5%
 ③ 시청각 자료의 제시가 부족하거나 없다 - 27%
(3) 발음 교육 시 사용된 자료의 유형
 ① **통합 교재** - 70%
 ② 유인물 - 24%
 ③ 발음 교재 - 17%
(4) 발음 교재 개발 시 고려사항[11]

· · · · · · · · · · · · · · · · · ·

10) 이주희(2009)에서는 한국어 초급 발음 교재에 대해 연구하면서 '초급 발음 교 재 및 수업'에 대해 교사와 학습자들을 대상으로 요구조사를 실시하였다. 이 중 학습자를 대상으로 한 설문조사 항목으로는 개인 정보를 비롯하여 교재에 대한 조사, 발음 교육 현황에 대한 조사, 발음에 대한 중요성 인식 및 발음 오류에 대한 조사, 발음 교재의 필요성 및 구성에 대한 조사로 총 22문항이었 다. 총 157명의 학습자들을 대상으로 하였으며 이 중 60명(38%)의 학습자는 학습 기간이 6개월 미만으로 초급 학습자로 분류할 수 있다. 본고에서는 이 요구조사 항목 중 ① 사용 교재의 발음 부분에 대한 만족도와 ② 불만족의 이유, ③ 발음 교육 시 사용된 자료의 유형, ④ 발음 교재 개발에 있어 고려 사항 세 부분에 대한 내용을 인용하고자 한다.
11) 이주희(2009)는 '초급 발음 교재 개발'을 목적으로 하므로 요구조사 항목을 '발 음 교재 개발 시 고려사항' 항목으로 요구조사를 실시했지만 본고에서는 이를 '발음 교육 시 고려 사항'으로 인용하고자 한다.

① 다양한 연습 및 활동 - 57%
② 시청각적인 요소 - 46%
③ **발음원리 제시 및 설명** - 41%

결과를 보면 대부분의 학습자가 통합 교재를 사용하여 발음 교육을 받고 있으며 설명이나 제시가 간단하다는 이유로 교재 발음 학습에 대해 만족하지 못하고 있다. 또한 다양한 연습과 활동, 시청각적 요소, 발음 원리 제시 및 설명을 통해 발음을 학습하고 싶어 한다. 그렇게 봤을 때 학습자들의 요구 중 발음원리 제시 및 설명 부분이 부족하므로 '분석적-언어적 접근법'을 통해 발음의 원리를 설명해 주는 것이 필요하다고 본다.

4.2. 초급 교재 내에서의 발음교육 내용 분석

현재 많은 기관에서 한국어 통합 교재가 출간되어 대학에서 활용되고 있다. 가급적 최근에 발간된 대학 통합교재 11종을 <표 3>의 내용 항목에 따라 먼저 분석할 것이다. 항목 내용 중 음운은 대부분 초급 교재에서 자음과 모음에 대한 언급을 제시하고 있어 본 분석 내용에서는 제외하였다. 아울러 운소에 해당되는 소리의 길이에 대해서는 거의 모든 교재에서 다루지 않고 있어 이 항목에 대해서도 제외하였지만, 반드시 필요한 교수-학습 내용이다. 따라서 이 항목에 대해서는 별도로 다루고자 한다.

<표 5> 대학에서 사용하는 통합 교재 발음교육 내용 분석

	끝소리	ㅎ 발음	연음규칙	구개음화	비음화	유음화	모음동화	된소리	첨가	간극동화12)
경남대	2권 2,9과				3권 17과		2권 3과	3권 17과	3권 17과	
경희대	1권 10과	1권 10과	1권 5, 20과	2권 15과	2권 20,25과	2권 20과		2권 10과	5권	
고려대	1권, 2권 13과	1권 8과	1권 1과	4권	1권 10과, 14과	3권				
계명대	1권	3권						1권 3권		
서강대	1A	1A			1A	1A	1A	1A		
서울대					1권 2과					1권 21과
성균관대		3권 1과		3권 5과	3권 4,10과					2권 2과
연세대	1권 2권	1권 2권		1권 5,8과	1권 2과 2권 5과	1권 3,9과	1권 5과 2권 6과	1권 2권		
이화여대	1권 1과	1권 1,2과	1권 1과	1권 1과	1권 2과			1권 1과		
인하대	1권 2권	1권 2권	1권 2권	1권 3권	1권 2권	1권 2권		1권 2권		2권
한양대	1권 15과			1권 4과	1권 14과			1권 15과		

대학 교재에 나타난 음운 변동 규칙 내용 순서는 각기 다르다. 이에 음운 변동 규칙의 학습 순서에 대해서는 <표 7>에서 제시하고, 제4장의 교수-학습 내용 항목 관련에서 설명하고자 한다.

<표 5>의 교재 분석에서 초급 통합 교재는 4.1.장에서 언급한 이주희(2009)의 요구조사 대상자들이 사용한 교재를 중심으로 선정하고자

----
12) 간극동화는 모음간 자음동화의 일종으로 'ㅂ' 불규칙과 'ㄷ' 불규칙으로 이에 대한 오용 현상이 많아 교수-학습 항목으로 선정하였다.

한다. 이에 통합 교재 내에서 발음교육이 어떻게 이루어지고 있는지에 대한 실태를 파악하고 보완하여 초급 통합 교재 내에서의 발음교육 방안을 마련하는데 활용하고자 분석 대상으로 삼은 교재는『경희대 한국어』(2007), 『고려대 재미있는 한국어』(2008), 『인하 한국어』(2009) 초급 교재이며, 각 교재의 구성을 살펴보면 다음과 같다.

<표 6> 분석 대상 초급 교재의 구성

교재	교재 구성
경희대	· 총 20개 단원 · 듣기 - 문법과 말하기 - 읽기 - 쓰기 - 새 단어 * 5과마다 종합 연습
고려대	· 총 15개 단원 · 단원 소개 - 대화 & 이야기 - 말하기 연습 - 활동 　(듣기, 말하기, 읽기, 쓰기, 발음, 문화, 자기 평가) 　- 문법
인하대	· 총 20개 단원 · 준비해요 - 듣기 - 발음1 - 문법 1 - 말하기- 읽기 - 발음2 - 문법 2 - 쓰기 * 5과마다 문화 및 종합 연습

세 교재가 모두 통합 교재이기 때문에 매 단원에 말하기, 듣기, 읽기, 쓰기 영역이 고루 포함되어 있다. 경희대 교재는 듣기를 하며 도입을 하는 것에 비해 고려대와 인하대 교재에서는 따로 도입 부분을 마련하여 사진이나 어휘를 통해 도입을 할 수 있게 구성하였다. 또한, 각 기관마다 학습하는 영역의 순서에도 차이를 볼 수 있다. 경희대 교재는 듣기로 도입을 한 후에 문법을 학습하고 배운 문법을 활용해 말하기, 읽기, 쓰기를 하게 구성한 반면, 고려대 교재는 사진으로 도입을 한 후 듣기 내용을 이해하고 내용을 통해 각 영역별로 활동을 한다. 활동을

마친 후에 마지막으로 문법을 학습한다. 인하대 교재는 매 단원이 듣고 말하기와 읽고 쓰기 부분으로 나누어져 있어 듣기와 읽기 부분에서 각각 문법을 학습하게 되어 있다.

경희대와 인하대 교재는 5과마다 종합연습 단원을 구성하여 앞의 네 개 단원의 학습 내용에 대해 정리할 수 있게 되어 있지만 고려대 교재는 종합연습 단원이 없이 15개의 단원으로 구성되어 있다.

다음으로 각 교재의 발음 교육 부분에 대한 특징을 보면 다음과 같다.

<표 7> 분석 대상 통합 교재의 발음교육 내용

교재	발음 부분 제시 여부	단원 내용과 연관성	음운 변동 규칙 제시 순서	음운 변동 규칙 설명
경희대	매 5과 '종합연습'에 발음 부분 구성	○	연음(홑받침) - 'ㅎ' 탈락 - 끝소리규칙 - 연음(겹받침) - 된소리 - 구개음화 - 비음화 - 유음화 - 비음화 - 첨가	부록에 영어와 일본어로 설명
고려대	매 단원 '말하기 연습' 부분에 구성	○	연음 - 격음화 - 'ㅎ'탈락 - 비음화13) - 끝소리규칙 - 유음화 - 구개음화	본문에 영어로 설명
인하대	매 단원 듣기와 읽기 부분에 구성	○	'ㅎ' 발음 - 연음 - 된소리 - 비음화 - 끝소리규칙 - 구개음화 - 유음화 - 간극동화	주의해야 할 어휘만 제시되어 있으며 설명은 없음.

....

13) 고려대 교재에는 매 단원 발음 부분이 구성되어 있어 1급 교재에는 총 15개의 발음 부분이 구성되어 있다. 하지만 대부분 음운 변동 규칙에 관한 내용이 아니라 억양이나 자음과 모음 각각의 발음으로 구성되어 있다. 본고의 목적은 음운 변동 규칙에 대한 교육 방안이므로 목적에 맞지 않는 부분은 제외하였다.

(1) 경희대학교 『한국어 1,2』

경희대 교재는 매 5과마다 '종합연습' 단원에만 발음이 제시되어 있다. 네 단원 모두 음운 변동 규칙에 대해 다루고 있으며 제시 순서는 'ㅎ탈락 – 끝소리규칙 – 연음(겹받침) – 된소리 – 구개음화 – 비음화 – 유음화 – 비음화 – 첨가' 순이다.

본문에서는 해당 규칙의 예문이 제시되어 있고 몇 개의 연습 문제가 제시되어 있다. 다른 교재와는 달리 발음기호가 표시되어 있지 않지만 교재 마지막의 부록 부분에 영어와 일본어 설명을 붙여 학습할 수 있도록 하였다. 1권에서는 음운 규칙의 이름을 영어로 제시하고 있으며, 2권에서는 한국어와 영어를 함께 제시하고 있다. (예: 경음화(Tensification), 한국어 2, 10과) 또한 고려대학교 발음교재에서는 비음화를 세 개로 나누어 놓고 유음화를 따로 제시한 데 비해 경희대학교 교재에서는 '자음동화 1,2'로 나누어 그 안에서 비음화와 유음화를 설명하고 있다.

경희대학교 교재는 학습자들이 예문만을 보고 정확한 발음을 알기 어렵다는 점과 영어와 일본어를 사용하지 않는 학습자들은 음운 규칙을 학습하기 힘들다는 단점이 있다.

<경희대 『한국어』본문 제시 예>
1권 5과 종합 연습
② Liaison : Single final consonants

● 읽어 보세요.(Read the following)
잘 들어 보세요.   늦어서 죄송합니다.
선생님이 교실에 계십니다.   꽃이 예쁩니다.

● 잘 듣고 빈칸에 쓰세요. (Listen to the sentences and fill in the blanks.)
1) _____ 무엇입니까? (이름이)

2) 저는 _____ 살아요. (하숙집에)

3) _____ 어디에 있습니까? (교실이)

<경희대『한국어』부록 설명 제시 예>

1권 5과 종합 연습

Liaison/Resyllabication in connected speech(single final consonants)

Pronunciation Rule 1

When a word is made up of 2 orthographic syllables, and the first syllable has a final consonant(Batchim), and the second syllable begin with a phonetic vowel sound, the beginning of the second syllable takes on the sound of the "Batchim". For example, 들어 보세요 is pronounced as [드러보세요] and 꽃이 is pronounced as [꼬치].

ex) 거울이 [거우리]

선생님은 [선생니믄]

집에 [지베]

(2) 고려대학교, 『재미있는 한국어 1,2』

고려대 교재는 단원의 '말하기 연습' 부분에 '발음(Pronunciation)'이라는 제목으로 예문과 음운 규칙에 대한 설명(영어로 제시), 그리고 연습 문장이 제시되어 있다. 1,2권 모두 15개의 단원 중 3개의 단원만 음운 변동 규칙에 대한 내용이고 나머지 12개 단원은 자음과 모음의 발음에 대한 내용으로 구성되어 있어, 초급 교재 중에서 음운 변동 규칙은 '연음 – 격음화 – 'ㅎ'탈락 – 비음화14) – 끝소리규칙 – 유음화 – 구

----

14) 고려대 교재에는 매 단원 발음 부분이 구성되어 있어 1급 교재에는 총 15개의 발음 부분이 구성되어 있다. 하지만 대부분 음운 변동 규칙에 관한 내용이 아니라 억양이나 자음과 모음 각각의 발음으로 구성되어 있다. 본고의 목적은 음운 변동 규칙에 대한 교육 방안이므로 목적에 맞지 않는 부분은 제외하였다.

개음화' 순으로 제시되어 있다. 본문에서 각 단원에서 학습한 예문을
통해 음운 규칙을 제시하고 있으며 각 발음은 발음 기호를 표시하였다.
음운 규칙에 대한 제시와 설명은 1,2권 모두 영어로만 되어 있다. 설명
을 위한 예문 이외에도 <연습해 봅시다>에서 추가 예문을 제시하여
학습한 규칙을 다시 한 번 연습하여 발음할 수 있도록 하였다.

<고려대 『재미있는 한국어』 본문 제시 예>
1권 1과 발음 Pronunciation
Liaison

> 미국 <u>사람이에요</u>.
>   [사라미에요]
> 저는 <u>김한국이에요</u>.
>   [김한구기에요]
> <u>일본에서</u>   <u>왔어요</u>.
> [일보네서] [와써요]

In case where the preceding syllable ends with a consonant and the
follwing syllable starts with a vowel, the consonant in the preceding
syllable shifts to the vowel position and the sound of the consonants is
pronounced as the initial sound of the following syllable.

▶연습해 보세요.
  (1) 저는 회사원이에요.   (2) 영국에서 왔어요.
  (3) 저는 다니엘입니다.   (4) 베트남에서 왔어요.

---

(3) 인하대학교, 『인하한국어 1,2』

인하대 교재는 매 단원 듣기와 읽기 부분에서 <발음해 봅시다>라는
부분을 마련하여 발음을 제시하고 있다. 음운 규칙 순서는 'ㅎ 발음 –
연음 – 된소리 – 비음화 – 끝소리규칙 – 구개음화 – 유음화 – 간극동

화'로 구성되어 있다. 하지만 음운 규칙에 대한 설명 없이 사례를 들어 제시하였으며, 듣기와 읽기 텍스트 내에서 발음하기 어려운 부분들을 선정하여 제시하였고, 내용도 문장, 단어, 숫자, 고유 명사 등으로 일정하지 않게 제시되어 있다. 또한, CD를 통해 듣고 따라하는 연습만으로 발음 학습을 하도록 제시되어 학습자의 발음교육이 '제대로 읽기'에 초점이 맞춰져 있는 것으로 보인다. 따라서 가르치고자 하는 규칙의 근거에 맞춰 발음 규칙의 설명과 내용을 선정할 필요가 있다.

<인하대 『인하한국어』본문 제시 예>
1권 1과 발음해봅시다1

발음해봅시다1 (Let's pronounce1)

· 안녕하십니까 · 반갑습니다 · -입니다

4.3. 초급 교재 내에서의 발음교육 방안

본 장에서는 위의 세 교재의 발음 부분 분석을 통해 문제점을 분석하고 한국어 초급 통합 교재 내에서 좀 더 효과적인 발음 교육이 될 수 있는 방안을 마련해 보고자 한다.

효과적인 발음교육을 위해서는 크게 발음 규칙 체계와 학습 과정으로 나눌 수 있다. 전자는 받침 규칙, 음절 규칙, 동화 규칙, 첨가 규칙으로 나눌 수 있으며, 후자는 다시 제시 단계, 연습 단계, 생성 단계로 제시할 수 있다.

(1) 발음 규칙 체계

초급 통합 교재에서 발음 규칙 항목과 순서를 어떻게 정할 것인지가 고려되어야 한다. 한국어 교재마다 다르게 제시되어 있어 이에 대한 학습 내용 체계의 선정이 필요하다. 이에 <표 3>의 <표준발음법>에 따른 발음교육의 교수-학습 내용 항목과 <표 6>의 분석 대상 교재의 음운 변동 규칙 순서를 제시하면 다음과 같다.

> ㉠ <표준발음법>에 따른 교수-학습 내용 항목
> 음절말 끝소리규칙 - 'ㅎ' 발음(축약과 탈락) - 연음규칙(절음법칙 내포) - 구개음화 - 비음화 - 유음화 - 모음동화(모음조화, 모음축약 포함) - 된소리 - 첨가(ㄴ첨가, 사잇소리)
> ㉡ 경희대 교재
> 'ㅎ' 탈락 - 끝소리규칙 - 연음(겹받침)규칙 - 된소리 - 구개음화 - 비음화 - 유음화 - 비음화 - 첨가
> ㉢ 고려대 교재
> 연음규칙 - 격음화 - 'ㅎ' 탈락 - 비음화 - 끝소리규칙 - 유음화 - 구개음화

위의 3가지 내용을 바탕으로 발음 학습 항목과 순서를 선정하기 위한 규칙 체계를 제시하면 다음과 같다.

받침 규칙 → 음절 규칙 → 동화 규칙 → 첨가 규칙

① 받침 규칙

한국어의 받침 규칙은 세종 당시부터 제정된 규칙이다. '종성부용초성(15세기) → 8종성(15세기) → 7종성(17세기) → 7종성(현재)' 규칙으로 표기와 발음의 차이에서 오는 문제를 규정한 규칙으로 음절 끝소리 규칙이 이에 해당된다.

② 음절 규칙

음절과 음절이 만날 경우에 선행 음절의 받침이 후행 음절 음소(모음이나 자음)에 따라 연음규칙과 축약 현상(격음화), 탈락 등이 일어난다.

③ 동화 규칙

음운 변동에는 크게 결합적(조건) 변화와 자생적(무조건적) 변화로 나뉜다. 전자는 다시 동화 비동화로, 후자는 자음 변화와 모음변화로 분류된다. 자음 변화는 일종의 어두강음화 현상으로 모음변화는 고설모음화 현상으로 나타난다. 동화에는 크게 자음동화와 모음동화로 나뉜다. 자음동화는 음절과 음절이 결합할 경우에 음절 끝 자음이 그 뒤에 오는 자음과 만나면서 어느 한쪽이 다른 쪽 소리를 닮아서 그 영향을 준 소리로 바뀌거나 그와 비슷한 성질을 가진 소리로 바뀌기도 하고 양쪽이 서로 닮아서 두 소리가 모두 바뀌기도 하는 현상으로 비음화와 유음화가 있다. 모음동화는 모음과 모음 사이에 일어나는 동화 현상으로 모음조화, ㅣ모음 동화가 있다.

이외에 자음과 모음 간에 일어나는 동화 현상으로 구개음화가 있으며, 모음 간 자음 동화 현상인 간극동화가 있다.

④ 첨가 규칙

한국어 발음의 음운 첨가 현상으로 된소리 현상과 사잇소리 현상, 그리고 'ㄴ' 소리 첨가를 들 수 있다. 사잇소리 현상은 어근과 어근의 결합에서 이루어지는 음운 규칙으로 선행 음절 끝소리가 울림소리이어야 한다.

이상 4가지 규칙 체계에 의해 음운 변동 학습의 주요 내용 순서를 제시하면 다음과 같다.

음절 끝소리 규칙 → 연음 법칙, 축약(격음화), 탈락 → 비음동화, 유음 동화, 모음동화, 구개음화 → 된소리, 사잇소리

(2) 음운 변동 규칙 학습 과정

허용 외(2005)에서 제시한 제시 단계, 연습 단계, 생성 단계의 각 특징을 중심으로 고찰하면 다음과 같다.

① 제시 단계

학습자들에게 어떤 특정한 소리 및 그 소리의 특징과 관련된 사항을 제시함으로써 학습자들로 하여금 그 소리를 알게 하는 단계로 보통 설명 및 분석과 듣고 구별하기의 활동으로 구성된다. 따라서 교사는 학습자들에게 어떤 특정한 발음과 음운 규칙이 언제 어떻게 나타나는지에 관하여 명확한 설명을 제시한다. 무엇보다도 교사는 제시단계에서 따로 텍스트나 예문을 준비하기보다는 앞서 학습한 텍스트 중에서 무엇을 발음 학습으로 선정할 것인지, 또한 그 규칙을 어떻게 설명할 것인지를 선정하는 것이 더욱 중요하다고 할 수 있겠다.

② 연습 단계

학습자가 연습을 통하여 학습 대상 언어의 발음을 모방할 수 있을 뿐만 아니라 새로 습득한 발음을 자신의 발음으로 고정시킬 수 있는 수준까지 발전할 수 있도록 지도해야 한다. 이 단계에서는 제시 단계에서 학습한 내용을 학습자로 하여금 실제로 연습해 보도록 한다. 또한, 연습 단계도 미리 제시된 텍스트 안에서 자연스럽게 발음하는 연습을 하면 되겠지만 한 개의 단어 또는 문장으로 연습이 충분하지 않다면 교사가 몇 개의 예문을 더 제시하는 것도 효과적이라고 본다.

③ 생성 단계

이 단계의 목표는 제시와 연습 단계를 통해 습득한 새로운 발음들을 학습자가 경험할 수 있는 자연스러운 상황에서 즉흥적이고 창의적인 발화를 할 수 있도록 하는 데 있다. 생성 단계에서는 본 수업이 발음만을 위해 구성되는 수업이 아니라 통합 수업 내의 일부분인 수업이기 때문에 발음 학습만을 위한 역할극이나 게임 등을 하기는 시간이나 교육과정상 어려울 것이므로 말하기 활동에서 발음 부분까지 고려한 과제를 제시함으로써 자연스럽게 학습한 발음을 사용할 수 있도록 해야 할 것이다.

이현아(2008)에서는 음운 변동 규칙의 교수-학습 내용을 선정하고, 그것의 교수-학습 순서를 제시하였다. 또한 선정한 내용을 통해 교수-학습 모형을 제시하였는데 '따라하기 - 설명 - 연습 및 오류 교정 - 반복연습 - 정리'의 단계이다. 김영선(2006)에서는 '듣기 단계 - 수용(인지 및 이해)단계 - 발성 단계 - 확인 및 교정 단계'로 설정하였고, 김형복(2006)에서는 '도입 - 오류 원인 제시 및 이해 - 오류 점검법 작성 - 오류 교정 연습 및 사용 - 마무리'의 단계별 방법을 제시하였다.

이현아(2008)와 김영선(2006)에서 모두 듣기로 모형이 시작되며[15] 그 이후에는 설명 단계와 연습 단계가 설정되어 있다.

이에 한국어 초급 통합 교재 내에서 발음교육 내용이 선정되면 듣기 CD를 통해 정확한 발음을 듣고 따라하기를 해야 한다. 다음으로 발음 규칙에 대한 설명을 듣고 그에 대한 연습을 실시함으로써 마무리 하는

....

15) 이현아(2008)에서는 '따라하기'를 도입 단계로 하였으나 따라하기 위해서는 듣기가 전제되어야 하므로 잠재적으로는 '듣기'가 도입 단계에 포함되어 있는 것으로 간주하였다.

순으로 발음 부분에 대한 교수-학습을 진행할 수 있을 것이다. 이에 초급 통합 교재에서의 발음 교수-학습 모형을 제시하면 다음과 같다.

<표 8> 초급 통합 교재에서의 발음 교수-학습 모형

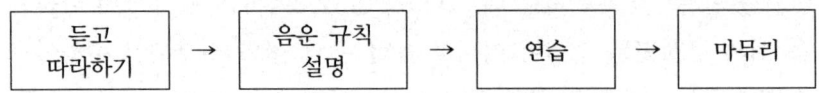

또한, 앞에서 살펴본 한국어 발음 교재와 통합 교재의 분석 고찰을 통해 한국어 초급 통합 교재 내에서의 발음교육을 위한 몇 가지 고려해야 할 점을 제시하면 다음과 같다.

(1) 통합 교재이므로 다른 영역과의 연계를 고려함으로써 발음교육을 위한 예문과 내용은 해당 단원의 주제와 학습 내용에서 선정한다.
(2) 음운 규칙의 교수-학습 순서는 난이도와 빈도수를 고려하되 <표준발음법>에서 제시한 내용을 지도함으로써 학습자들이 부담을 느끼지 않도록 한다.
(3) 음운 규칙의 명칭과 설명은 한국어로 하되16), 필요하면 영어나 학습자의 모국어 설명을 추가한다.
(4) 매 단원에서 음운 변동 규칙을 학습하는 것은 학습량의 부담이 되며 단계별로 음운 규칙을 학습할 때 초급에만 내용이 집중될 수 있으므로 발음 부분은 매 단원에 제시하는 것보다는 앞의 몇 개의 단원을 복습하는 '종합연습' 단원에 배치하고자 한다.

....

16) 3장에서 제시한 서울대학교(2009) 교재에는 음운 변동 규칙의 명칭과 설명을 학습자들이 알기 쉬운 한국어로 설명하고 있으므로 그 내용을 참조하면 도움이 될 것이라고 생각한다.

5 결론

최근 많은 한국어 교재들이 의사소통 중심의 말하기, 듣기, 읽기, 쓰기 기능을 통합한 교재로 출간되고 있다. 통합 교재들은 발음을 교육하기 위해 모음, 자음, 음절 구성, 기본적인 받침 발음 등의 음운 교육을 하고 있지만 보다 구체적인 음운 규칙에 대한 설명을 포함하지 않고 있다. 이에 발음을 집중적으로 학습할 수 있도록 한국어 발음 교재가 따로 출간되어 있으나 일반적으로 통합 교재를 통해 한국어를 학습하는 많은 외국인 학습자들이 별도로 발음 교재를 학습하지 않는 실정이므로 이에 대한 논의가 필요한 것이 사실이다.

그러므로 본고에서는 한국어 발음 교재의 음운 변동 규칙에 대한 부분과 국어 어문 규정의 <표준발음법>을 분석하여 대응 비교함으로써 한국어 발음교육의 교수-학습 내용 항목을 선정하였다. 그리고 이를 바탕으로 11개 대학의 통합 교재 내에서의 발음 부분을 분석하고, 이 중 3개 대학의 교재를 통해 통합 교재 수업에서 음운 변동에 대한 교수-학습 방안을 제시하였다.

본고에서는 현행 사용되는 통합 교재 전체(초급, 중급, 고급)를 대상으로 하지 않고 초급 교재만을 대상으로 하였으며, 교재 자체의 주제의 난이도 및 내용은 고려하지 않은 한계점이 있어 이 부분에 대해서는 차후 과제로 남긴다.

참고문헌

김영선(2006), "한국어 교육 발음 교재의 구성 방식과 내용", 『우리말연구』(우리말글학회) 18, pp.237~260.

김형복(2004). "한국어 음운 변동 규칙의 교수-학습 순서 연구", 『한국어교육』(국제한국어교육학회) 15-3, pp.23~41.

박기영(2010), "한국어 음운론과 한국어 발음 교육의 상관성에 대한 일고찰", 『어문논집』(중앙어문학회) 43, pp.7~30.

박덕유(2007), "효율적인 음운교육의 학습 방안 연구", 『새국어교육』(한국국어교육학회) 77. pp.99~120.

박덕유(2010), 『외국인을 위한 한국어』, 박문사.

박영순(2001), 『외국어로서의 한국어 교육론』, 도서출판월인.

박영순(2002), 『21세기 한국어 교육학의 현광과 과제』, 한국문화사.

박정은·이주희(2008), "외국인을 위한 한국어 발음교재의 분석과 개선 방향 연구", 『국어국문학』(국어국문학회) 150, pp.565~602.

성희제(2003), "한국어 초기학습자를 위한 한국어음운 교육", 『한국언어문학』(한국언어문학회) 50, pp.493~514.

이종은(1997), "한국어 발음 교수 방법과 모형", 『교육한글』(한글학회) 10, pp.327~347.

이주희(2009), "요구 분석을 통한 한국어 초급 발음 교재 연구", 경희대학교 석사학위논문.

이현아(2008), "한국어 음운 변동 규칙의 효율적인 발음 교육 방안 연구", 동아대학교 석사학위논문.

허용 외 6명(2005), 『외국어로서의 한국어교육학 개론』, 도서출판 박이정.

<한국어 교재>

고려대학교 한국어문화연수부(1991),『표준 한국어 발음 연습1』, 고려
　　　대학교 출판부.

고려대학교 한국어문화교육센터(2008),『재미있는 한국어1』, 교보문고.

경희대학교 국제교육원 한국어교육부(2007),『한국어 1-6』, 경희대학
　　　교 출판국.

계명대학교한국어학당(2008, 2009),『살아있는 한국어 1~4』, 계명대학
　　　교 출판부.

김혜영(2006, 2008),『한국어 1~4』, 경남대학교 출판부.

서울대학교 언어교육원. 2009.『외국인을 위한 한국어 발음 47. 1,2』서
　　　울: 랭기지 플러스.

서울대학교 언어교육원(2000),『한국어 1~4』, 문진미디어.

선문대 한국어교육원(2008),『외국인 유학생을 위한 한국어 초급~고급』,
　　　한국문화사.

성균어학원(2004),『배우기 쉬운 한국어 1~6』, 성균관대학교 출판부.

성균어학원(2005),『말하기 쉬운 한국어 1~12』, 성균관대학교 출판부.

연세대학교 한국어학당(1995),『한국어 발음(한글판)』, 연세대학교 출
　　　판부.

연세대학교 한국어학당(2010),『연세한국어 읽기 1-6』, 연세대학교 출
　　　판부.

이화여자대학교언어교육원(2010),『이화한국어 1-6』, 이화여자대학교
　　　출판부.

인하대학교 한국어교재 편찬위원회(2008),『인하한국어1~2』, 인하대
　　　학교 출판부.

한양대학교 국제어학원(2008),『한양한국어 1-6』, 한양대학교 출판부.

제 2 장
한국어 형태론 연구

제2장 한국어 형태론 연구

한국어와 미얀마어의 조사 대조 연구

한국어와 중국어의 조어법 대조 연구

한국어 학습자를 위한 대등합성어의 교육 방안 연구

한국어와 미얀마어의 조사 대조 연구

 1 서론

　미얀마의 양곤 외국어대학교 (University of Foreign Languages, Yangon)의 한국어과 설립(1996년)과 만달레이 외국어대학교(University of Foreign Languages, Mandalay)의 한국어과 설립(1997년)을 시작으로 미얀마에도 한국어를 배우려는 학생이 점점 증가하고 있는 추세이다. 그러나 미얀마어와 한국어의 대조 연구나 미얀마 학생을 대상으로 한 한국어교육의 연구가 미흡하기 때문에 이에 대한 연구가 활발하게 진행되어야 할 것이다.

　이에 본고에서는 양국의 문법 분야에 대한 대조 분석을 통해 한국어를 공부하려는 미얀마 학습자들에게 도움을 주기 위해 문법 중에서도 가장 오류의 횟수가 많은 조사의 대비 연구를 하고자 한다. 한국어와 미얀마어는 어족이 다름에도 불구하고 어순이 같고 조사와 어미를 활용하는 문장 구조가 같지만 조사의 사용 방법이 다르기 때문에 학습자들이 어려워하고 혼동해서 잘못 사용하는 경우가 많다.

본고의 연구 범위와 방법으로는 한국어의 격조사, 접속조사, 보조사에 따른 미얀마어의 격조사, 접속조사, 보조사를 대응시켜 그 유사점과 차이점을 분석 고찰할 것이다. 두 언어의 차이점을 고찰하려면 조사의 문법적 기능에 따른 특징과 의미적 차이에 따른 통사적 특징을 비교 분석해야 정확한 대비를 할 수 있지만 본고에서는 지면관계상 우선 문법적 기능에 따른 대비 분석을 하고, 통사적 특징에 따른 대비 분석은 다음에 고찰하고자 한다.

2 한국어와 미얀마어 조사의 종류와 특징

2.1. 한국어 조사의 종류와 특징

주로 체언 뒤에 붙어서 다양한 문법적 관계를 나타내거나 특별한 뜻을 더해 주는 관계사를 조사라고 한다. 조사는 형태상으로 활용되지 않지만, 서술격 조사는 활용되며, 의미상으로 격조사와 접속조사는 구체적인 의미가 없으나 보조사는 구체적인 의미가 있다. 조사는 주로 체언에 붙지만, 용언(연결어미)이나 부사에 결합되기도 하고, '-요'나 '-고'처럼 語末어미에 결합되기도 한다. 그리고 여러 개의 조사가 겹쳐 쓰일 수도 있다. 조사가 형식형태소이면서 의존형태소이지만 학교문법에서는 하나의 단어로 취급한다.

한국어 조사의 갈래는 크게 그 기능에 따라 격조사, 접속조사, 보조
사로 분류된다. 격조사는 한 문장에서 선행하는 체언으로 하여금 일정
한 자격을 갖도록 해 주는 조사를 의미한다. 격조사에는 주격(-이/가,
-께서(높임), -에서(단체), -서(사람 수 '혼자서'), 서술격(-이다(조사와
용언의 속성<즉 어미 활용>을 함께 지님), 목적격(-을/를), 보격(-이/
가), 관형격(-의), 호격(-아/야, -(이)여, -(이)시여)과 부사격 조사가
있다. 부사격 조사로는 處所(-에,-에서,-한테,-께,-에게); 道具(-로써,-
로); 資格(-로,-로서); 指向點(-로,-에) 原因(-에); 時間(-에); 所在地
(-에); 落着點(-에,-에게<有情名詞>); 出發點(-에서,-에게서,-한테서);
比較(-처럼,-만큼,-대로,-하고,-와/과, -보다); 與同(-하고,-와/ 과); 變
化(-으로,-가/이); 引用(-고,-라고) 등을 들 수 있다.

접속조사는 두 단어를 같은 자격으로 이어주는 조사로 '-과/와, -
(에)다, -하고, -(이)며, -랑' 등을 들 수 있다. 문장과 문장을 연결하는
겹문장에서의 접속조사와 단어와 단어를 결합시키는 홑문장에서의 접
속조사가 있다. 그리고 보조사는 일정한 의미를 나타내는 加意性(앞말
에 특별한 뜻을 더함) 조사로서, 말하는 이의 어떤 생각이 전제되었을
때 쓰인다. 보조사에는 표별 조사와 협수 조사로 분류할 수 있다. 보조
사에는 같은 동아리에 드는 부류들과 다른 가치를 갖는 표별 조사 "-
은/는,-ㄹ랑(주제,대조); -만,-뿐(단독,한정); -부터(시작); -밖에(한계
선,더없음); -(이)나,-(이)든지,-(이)라도(선택); -나(槪算,어림); -나마
(불만,덜참); -야말로(특별,강조); -커녕(고사,그만두기); -(이)ㄴ들(비
특수)"와, 같은 동아리에 드는 부류들과 동일한 가치를 띠었음을 표시
하는 協隨 조사 "-도(첨가,동일); -까지(도급,미침); -조차(최종,더함);
-마져(종결,끝남)"가 있다.

2.2. 미얀마어 조사의 종류와 특징

미얀마어는 시노-티베트 (Sino-Tibet) 어족에 속하고 민족 언어가 약 백 개가 넘는 미얀마의 표준어이다. 미얀마어 문법에서는 구어체 (Spoken Language)와 문어체 (Written Language)의 두 가지 종류로 구분된다. 미얀마어는 자음 33개와 기본 모음 11개가 있으며 기본 자모음은 총 44개가 있다. 미얀마어도 성조가 있는데 중국어와는 달리 성조가 달라지면 모음의 표기법이 달라진다 즉, 다른 형태의 글자로 표기한다. 따라서 기본 모음 11개는 성조에 따라서 모음이 많아지는 것이다. 미얀마어의 품사는 크게 명사, 대명사, 동사, 형용사, 부사, 감탄사, 조사로 분류된다. 이 중 조사는 격조사 (ဝိဘတ် /wi. ba ´ /), 접속조사 (သမ္ဗန္ဓ /than ban da./), 보조사 (ပစ္စည်း /pji ´ si:/) 등 3종류로 분류된다.[1]

Khin Ohn Myint (1974)의 격조사 (ဝိဘတ် /wi. ba ´ /)와 보조사 (ပစ္စည်း /pji ´ si:/)에 대한 연구에서는 미얀마어의 격조사 (ဝိဘတ် /wi. ba ´ /)는 의미를 가지고 있지 않고 문법적 기능만 하고, 미얀마어의 보조사(ပစ္စည်း /pji ´ si:/)는 의미를 수반하며 문법적 역할을 한다고 제시하였다. 그러나 미얀마어 보조사 (ပစ္စည်း /pji ´ si:/)는 명사와 명사만 연결해주는 문법 형태가 아니라 문장과 문장을 연결시키는 문법 형태로서 한국어의 보조사 형태와는 조금 다른 기능을 갖는다.

Dagon U San Ngwe (1974)에서는 미얀마어의 조사를 구(ပုဒ် /pou ´ /, phrase) 하나 하나를 주격인지, 목적격인지 구분해 주고 각기 맞게 사용할 수 있도록 정리해 주는 역할의 문법 형태라고 제시하였다. 또한, 미

----

1) 미얀마 교육부(2005), 『미얀마 문법서』, 3~4 참조.

얀마어의 조사는 의존형태소로 조사 단독으로는 아무 의미를 갖지 못하지만 앞의 어떤 명사나 구와 함께 결합하면 하나의 문장을 완성시키는 중요한 문법 요소로 한국어의 조사의 기능과 유사함을 밝혔다.

한국어와 미얀마어의 조사 대조 연구로는 야다나 산다 윈(2007)의 "한국어와 미얀마어 격조사 비교 연구"가 유일하다. 이 논문은 한국어와 미얀마어 양국 언어 간의 격조사를 비교하여 동일한 기능, 그 실현과 특성 등을 제시하여 미얀마인의 한국어 학습자를 위한 한국어 격조사 교육 방법을 제시하였다. 미얀마어 문법에서는 접속조사와 보조사를 격조사와 분리해 다른 품사로 설정하고 있다.

미얀마어로 조사를 "ဝိဘတ်" /wi. ba´/라고 부른다. ဝိဘတ် /wi. ba´/이란 명사, 대명사 뒤에 붙어서 그들의 격 즉, 주어인지, 목적어인지를 분류하거나 동사나, 형용사에 붙어 그들의 시제와 종류를 분류해 주는 말을 미얀마어에서 조사라고 하는데 보다 구체적으로 제시하면 명사나 대명사에 붙어 쓰이는 နာမ်ဝိဘတ် /nan wi. ba´/과 동사나 형용사에 붙어 쓰이는 ကြိယာဝိဘတ် /kari.ja wi. ba´/의 두 가지로 분류한다.

본 연구에서는 명사, 대명사 등 체언에 붙어 쓰이는 နာမ်ဝိဘတ် /nan wi. ba´/는 17가지의 기능을 갖는데 이를 한국어의 조사와 대응하기로 한다. 따라서 본고에서는 격조사만이 아니라 접속조사와 보조사와의 문법적 형태와 기능에 따른 연구도 포함하여 분석 고찰할 것이다. 그리고 동사나 형용사 등 용언에 붙어 쓰이는 ကြိယာဝိဘတ် /kari.ja wi. ba´/의 경우에는 한국어에서 종결어미에 속하기 때문에 본고에서는 다루지 않겠다.

3 한국어와 미얀마어의 조사 대조 연구

한국어와 미얀마어 조사 중에 서로 대응되는 조사를 형태별로 분류하여 예문를 제시하면서 비교 분석할 것이다. 이에 한국어와 미얀마어 조사 형태 중에서 일치되는 조사의 대조 목록을 제시하면 다음 <표 1>과 같다.

<표 1> 한국어와 미얀마어 조사 형태 별 대조 목록

조사의 분류		한국어		미얀마어	
		부여	형태	부여	형태
	주격	○	이/가, 께서, 에서, 서	○	သည် /thi/, က /ka./, မှာ /mha/
	목적격	○	을/를	○	ကို /kou/
	관형격	○	의	○	၏ /i./
	보격	○	이/가('아니다, 되다')	×	
	호격	○	야/아, 여/이여, 시여/이시여	×	
	서술격	○	이다	×	
격조사	부사격 장소	○	에, 에서	○	၌/hnai´/,မှာ/hma/, တွင်/twin/, ဝယ်/we/, က /ka./
	수여	○	에, 에게, 께, 한테	○	အား /aː/, (ကို /kou/)
	상대	○	에, 에게, 한테, 더러, 보고	○	ကို /kou/
	유래	○	에서, 서, (으)로부터, 서부터	×	
	지향	○	에, (으)로, 에게로	○	သို့. /ghou./
	조격	○	(으)로, (으)로써	○	ဖြင့် /hpjin./, နှင့် /hnin./
	원인	○	(으)로, 에	○	ကြောင့် /gjoun./, ဖြင့် /hpjin./

		자격	○	(으)로, (으)로서	×	
		공동	○	과/와, 하고	×	
		비교	○	과/와, 같이, 처럼, 만, 만큼, 하고, 보다, 에, 에서	○	နှင့် /hnin./, နှင့်အတူ /hnin. atu/
		인용	○	라고, 이라고, 고, 하고	×	
접속조사			○	과/와, 하고, (이)랑	○	နှင့်/hnin./, နှင့်အတူ/hnin. atu/
보조사	표별	주제, 대조	○	은/는	×	
		단독, 한정	○	만, 뿐	×	
		시작	○	부터	○	မှ /hma./, က /ka./
		한계선, 더없음	○	밖에	×	
		선택	○	(이)나, (이)든지, (이)라도	×	
		어림	○	나	×	
		불만, 덜참	○	나마	×	
		특별, 강조	○	야말로	×	
		고사, 그만두기	○	커녕	×	
		비특수, 양보	○	(이)ㄴ들	×	
	첨수	첨가, 동일	○	도	×	
		도급, 마침	○	까지	○	ဂို. /ghou./, ထိ /hti./, အထိ /a. hti./, ထိအောင် /hti.oun/, တိုင်အောင် /tain oun/
		최종, 더함	○	조차	×	
		종결, 끝남	○	마저	×	

| | 같음 | ○ | 대로, 같이 | ○ | အလို /alai´/, အရ /aja./, အတိုင်း /a.tain:/ |
| | 섞여 있음 | ○ | 서껀 | × | |

　서로 계통이 다른 한국어와 미얀마어 간의 조사를 표와 같이 격조사, 접속조사, 보조사의 형태로 나누어 비교한 결과 접속조사는 거의 일치하는 것으로 나타났다. 또한, 격조사에서는 형태의 유사점이 많은 반면에, 보조사에서는 한국어 조사에 대응되는 미얀마어의 조사가 많지 않은 것으로 나타났다. 이는 미얀마어의 품사 중에 한국어의 보조사와 유형이 비슷한 품사가 따로 차지하고 있기 때문으로 볼 수 있다. 한국어와 미얀마어 조사 중에서 서로 대응되는 형태가 13가지가 있는데 이들 형태의 자세한 대조 분석을 예문과 함께 제시하고자 한다.

3.1. 격조사의 분류와 특징

　한 문장에서 선행하는 체언으로 하여금 일정한 자격을 갖도록 해주는 조사를 격조사라고 한다. 격조사를 세분할 때 형태를 중심으로 하거나 통사·의미적인 기능을 중심으로 분류하기도 하고 문장 성분과의 관계를 고려하여 분류하기도 한다. 본고에서는 형태를 중심으로 격조사를 분류하되 문장성분과의 관계를 고려하여 분류한 학교문법을 따르겠다. 학교문법에서는 격조사를 '주격, 목적격, 보격, 관형격, 서술격, 부사격, 호격'으로 분류한다.

　미얀마어에서는 조사를 분류하는 방식이 한국어와 다르기 때문에 미얀마어의 격조사 분류는 따로 제시하지 않고, 한국어의 격조사 분류에 따라서 이에 대응되는 미얀마어 조사를 분류하여 기술하겠다. 한국어 격조사에 해당되는 미얀마어 (နာမ်ဝိဘတ်/nan wi. ba´/)격조사를 도표로 살펴보면 다음의 <표 2>와 같다.

<표 2> 한국어 격조사와 미얀마어 격조사(နာမ်ဝိဘတ်/nan wi. ba´/) 대조

조사		한국어		미얀마어	
		부여	형태	부여	형태
주격조사		○	이/가, 께서, 에서, 서	○	သည် /thi/, က /ka./, မှာ /mha/
목적격조사		○	을/를	○	ကို /kou/
관형격조사		○	의	○	မ /hma./, က /ka./
보격조사		○	이/가 (아니다, 되다)	×	–
호격조사		○	야/아, 여/이여, 시여/이시여	×	–
서술격조사		○	이다	×	–
부사격조사	장소	○	에, 에서	○	၌/hnai´/, မှာ/hma/, တွင် /twin/, ဝယ် /we/, က /ka./
	수여	○	에, 에게, 께, 한테	○	အား /a:/, (ကို /kou/)
	상대	○	에, 에게, 한테, 더러, 보고	○	ကို /kou/
	유래	○	에서, 서, (으)로부터, 서부터	×	
	지향	○	에, (으)로, 에게로	○	သို့ /ghou./
	조격	○	(으)로, (으)로써	○	ဖြင့် /hpjin./, နှင့် /hnin./
	원인	○	(으)로, 에	○	ကြောင့် /gjoun./, ဖြင့် /hpjin./
	자격	○	(으)로, (으)로서	×	–
	공동	○	과/와, 하고	×	–
	비교	○	과/와, 같이, 처럼, 만, 만큼, 하고, 보다, 에, 에서	×	–
	인용	○	라고, 이라고, 고, 하고	×	–

<표 2>를 살펴보면 미얀마어 နံဝိဘာတ်/nan wi. ba´/중에서 한국어 격조사에 해당되는 조사를 볼 수 있다. 위에서 제시한 표에 따르면 한국어의 격조사 중에 '주격조사', '목적격조사', '관형격조사'와 대응되는 미얀마어의 조사가 있는 것을 볼 수 있다. 미얀마어의 조사에는 '보격조사', '호격조사', '서술격조사' 등은 없다. 그리고 부사격조사 중에서 장소, 수여, 상대, 향진, 조격, 원인을 나타내는 조사들이 미얀마어에 있는 반면에, 유래, 자격, 공동, 비교, 인용을 나타내는 조사들은 미얀마어에 없는 것으로 해석할 수 있다. 여기에서 부사격조사인 '상대'를 나타나는 조사의 형태가 미얀마어에서 따로 없고 대신 '목적격조사'의 형태가 이에 사용되고 있다.

3.1.1. 주격조사

앞에서 제시한 바와 같이 한국어의 주격조사는 문장에서 주어의 자격을 가지게 해 주는 역할을 하는 조사이다. 한국어의 주격조사의 형태로는 '이/가, 께서, 에서, 서'가 있는데 '이/가'는 음운론적 조건의 이형태로 인해 선행 명사의 끝 음절에 따라서 구별해서 쓰인다. "께서'는 주격조사의 높인 표현으로 쓰이고 단체의 표현으로는 '에서'와 '서'가 쓰인다.

한국어에 대응되는 미얀마어의 주격조사는 따로 존재하는데 그 조사를 미얀마어로 "ကတ္တားဝိဘာတ်/ka´ta: wi. ba´/"라고 한다. 여기에서 "ကတ္တား/ka´ta:/"는 주어를 뜻하고 "ဝိဘာတ်/wi. ba´/"는 조사를 뜻하는데 합쳐서 "ကတ္တားဝိဘာတ် /ka´ta: wi. ba´/"를 주격조사로 본다. 미얀마어의 주격조사 형태로는 "သည် /thi/, က /ka./, မှ /mha/"가 있다. 미얀마어의 조사 형태들은 체언과 결합할 때 한국어와 달리 선행 명사의 끝 음절과 상관없이 쓸 수 있다. 또한, 미얀마어에서 한국어처럼 높임 표현으로 쓰이는 주격조사가 따로 존재하지 않는다. 다만 미얀마어는 조사의 형태를 쓸 때 구어체와 문어체에 따라서 표현하는 형태가 달라진다. 미얀마어의 주격조사 형태 중에서 'သ /ka./'는 주로 구어체에서 많이 쓰이고 'သည် /thi/' 와 'မှ /mha/'는 문어체에서 많이 쓰인다.

(1) 가. 한국   음식   의   맵다.
    나. ကိုးရီးယား   အစားအစာ   က   စပ်ပါသည်။
        /kou ji: wa:/ /a. sa: a. sa/ /ka./   /sa' pa thi/

(2) 가. 한국어   가   어렵다.
    나. ကိုးရီးယားစာ   က   ခက်ပါသည်။
        /kou ji: wa: sa/   /ka./   /kha ' pa thi/

예문 (1)과 (2)의 경우는 한국어의 주격조사가 앞에 붙어 체언의 끝 음절에 따라 형태를 바꾸어 쓰는 대신 미얀마어의 주격조사 'ကတ္တားဝိဘတ် /ka ' ta: wi. ba ' /'는 앞의 붙은 명사의 끝 음절과 상관없이 쓰인다. 예문 (1-가)의 문장을 해석하면 '이'는 매운 것은 한국음식임을 표현해 주는 역할을 한다. 마찬가지로 예문(1-가)의 한국어의 문장과 같은 의미를 가진 예문(1-나)의 미얀마어 문장에서도 'သ /ka./'는 앞의 한국음식이 문장의 주어임을 표현해 준다. 따라서 예문(1-가)의 주격조사 형태 '-이'와 예문(1-나)의 주격조사 형태 'သ /ka./'는 문장에서 같은 기능임을 알 수 있다. 또한 예문 (2)를 보면 (2-가)의 '-가'는 예문 (2-나)의 미얀마어 문장에서도 'သ /ka./'로 사용된다. 따라서 한국어의 주격조사 '-이/-가'에 대응되는 미얀마어의 주격조사는 'သ /ka./'가 사용됨을 알 수 있다. 미얀마어에서는 어떤 단어의 형태든 항상 모음으로 끝나기 때문에 문장의 격을 표현해주는 조사와 결합할 때 끝 음절의 음운적 조건은 무의미한 것임을 알 수 있다. 그리고 예문 (1-나), (2-나) 문장에서 미얀마어의 주격조사 형태 ' က /ka./' 의 자리에 다른 형태인 'သည် /thi/'와 'မှာ /mha/'를 바꾸어서 사용해도 가능하다.

　다음으로 한국어 주격조사의 높임 표현과 단체의 경우에 쓰이는 주격조사의 예를 살펴보겠다.

　　(3) 가. 아버지　<u>께서</u>　　매일　　　6시에　　　　　일어나신다.
　　　　나. အဖေ　　က　ေန့.တိုင်း　6 နာရီမှာ　　အိပ်ယာထထသည်။
　　　　　/ahpei/　/ka./ /nei.dain:/ /chau ´ na ji hma/　/ei ´ ja hta thi/

　　(4) 가. 서울시　　　<u>에서</u> 월드컵　　광장을　　　　만들었다.
　　　　나. ဆိုးလ်မြို့.တော်ဝန် မှာ ေ၀ါ(လ်)ကပ် ရင်ပြင်ညဿင့်ကို ေဆာက်ခဲ့သည်။
　　　　/Seoul mjou. do/　/mha/　/world cup/ /yin pyin u. yin kou//sou ´ khe ´ thi/

　예문 (3)과 (4)같은 경우에는 한국어 주격조사 형태 중에 높임을 표현하는 '-께서' 형태와 단체명사와 함께 쓰이는 '-에서' 형태를 들었다. 본 논문 앞 장에서 제시한 바와 같이 미얀마어 주격조사 형태에서는 높임표현에 쓰이는 형태가 따로 존재하지 않는다. 예문 (3-가)에서 한국어 문장이 가지고 있는 의미와 (3-나)에서 미얀마어 문장의 뜻이 일치하는데 (3-가)에서 아버지를 표시해주는 주격조사 형태 '-께서'를 사용한 대신에 미얀마어의 문장에서는 예문(1,2)에서 사용했던 주격조사 형태 ' က /ka./'를 사용한 것을 볼 수 있다. 예문 (4)의 경우는 단체나 공통기관이 문장에서 주어일 때 사용한 것이다. 미얀마어 주격조사 중에서 단체나 공통기관과 같이 쓰이는 형태로는 'မှာ /mha/'가 있는데 'မှာ /mha/'는 단체나 보편적인 단어와 함께 사용할 수 있다. 예문 (4-가)의 한국어 문장과 (4-나)의 미얀마어 문장 역시 같은 의미를 지니고 있는데 한국어 문장에서 주어를 나타내 주는 주격조사 형태 '-에서'를 사용하는 것처럼 미얀마어의 문장에서도 'မှ /mha/'형태를 사용하고 있는 것을 볼 수 있다. 한국어와 미얀마어 주격조사를 비교한 결과를 표로 간단하게 제시하면 <표 3>과 같다.

<표 3> 한국어와 미얀마어 주격조사의 문법적 특징 비교

	문법적 기능	한국어		미얀마어	
		부여	형태	부여	형태
주격 조사	보통	○	-이/-가	○	သည် /thi/, က /ka./, မှ /mha/
	높임	○	-께서	×	
	단체	○	-에서	○	မှ /mha/

3.1.2. 목적격조사

한국어에서는 문장에서 목적어임을 표시해 주는 격조사를 목적격조사라고 한다. 한국어의 목적격조사 형태로는 '-을'과 '-를'이 있는데 한국어의 음운론적 특징에 따라 선행 명사가 모음으로 끝나면 '-를'을 사용하고, 자음으로 끝나면 '-을'을 사용한다. 목적격조사에는 높임 표현과 단체명사에 쓰이는 형태가 따로 존재하지 않는다.

미얀마어의 "ကံဝိဘတ်/kan wi. ba ′ /"의 명칭에 따른 목적격조사도 한국어와 마찬가지로 어떤 명사에 붙어서 문장에서 목적어의 자격을 갖게 해 주는 형태이다. 미얀마어 목적어의 형태로는 'ကို /kou/' 하나뿐이다. 앞에도 언급한 바와 같이 미얀마어에서는 모든 단어가 모음으로 끝나기 때문에 조사의 형태를 선행 명사에 따라 다르게 사용하지 않는다. 미얀마어 목적격조사에서도 역시 높임법과 단체명사에 쓰이는 형태가 따로 없다. 한국어의 목적격조사와 미얀마어의 목적격조사 형태의 문법적 특징을 예문 (5), (6)을 통해 살펴보겠다.

(5) 가. 철수는　　　　운동　　　을　　　좋아해요.
　　　나. ‎ﾫﾗﾗﾗﾗﾧ　　　ﾗﾗﾗﾗﾗ　　　ﾗﾗ　　　ﾗﾗﾗﾗﾗﾗﾗﾗ။
　　　/choː su. ka. do./ /aː ka. saː/ /kou/ /kjaiˈ hniˈ thaˈ de/

(6) 가. 영희가　　　　　독서　　　를　　　좋아해요.
　　　나. ﾗﾗﾗﾗﾗﾗﾗ　　　ﾗﾗﾗﾗﾗﾗ　　　ﾗﾗ　　　ﾗﾗﾗﾗﾗﾗﾗﾗ။
　　　/woun hi: ka./ /sa paˊchin:/ /kou/ /kjai ˊhni ˊtha ˊde/

　　위의 예문 (5)와 (6)은 한국어와 미얀마어 목적격 조사를 사용하여 작성한 문장들이다. 예문 (5-가)의 한국어 문장과 (5-나)의 미얀마어 문장은 같은 의미를 가진 문장인데 철수가 좋아하는 것이 운동임을 표현해주는 목적격조사 ‘-을’과 ‘ﾗ /kou/’를 사용하여 작성한 문장이다. 또한 예문 (6-가)와 (6-나)의 한국어와 미얀마어 문장도 같은 뜻을 지니고 있다. 영희가 좋아하는 것이 독서 즉, 무엇에 해당하는 목적어임을 알 수 있다. 예문에서 볼 수 있듯이 한국어 예문 (5-가)의 문장에서 목적인 ‘운동’은 자음으로 끝나서 ‘-을’을 사용하고 (6-가)에서 목적인 ‘독서’는 모음으로 끝나서 ‘-를’을 사용한 것에 비해 미얀마어 예문 (5-나)와 (6-나) 두 문장은 모두 미얀마어 목적격조사의 형태 ‘ﾗ /kou/’를 사용하여 만들었다. 따라서 문장에서 목적어임을 표현해 주는 역할을 하는 것은 동일하나 선행 명사의 끝음절에 따라서 형태를 달리 사용하는 한국어와 달리 미얀마어의 목적격조사 형태는 모든 명사에 동일하게 쓰일 수 있다.

　　또한, 한국어의 목적격조사의 형태 ‘-을/-를’는 다른 조사나 어미에 붙어 강조의 뜻을 나타날 수 있고 이 때 ‘-을/-를’은 ‘ㄹ’로 줄어들어 표현하기도 한다. 반면에 미얀마어의 ကိုယ်သော်의 형태 'ကို /kou/'는 그런 특별한 기능을 가지고 있지 않다.

(7) 가. 놀라질 마세요.
    나. 그 아이가 말을 잘 듣질 않아요.

3.1.3. 관형격조사

한국어에서 관형격조사는 명사와 명사를 연결하여 앞 명사가 뒤 명사를 수식하게 하는 조사를 가리키는데 앞 말이 뒷말에 대하여 소유, 소속, 소재, 관계, 기원, 주체의 의미를 나타낸다. 한국어의 관형격조사와 대조되는 미얀마어 조사는 소유격조사 "ပိုင်ဆိုင်ခြင်းပြသော်"의 '၏ /i./' 형태가 있다. 그러나 한국어의 관형격조사와 미얀마어 "ပိုင်ဆိုင်ခြင်းပြသော်"의 개념은 비슷하지만 한국어 관형격조사에서 나타나는 모든 문법적 특징들을 미얀마어 관형격조사에서는 가지고 있지 않다. 즉, 한국어의 관형격조사의 형태 '-의'는 소유뿐만 아니라 '주체, 위치, 수량' 등 다양한 의미를 가지고 있는 반면에, 미얀마어의 소유격조사는 명사와 명사를 결합하면서 뒤에 오는 명사를 앞에 명사가 소유함을 나타낸다. 따라서 한국어의 관형격조사 '-의' 형태의 소유 의미를 나타내는 문장과 미얀마어의 '၏ /i./' 형태를 사용한 문장을 예문으로 들어 설명하고자 한다.

(8) 가. 이건   누구   의   안경이에요?
    나. ဒီဟာ   ဘယ်သူ   ၏   မျက်မှန်လဲ။
       /di ha/ /be thu/ / i./   /mja' mhan le:/

예문 (8-가)와 (8-나)의 문장은 안경이 누구의 것인지 소유자를 물어 보는 질문이라는 점에서 동일한 의미로 분석할 수 있다. (8-가)의 한국어 문장에서 쓰이는 관형격조사 '-의'와 (8-나)의 미얀마어 문장에서 사용한 관형격조사 '၏ /i./' 의 기능이 일치하는 것을 확인할 수 있다.

3.1.4. 부사격조사

한국어 부사격조사 6가지에 대응되는 미얀마어의 조사는 10가지가 있다. 이는 4개의 미얀마어 조사 형태가 한국어의 '장소'를 나타내는 부사격조사와 대응되기 때문이다. 우선, 한국어 부사격조사 '-에'와 '-에서'는 장소나 공간적 범위를 나타내는 조사로서 '지향'만 제외하고 '출발, 도착, 처소' 등 모든 기능을 공통적으로 사용할 수 있다. 반면에 '장소'를 나타내는 한국어의 부사격조사의 '-에, -에서' 형태와 대응되는 미얀마어의 부사격조사는 처소를 나타내는 "နေရာပြဝ်သော်/ne ja pja. wi. ba ´ /"의 형태 '၌ /hnai ´ /, မှာ /hma/, တွင် /twin/, ဝယ် /we/, က /ka./, 출발점을 나타내는 "ထွက်ခွါရာပြဝ်သော်"의 형태 'မှ /hma./, က /ka./, 도착점을 나타내는 "ဆိုက်ရောက်ရာပြဝ်သော်"의 형태 'သို့ /ghou./, ထိ /hti./, အထိ /a. hti./, ထိအောင် /hti.oun/, တိုင်အောင် /tain oun/' 형태 등이 있다. 즉, 미얀마어에서 한국어보다 명료하게 사용할 수 있도록 장소를 나타내는 처소격조사, 출발점을 나타내는 탈격조사, 도착하는 장소나 시간을 나타내는 격조사 등 각기 독립적으로 사용되고 있다.[2] 물론, 한국어의 형태 '-에'와 '-에서'도 각각 문장에서 사용되는 의미와 기능이 다른데 보통 '-에'는 '처소'와 '도착점'을 나타내고, '-에서'는 '처소'와 '출발점'을 나타낸다. 또한 '-에' 형태는 '지향점'도 나타내는데 그 기능에 대해서는 뒤에 '지향'에서 다루기로 한다.

---

2) 야다나 산다윈(2007: 74-80) 참조

우선 '-에'와 '-에서'의 '처소'를 나타내는 기능으로 사용되는 경우와 미얀마어의 "နေရာပြဝိဘတ်/ne ja pja. wi. ba ′ /"의 형태 '၌ /hnai'/, မှာ /hma/, တွင် /twin/, ဝယ် /we/, က /ka./'의 예문을 보이면 다음과 같다.

(9) 가. 덕수궁은 서울시청 옆 <u>에</u> 있다.
나. ဒေါ့ဆုဂူမ်းက ဆိုးလ် မြို့တော်ခန်းမ ဘေး ၌ ရှိသည်။
/doe ′ su gu: ka.//seoul mjou. do hkan: ma./ /be:/ /<u>nja ′</u>/ /shi. thi/

(10) 가. 보통 오전에는 학교 <u>에서</u> 공부해요.
나. ပုံမှန် မနက်ပိုင်း ကျောင်း မှာ စာကျက်သည်။
/pon man/ /ma. nha ′ / /khoung:/ /<u>mha</u>/ /sa kha ′ thi/

예문 (9-가)와 (10-가)를 보면 '-에'와 '-에서'는 장소를 표현하고 있다. 즉, 덕수궁이 위치한 곳이 서울시청 옆이며, 오전에 공부하는 곳이 '학교'라는 장소를 표현하고 있다. (9-나)의 미얀마어 문장은 (9-가)의 한국어 문장과 의미가 같은데 미얀마어 조사 형태 '၌ /hnai ′ /'도 '-에'와 같은 기능으로 '장소'를 나타내는 조사 형태이다. (10-나)의 미얀마어 문장도 (10-가)의 한국어 문장과 같은 의미를 갖는다. 예문 (9-가)의 '-에'는 장소를 나타내고, 예문 (10-가)의 '-에서'는 공간적 범위를 나타내므로 서로 바꾸어서 사용할 경우에는 틀린 문장이 된다. 반면에 미얀마어의 '၌/hnai ′ /'와 'မှာ /hma/' 형태는 서로 바꾸어서 사용해도 문장 해석에 문제가 없다. 뿐만 아니라 위에 제시한 한국어의 부사격 조사 '장소'와 대응되는 미얀마어 조사의 형태 '၌ /hnai ′ /, မှာ /hma/, တွင် /twin/, ဝယ် /we/, က /ka./' 모두를 바꾸어도 별 문제없이 사용할 수 있다.

다음으로 출발점을 나타내는 '-에서'의 문법적 특징과 미얀마어의

"ထွက်ချိရာပြီဘာတ်"의 'မ /hma./, က /ka./' 형태들의 공통점을 다음의 예문에서 고찰하고자 한다.

(11) 가. 아침   일찍   집   에서   출발 했어요.
     나. မနက်   စောစော   အိမ်   မ   ထွက်လာခဲ့သည်။
         /ma. na´/ /so so/   /ein/ /mha./   /htwa´ la khe. thi/

예문 (11-가)의 문장에서 "아침에 일찍 출발한"곳이 '출발점'인 '집'을 강조하기 위해서 '-에서'를 '집'의 뒤에 사용한 것을 볼 수 있다. (11-나)의 미얀마어 문장도 역시 한국어 문장과 같은 의미를 지니고 있는데, 미얀마어의 'မ /hma./'형태도 한국어의 '-에서' 형태와 같은 의미와 기능으로 문장에 쓰이고 있다. 여기에서도 미얀마어의 조사 'မ /hma./' 대신 'က /ka./'를 바꾸어서 사용할 수 있다.

이어서 도착점을 나타내는 기능으로 쓰이는 '-에'와 미얀마어의 "ဆိုက် ရောက်ရာပြီဘာတ်"의 'သို့ /ghou./, ထိ /hti./, အထိ /a. hti./, ထိအောင် /hti.oun/, တိုင်အောင် /tain oun/' 형태의 경우를 살펴보자.

(12) 가. 10 분   후면   서울   에   도착합니다.
     나. ၁၀ မိနစ်   ကြာရင်   ဆိုးလ်   သို့   ဆိုက်ရောက်မည်။
         /10 mi ni´/ /kja yin/ /seoul/ /gouh./ /sae´you´myi/

예문 (12-가)와 (12-나)에서 '-에'와 'သို့ /ghou./도 같은 기능을 가지고 있다. (12-가)을 보면 부사격조사의 형태 '-에'는 10분 후에 도착할 곳인 '서울' 뒤에 붙고, (12-나)의 미얀마어 문장에서 'သို့ /ghou./도 10분 후에 도착한다는 'ဆိုးလ် /seoul/'에 뒤에 붙어서 동일한 기능임을 알 수 있다.

다음으로 한국어의 부사격조사 중에 '수여'를 나타내는 '-에, -에게, -께, -한테'와 미얀마어 조사 "လက်ခံပြီဘာတ်"의 'အား /aː/, (ကို /kou/)' 형태의 경우를 살펴보면, 우선 한국어의 부사격조사 '수여'는 모두 4개의 형태가 있는데 그 차이점이 있다. 우선 '-에'는 식물이나 자연 등 무정물에 많이 쓰이는 표현이고 '-에게/-한테'는 사람이나 동물 등 유정물에 사용되는데, 대부분의 경우에 사람은 '-에게'를 사용하고 동물은 '-한테'를 쓰는 경우가 많다. 그리고 부사격조사 '수여'의 높임 표현으로는 '-께'를 쓴다. 여기에서 미얀마어의 조사 형태는 'အား /aː/'하나인데 미얀마어에서는 이때 목적격조사의 형태인 '(ကို /kou/)'를 부사격 조사 '수여'의 의미로 사용할 수 있다.

(13) 가. 선생님이 　　　철수　　　에게　　　　상을　　　준다.
　　　 나. ဆရာက 　　ချောဆု 　　အား 　　　ဆု 　　　ပေးသည်။
　　　　　 /saja ka./ 　/cho su./ 　/aː/ 　　　/su./ 　　/hpaː thi/

(14) 가. 꽃　　　　　에　　　물을　　　준다.
　　　 나. ပန်းပင် 　　 ကို 　　ရေ 　　　 လောင်းသည်။
　　　　　 /panː pin/ 　/kou/ 　/je/ 　　/louː thi/

(13-가)에서 '-에게'는 선생님이 상을 준 상대, 즉 선생님으로부터 상을 받은 사람이 철수임을 나타낸다. 여기에서 '상'을 수여하는 상대는 '철수'라는 사람이기 때문에 '-에게' 형태를 사용했다. (13-가)의 한국어 문장과 같은 의미를 지니고 있는 (13-나)의 미얀마어 문장에서도 조사 'အား /aː/'가 '상 (ဆု /su./)'를 수여할 '철수 (ချောဆု /cho su./)'의 뒤에 사용하는 것을 볼 수 있다. 따라서 미얀마어 문장에 있는 'အား /aː/' 형태와 한국어 문장의 '-에게'는 같은 문법적 기능을 가지고 있다

는 것을 알 수 있다. 또한, (14-가)의 문장에서 '물'을 공급받을 것은 '꽃'이기 때문에 '-에' 형태를 사용한 문장이다. (14-나)의 미얀마어에서는 'အား /a:/' 형태 대신 'ကို /kou/' 형태를 사용한 문장이다. 이 미얀마어 예문에서도 '물(ရေ /je/)'을 수여할 '꽃 (ပန်းပင် /pan: pin/)'의 뒤에 사용한 것을 보면 한국어와 미얀마어의 부사격조사 '수여'의 문장에서 쓰임이 일치하는 것을 확인할 수 있다.

한국어의 부사격조사 '상대'를 나타내는 '-에게, -한테, -더러, -보고' 형태들과 미얀마어의 목적격조사 "ကံဝိဘတ်/kan wi. ba'/"의 형태 'ကို /kou/'를 비교할 것이다. 미얀마어의 목적격조사의 형태 'ကို /kou/'는 부사격조사 '상대'를 표현해주는 형태로도 사용할 수 있다. 이 미얀마어의 'ကို /kou/' 형태가 부사격조사 '상대'로 사용할 때 그 기능을 다음 예문에서 볼 수 있다. 그리고 앞에도 제시한 바와 같이 한국어의 '-에게'와 '-한테' 형태도 부사격조사 '수여'의 형태와 같은데 이 형태들을 '상대'로 사용할 때는 문장에서 어떤 기능으로 사용하는지 다음의 예문에서 살펴보기로 한다.

(15) 가. 모르는 것이 있으면   저   <u>에게</u> 물어 보세요.
    나. မသိတာ   ရှိရင်   ကျ   နော်တော့   ကို မေးပါ။
      /ma. thi. ta./ /shi. jin/ /kjano/ /kou/ /mei: pa/

예문 (15-가)의 '-에게'와 (15-나)의 'ကို /kou/'도 문장에서 같은 기능을 갖는다. 즉, (15-가)에서 모르는 것을 물어 봐야 할 상대인 '저'에 뒤에 '-에게'를 사용했고 (15-나)에서도 모르는 것을 물어 봐야 할 상대인 'ကျနော်တော့ '의 뒤에 'ကို /kou/'를 사용하였다. 따라서 '-에게'와 'ကို /kou/'는 동일한 기능임을 알 수 있다. 문장에서 사용한 '-에게'와 'ကို

/kou/'의 사용을 보면 부사격조사의 형태 '-에게'와 '-한테'는 어떤 질문이나 상의 등 말을 할 때 '상대'에 뒤에 사용한다는 점이 앞의 '수여'의 '-에게, -한테' 형태들과의 차이점이다.

한국어의 부사격조사 '지향'의 '-에, -(으)로, -에게로' 형태와 미얀마어의 "ရှေ့ ရှာပြစ်သော" 조사 'သို့ /ghou./'형태가 대응되는 예를 계속해서 보면 다음의 예문 (16), (17)과 같다.

> (16) 가. 영수는   영국   <u>으로</u>   유학을 갔다.
>   나. ယောင်းဆုက   အင်္ဂလန်   သို့   ပညာတော်သင် သွားသည်။
>   /young: su ka./ /in.ga.lan/   /ghou./ /pjin nga do thin thwa: thi/

> (17) 가. 지금   학교   <u>에</u>   가는 길이다.
>   나. အခု   ကျောင်း   သို့   သွားနေပါသည်။
>   /a. khu./   /kjaun:/   /ghou./ /thwa: nei pa thi/

예문 (16-가)에서 '-으로'는 영수가 유학을 갈 목적지(지향)가 영국임을 나타내며, (16-나)의 미얀마어 문장에서도 'သို့ /ghou./'는 영수의 유학 갈 목적인 영국을 제시한다. 예문 (17-가)와 (17-나)는 같은 의미를 지니고 있고 동일한 형식의 문장 구조를 가지고 있다. 예문 (17)의 한국어 '-에'와 미얀마어 문장의 'သို့ /ghou./'는 지금 가고 있는 지향점인 학교를 표현하는 역할을 하고 있다.

한국어 부사격조사 '조격' 의 형태 '-(으)로, -(으)로써'와 대응되는 미얀마어 조사로는 "အသုံးခံပြစ်သော" ဖြင့် /hpjin./, နှင့် /hnin./ 이 있다. 이 조사들은 어떤 행위의 도구나 수단 방법 또는 재료임을 나타낸다.[3]

---

3) 국립국어원(2005:686, 692) 참조.

(18) 가. 볼펜　　　<u>으로</u>　　　쓰세요.

　　나. ဘောပင်　　　<u>နှင့်</u>　　　ရေးပါ။

　　　　/bjo pin/　　<u>/hnin./</u>　　/je: pa/

(19) 가. 짐이　　　많아　　　트럭　　　<u>으로</u>　　　옮긴다.

　　나. ပစ္စည်း　　များ၍　　ကုန်တင်ကား　　<u>ဖြင့်</u>　　ပြောင်းရွှေ့သည်။

　　　　/pji ' si:/ /mja: je./ /khou tin ka:/ <u>/phjin./</u> /pjaun: jei. thi/

　　예문 (18)을 보면 조사가 어떤 도구로 사용되는데. 이때 (18-가)의 '-으로'는 쓸 수 있는 도구가 볼펜이라 것을 제시해 주고 있다. 이는 (18-나)의 미얀마어 문장의 'နှင့် /hnin./ 조사의 사용 도구가 볼펜'ဘောပင် /bjo pin/'이란 것을 제시해 준다. 예문 (19)의 문장을 해석하면 짐이 많아서 트럭을 사용하여 짐을 옮긴다는 의미를 갖는데, (19-가)의 한국어 문장에서 '-으로'에 대응되는 것은 (19-나)의 미얀마어 문장의 'ဖြင့် /hpjin./로 옮길 때 사용한 'ကုန်တင်ကား /khou tin ka:/를 제시해주는 역할을 한다. 따라서 한국어의 부사격조사 '조격'은 미얀마어의 'အသုံးခံပြီ သော' 조격조사와 같은 문법적 의미를 가지고 있고 문장에서 같은 역할을 하는 것을 알 수 있다.

　　'원인'을 나타내는 한국어의 부사격조사 형태 '-(으)로, -에'와 대응되는 미얀마어 조사는 "အကြောင်းပြိဝသော"으로 그 형태는 'ကြောင့် /gjoun./, ဖြင့် /hpjin./가 있다.

(20) 가. 그 사건　<u>으로</u>　　우리 회사가　　　유명해졌다.

　　나. အဲဒီ ဖြစ်ရပ်　<u>ဖြင့်</u>　　ကျွန်တော်တို့ ကုမ္ပဏီ　　နာမည်ကြီးသွားသည်။

　　　　/e di pji ' jha ' / <u>/hpjin /</u> /kjano do. koun pa. ni//na mji khji: thwa: thi/

(21) 가. 비   에   옷이   다 젖었다.
    나. မိုး   ကြောင့်   အဝတ်   စိုကုန်သည်။
    /mouː/ /gjoun./ /a. wiˊ/ /sou koun thi/

예문 (20)의 문장에서 회사가 유명해진 이유는 그 사건 때문이라는 것으로 해석할 수 있다. (20-가)에서 '-(으)로'가 그 사건으로 회사가 유명해진 것을 나타내는 것처럼 (20-나)에서 မိုး /hpjin./가 '-(으)로'와 같은 역할을 하는 것을 볼 수 있다. 다음으로 '-에'와 'ကြောင့် /gjoun./의 대응된 문장의 예로는 (21)에서 볼 수 있다. (21)의 예문에서 옷이 젖은 이유가 비 때문으로 (21-가)의 '-에'는 (21-나)의 ကြောင့် /gjoun./의 원인을 나타내는 조사와 대응되어 그 의미가 일치된다. 따라서 한국어와 미얀마어의 부사격조사 '원인'의 문법적 의미가 일치하는 것을 확인할 수 있다.

3.2. 접속조사의 분류와 특징

접속조사는 둘 이상의 명사나 명사 구실을 하는 말을 같은 자격으로 연결해 주는 역할을 한다. 여기에서 형태 '과/와'는 문어체나 구어체에서 두루 사용할 수 있으나, '하고'와 '(이)랑'은 주로 구어체에서 사용된다. 또한 이들 접속조사는 이어 주는 항목이 많을 때 반복해서 사용할 수 있는데, '하고'와 '(이)랑'은 나열되는 마지막 항 다음에 올 수도 있고 오지 않을 수도 있으나 '과/와'는 나열되는 마지막 항 다음에 올 수 없다.4)

미얀마어의 접속조사를 기술할 때도 앞의 격조사와 마찬가지로 한

---

4) 국립국어원(2005:439-440) 참조.

국어의 접속조사의 기준에 따라서 대응시키고자 한다. 한국어의 접속
조사에 해당되는 미얀마어의 접속조사는 "ပူဥ်တွဲပြီ ဘာတ်"으로 미얀마어
의 "နာ၀ိ ဘာတ်/nan wi. ba´/"의 "ပူဥ်တွဲပြီ ဘာတ်" 조사는 앞에 부사격조
사(공동)와 일치한다. 미얀마어의 조사를 분류하는 방식이 한국어와
다른데, 미얀마어의 접속조사 "ပူဥ်တွဲပြီ ဘာတ်"의 형태로는 "နင်/hnin./,
နင့်အတူ /hnin. atu/" 등을 들 수 있다. 문장에서 이어 주는 항목이 많을
때 "နင်/hnin./"는 반복해서 사용할 수 있고, 나열되는 마지막 항 다음에
올 수도 있다.   반면에 "နင့်အတူ /hnin. atu/" 형태는 반복해서 사용할
수 없으나 나열되는 마지막 항 다음에 올 수 있다. 한국어의 접속조사
와 미얀마어의 "ပူဥ်တွဲပြီ ဘာတ်"를 대조해 보면 <표-4>와 같다.

<표 4> 한국어 접속조사와 미얀마어 접속조사 (ပူဥ်တွဲပြီ ဘာတ်) 대조

조사	한국어		미얀마어	
	부여	형태	부여	형태
접속조사	○	과/와, 하고, (이)랑	○	နင် /hnin./, နင့်အတူ/hnin. atu/,

한국어 접속조사의 형태 '-과/-와, -하고, -(이)랑'과 의미가 같은 미
얀마어 접속조사의 형태로는 'နင် /hnin./, နင့်အတူ /hnin. atu/' 등이다.
한국어의 '-과/-와, -하고, -랑/-이랑' 형태와 미얀마어의 'နင် /hnin./,
နင့်အတူ /hnin. atu/' 형태들의 문법적 특징을 비교 고찰할 필요가 있다.
   우선, 접속조사가 연속으로 사용되는 경우가 있다. 예문 (22-가)에서
접속조사 '-하고'를 연속으로 두 번 사용하였는데, (22-나)의 미얀마어
문장에서도 접속조사 'နင် /hnin./'가 연속으로 사용하고 있다. 따라서
한국어의 '-하고'와 미얀마어의 'နင် /hnin./'는 동일한 접속조사로서 문

법적 의미뿐만 아니라 문장 구조도 같다는 문법적 특징을 갖는다.

(22) 가. 아빠 <u>하고</u> 나 <u>하고</u> 꽃밭 을 만들었다.
나. အဖေ နှင့် ကျွန်တော် နှင့် ပန်းခင်း ကို စိုက်ပျိုးခဲ့သည်။
/a. pe/ /ne./ /kjano do/ /ne./ /pan: kin://kou//sai ´ pho: khe. thi/

다음의 예문 (23)은 '시'와 '소설'를 대등하게 이어주는 '-와'와 '- နှင့် /hnin./'의 문법적 특징을 볼 수 있다. 문장 (23-가)의 '-와'와 미얀마어 문장 (23-나) 'နှင့် /hnin./'는 동일한 의미의 문법적 특징을 가지고 있는 것을 확인할 수 있다.

(23) 가. 제가 시 <u>와</u> 소설 을 좋아합니다.
나. ကျွန်တော်က ကဗျာ <u>နှင့်</u> ဝတ္တု ကို ကြိုက်နှစ်သက်သည်။
/kj<u>a</u>no do ka./ /ga bja/ /<u>ne</u>./ /win.htu./ /kou/ /kjai ´ hni ´ the ´ thi/

3.3. 보조사의 분류와 특징

보조사는 격을 표시하지 않고 일정한 의미를 나타내는 가의성(加意性, 앞 말의 특별한 뜻을 더함) 조사로서, 말하는 이의 어떤 생각이 전제 되었을 때 쓰인다. 격조사와는 달리 생략이 가능하지 않으며 주격, 목적격, 부사격 자리에 두루 쓰인다. 보조사는 체언뿐 아니라 부사, 연결형, 다른 격조사 아래에도 쓰이고 심지어 불규칙적 어근 뒤에도 사용된다. 보조사의 유형을 살펴보면 다음과 같다. 첫째, 대조의 의미를 나타내는 것으로 주제적 의미를 동반하는데 사용되는 '은/는'이 있다. 둘째, 배타나 한정의 의미를 나타내는데 사용되는 '만, 밖에, 뿐' 등이 있는데 모두 '오직'의 의미, 즉 앞말이 가리키는 대상 외에 다른 것을

제외하는 의미를 나타낸다. 셋째, 포함이나 더함의 의미를 나타내는 데
사용되는 보조사 '도, 조차, 마저, 까지' 등은 '더 첨가하여, 더 나아가서'
의 포함이나 더함의 의미를 나타낸다. 넷째, 선택의 의미를 나타내는
데 사용되는 보조사로는 '(이)나, (이)든지, (이)나마, (이)라도'와 같은
형태들이 있다. '(이)든지'는 여럿 가운데 하나를 선택할 때 사용하고,
'(이)나 는 흡족하지는 않지만 현재 상황에서는 최상의 선택이라고 판
단할 때 사용한다. 그리고 '(이)나마'와 '(이)라도'는 선택의 여지가 없
어 할 수 없이 선택할 수 밖에 없는 상황에서 사용한다.5)

　고영근 · 구본관 (2008)에서는 보조사를 크게 토용보조사와 종결보
조사로 나눈다고 제시했다. 토용보조사란 앞에 설명한 것처럼 체언, 부
사, 연결형, 다른 격조사 등에 두루 쓰이는 것을 말한다. 이에 비해 다
음과 같이 주로 종결형 뒤에 쓰이는 것들이 있는데 이를 종결보조사라
고 부른다고 했다. 박덕유(2009)6)에 따르면 토용보조사를 표별(表別)
조사로, 종결보조사를 협수(協隨)조사로 부르기도 한다. 표별조사는 같
은 동아리에 드는 부류들과 다른 의미를 표시하는 보조사이고, 협수조
사는 같은 동아리에 드는 부류들과 동일한 의미를 표시하는 보조사로
정의하여 제시했다. 본 연구에서는 박덕유(2009)에 따라서 보조사의
분류를 다음의 <표 5>와 같이 분류하고자 한다.

　앞에 주격조사와 접속조사를 기술한 것처럼 미얀마어의 보조사 분
류를 제시할 때 한국어의 보조사 분류에 맞추어서 봐야 한다. 그렇게
기술해야 하는 이유는 양쪽 언어간의 조사 분류의 차이 때문이라는 것
은 앞에서도 언급하였다. 따라서 미얀마어 "နာမ်ိဘတ် /nan wi. ba´/"
조사 중에 한국어의 보조사와 대조 되는 조사를 제시하기에 앞서 한국

------

5) 국립국어원(2005: 434-439) 참조.
6) 박덕유(2009: 230) 참조.

어에 해당되는 미얀마어 조사를 정리하여 제시하면 <표 5>와 같다.

<표 5> 한국어와 미얀마어의 보조사 대조

조사			한국어		미얀마어	
			부여	형태	부여	형태
보조사의 분류	표별 (表別)	주제, 대조	○	-은/ -는	×	-
		단돈, 한정	○	-만, -뿐	×	-
		시작	○	-부터	○	မှ /hma./, က /ka./
		한계선, 더없음	○	-밖에	×	-
		선택	○	-(이)나, -(이)든지, -(이)라도	×	-
		어림	○	-나	×	-
		불만, 덜참	○	-나마	×	-
		특별, 강조	○	-야말로	×	-
		고사, 그만두기	○	-커녕	×	-
		비특수, 양보	○	-(이)ㄴ들	×	-
	협수 (協隨)	첨가, 동일	○	-도	×	-
		급, 마침	○	-까지	○	သို့ /ghou./, ထိ /hti./, အထိ /a.hti./, ထိအောင် /hti. oun/, တိုင်အောင် /tain oun/
		최종, 더함	○	-조차	×	-
		종결, 끝남	○	-마저	×	-
		같음	○	-대로, -같이	○	အလိုက် /alai ′ /, အရ /aja./, အတိုင်း /a.tain:/
		섞여있음	○	-서껜	×	-

<표 5>를 살펴보면 한국어의 보조사와 대응되는 조사로는 미얀마
어 "နာမ်ဝိဘတ် /nan wi. ba ′ /"중에서 "ထွက်ခွါရာပြဝိဘတ်, ဆိုက်ရောက်ရာပြဝိ
ဘတ်, လိုက်လျောပြဝိဘတ်"의 3가지가 있다. 한국어의 다른 보조사와 대조

되는 미얀마어의 표현 또한 존재하기는 하나 다른 품사의 분류에 속하기 때문에 본 연구에서는 다루지 않겠다.

첫째, 한국어의 보조사 '시작'을 나타내는 형태 '-부터'와 대응되는 미얀마어의 "ထွက်ရှိရာပြစ်ဘေဝ်"의 형태 'မှ /hma./, က /ka./'가 있다. 한국어의 '-부터'와 미얀마어의 'မှ /hma./, က /ka./' 형태는 문장에서 어떤 동작이나 상태 또는 순서나 서열의 시작임을 나타내는 조사의 형태이다. 이에 두 언어의 부사격 조사 '시작'을 표현해 주는 형태의 비교 분석을 예문과 함께 보이면 다음과 같다.

(24) 가. 12월   <u>부터</u>   기름 값이   오른다고 한다.
    나. ၁၂လပိုင်း   <u>မှ (စ၍)</u>   ဆီဈေးများ   တတ်မယ်လို့ ပြောသည်။
        /12 la. pine:/ /mha/   /si ae: mja:/   /thhe´me lo pjo thi/

둘째, 한국어의 보조사 '도급, 마침'을 표현하는 형태 '-까지'와 미얀마어 "ဆိုက်ရောက်ရာပြစ်ဘေဝ်"의 형태 'သို့. /gjoun./, ထိ /hti./, အထိ /a. hti./, ထိအောင် /hti. oun/, တိုင်အောင် /tain oun/'를 대응시키고자 한다. 본 고에서는 '-까지'를 범위의 끝 지점이나 한계를 나타내는 조사로만 다룰 것이다. 미얀마어에서는 한국어처럼 앞 말의 내용이 포함되고 그 이상의 것이 더해짐을 나타내거나 어떤 극단적인 한계에 이름을 나타내지 않기 때문이다.

(25) 가. 저녁   5시   <u>까지</u>   일합니다.
    나. ညနေ   ၅နာရီ   <u>ထိအောင်</u>   အလုပ်လုပ်ပါသည်။
        /nga. ne/ /5 na ji/ <u>/hti. oun/</u>   /a. lou´lou´pa thi/

셋째, 한국어의 보조사 '같음'의 '-대로, -같이'와 미얀마어 보조사

"လိုက်လျောပြီဘဝ်"의 형태 'အလိုက် /alai'/, အရ /aja./, အတိုင်း /a.tain:/'의 경우를 비교하겠다. 한국어에서는 '-같이'는 비슷한 정도이거나 동일함을 나타내는 조사이고 '-대로'는 앞에 오는 말에 근거하거나 달라짐이 없음을 나타내는데 미얀마어의 'အလိုက် /alai'/, အရ /aja./, အတိုင်း /a.tain:/'형태들은 '-대로'의 의미와 더 가깝다고 볼 수 있다. 따라서 한국어의 '-대로'에 대응되는 미얀마어의 <u>အတိုင်း</u> /a.tain:/를 사용하여 문장을 보이면 (26)과 같다.

(26) 가. 철수가　　그 사람 말　<u>대로</u>　　하기로 했다.
　　나. ချောရှကာ　　အီဒီလူ စကား　<u>အတိုင်း</u>　လုပ်ဖို့ ဆုံးဖြတ်လိုက်သည်။
　　　/cho su. ka./ /e di lu sa. ka:/ /a.tain:/ /lou ´ pho soun: pjhe ´ lai ´ thi/

4 결론

　미얀마인 한국어 학습자를 위한 한국어 문법의 필요성에 따라서 본고에서는 한국어와 미얀마어의 조사를 대조 분석하였다. 이 연구는 계통이 다른 양 언어 간의 공통점과 차이점을 밝히므로 미얀마인 한국어 학습자들에게 효율적인 조사 교육 방안의 기틀을 만드는 데 그 의의가 있다.

　한국어와 미얀마어의 대조 연구는 많이 이루어지지 않았다. 야다나 산다 윈(2007)의 '한국어와 미얀마어 격조사 비교 연구' 한편만 있는 상태이다. 따라서 본 연구에서는 한국어의 조사에 대응되는 미얀마어의 '၀ိဘတ် /wi. ba ´ /' 중에 'နာမ်၀ိဘတ် /nan wi. ba ´ /'와 대비 분석하여 미얀마인 학습자를 위한 길잡이 역할을 하였다. 특히, 본 연구는 한국어와 미얀마어간의 매우 유사한 격조사만 비교하는 데 그치지 않고 한국어의 모든 조사 체계 중에 대응되는 미얀마어 조사를 밝힌 것에도 의미를 둔다. 이에 한국어의 조사 체계와 미얀마어의 'နှင့်သတ် /nan wi. ba´/'를 비교 분석한 결과 양국 언어의 차이점과 공통점을 제시하면 다음과 같다.

우선, 격조사의 경우에 한국어의 격조사의 일종인 '보격조사', '호격조사', '서술격조사' 등은 미얀마어에는 없는 것으로 나타났다. 그리고 부사격조사의 분류 중에서 '장소', '수여', '상대', '지향', '조격', '원인'을 나타내는 조사 외에 다른 형태의 조사들은 미얀마어에서는 다른 품사에 속한다는 점을 알 수 있다. 다음으로 접속조사의 경우에는 한국어와 미얀마어 모두 동일한 형태의 조사가 존재하는 것으로 고찰하였다. 끝으로 보조사의 경우에는 '시작', '도급, 마침', '같음' 등 세 가지 형태만 한국어와 미얀마어에 동일한 조사가 있는 것으로 알 수 있었다.

또한, 양 언어 간에 동일한 형태에서 나타난 결과는 아니지만 한국어와 미얀마어의 조사 중에서 어떤 특별한 기능 하나만 가지고 있는 것이 아니라 여러 기능을 동시에 가지고 있음도 알게 되었다.

한국어를 공부하고 연구하는 미얀마 학습자들이 다양한 기능을 갖는 조사의 차이점으로 인해 어려울 수도 있을 것이다. 그러나 문법 구조가 유사하고, 특히 공통적으로 대응되는 조사의 종류를 대조 분석하여 학습한다면 미얀마인 한국어 학습자들에게 실제적인 도움이 있을 것으로 기대한다.

참고문헌

고영근 · 구본관(2008), 『우리말 문법론』, 집문당.

국립국어원(2005), 『외국인을 위한 한국어 문법 1 (체계편)』, 커뮤니케
    이션북스.

국립국어원(2005), 『외국인을 위한 한국어 문법 2 (용법편)』, 커뮤니케
    이션북스.

권재일(1994), 『한국어 문법의 연구』, 서광학술자료사.

민진영(2002), "한국어 고급 학습자의 조사 오류 분서", 석사학위논문,
    연세대학교, 교육대학원, 외국어로서의 한국어교육전공.

박덕유(2009), 『학교문법론의 이해』개정판, 역락.

방영주 옮김(2003), 『외국어 교육의 교수 기법과 원리』, 도설출판 동인.

이관규 · 외 옮김(2004), 『문법을 어떻게 가르칠 것인가?』, Scott Thornbury,
    한국문화사.

이익섭(1999), 『국어문법론 강의』, 학연사.

이익섭(2009), 『국어학개설』, 학연사.

조련희(2006), "한국어교육에 있어서의 조사학습 순서에 대한 연구" -
    중국어권초급학습자를 대상으로-, 광운대학교 석사학위
    논문.

최호철 외(2005), 『외국인을 위한 한국어 연구』, 경진문화사.

미얀마 교육부 (2007), 미얀마 문법 Gread 6, 중하교 1학년 교과서.

미얀마 교육부 (2007), 미얀마 문법 Gread 7, 중학교 2학년 교과서.

미얀마 교육부 (2007), 미얀마 문법 Gread 8, 중학교 3학년 교과서.

미얀마 교육부 (2007), 미얀마 문법 Gread 9, 중학교 4학년 교과서.

미얀마 교육부 (2007), 미얀마 문법 Gread 10, 고등학교 1학년 교과서.

미얀마 교육부 (2007), 미얀마 문법 Gread 11, 고등학교 2학년 교과서.

Aung Win Naing(2000), 『An Interductory Course in Mjanmar Language』, University of Foreign Languages, Jangon, Department of Mjanmar.

Dagon U San Ngwe(1974), 『သဒ္ဒါအမြင် စာအမြင်』(『미얀마문법 미얀마어』), စာပေဗိမာန် ပုံနှိပ်တိုက်.

မြန်မာစာအဖွဲ့. (2005), 『မြန်မာသဒ္ဒါ』, မြန်မာစာအဖွဲ့. အနှစ်သုံးဆယ်ပြည့် (၁၉၇၅-၂၀၀၅) အထိမ်းအမှတ်.

미에 미에 머(2006), "한국어 보조용언 '보다'와 미얀마어 보조용어 'kkyi.'의 대조 연구", 석사학위논문, 서울대학교, 국어국문학과, 국어학 전공.

쁘라주업 인센 (2005), "한국어와 태국어의 대우 표현에 관한 대조적 연구" 박사학위 논문, 전주대학교 대학원, 국어국문학과.

시나록 낫타완(2011), "한국어 부사격조사와 태국어 전치사 대비 연구", 석사학위논문, 충남대학교 대학원, 국어국문학과, 국어학 전공.

아마르자르갈(2011), "현대 한국어와 몽골어의 격조사 비교 및 교육 방안 연구"-몽골인 한국어 학습자 오류 분석을 통하여-, 교육학석사학위논문, 인하대학교 대학원, 외국어로서의 한국어교육 전공.

야타나 산다윈 (2007), "한국어와 미얀마어 격조사 비교 연구" 석사학위 논문, 경희대학교 대학원, 국어국문학과, 한국어학 전공.

한국어와 중국어의 조어법 대조 연구

1 서론

　세계 언어를 형태론적 특성에 따라 분류하면 크게 孤立語(isolating language), 膠着語(agglutinating language), 屈折語(inflectional language) 등 세 종류로 나눌 수 있다. 한국어는 교착어에 속하고 중국어는 고립어에 속한다. 또한, 언어는 表音文字와 表意文字로 나눌 수도 있다. 표음문자란 사람이 말하는 소리를 기호로 표기하는 문자로 소리글자이며 표의문자란 넓은 의미로 사물의 개념을 표기하는 문자로 뜻글자라고 한다. 따라서 한국어는 표음문자이고 중국어는 표의문자이다.

　세계 수천 종의 언어들은 각기 그 구조면에서 상당히 다르면서도 언어들 간의 유사성이 있다. 특히, 교착어는 형태변화가 풍부하고 고립어는 교착어보다 형태변화가 그다지 많지 않기 때문에 단어의 형태변화의 측면에서 보면 한국어와 중국어는 그 차이가 많다. 특히, 양국 언어의 특징에 비추어 볼 때, 한국어와 중국어의 조어법 면에서 비교 가치가 높다고 할 수 있다.

학습자가 제2언어를 학습하는 과정은 바로 제2언어와 모국어를 비교하는 과정이다. 이 과정 중에 학습자는 불가피하게 모국어의 영향을 받는다. 미국의 언어학자 Terence Odlin(1989)는 제2언어습득 과정에서 모국어의 적극적 전이(positive transfer)와 소극적 전이(negative transfer)를 동시에 받는다고 했다. 소극적 전이는 일종의 언어 간의 차이로 실수, 과잉이나 부족, 오해 등을 초래하여 모국어화자와 비모국어화자 간의 다른 행동을 발생시키는 반면에 적극적 전이는 언어 간의 유사성으로 인해 언어학습을 촉진시킨다고 한다.[7]

본고는 주로 한국어와 중국어의 조어법 대비를 통해 어휘학습에 적극적인 전이를 증대하고 소극적인 전이를 줄이는 것에 관심을 두어 고찰하고자 한다.

2 형태소의 개념과 특성

한국어와 중국어의 조어법의 특징에 나타난 대조 고찰을 위해 우선 단어의 구성요소인 형태소를 알아 둘 필요가 있다.

2.1. 형태소의 개념

한국어에서 형태소는 일정한 뜻을 가진 가장 작은 말의 단위, 즉 의

....

7) Terence Odlin(1989: 167) 참고.

미의 최소단위를 지칭한다. 반면에 중국어에서는 형태소를 語素[8]라 하는데, 이는 음성과 의미를 갖는 최소의 언어 성분이며 문법의 최소 구조 단위로 정의할 수 있다.[9] 이상의 개념을 통해서 알 수 있듯이 한국어와 중국어의 형태소는 일정한 의미를 가진 가장 작은 말의 단위로 이를 쪼개면 의미가 있는 경우와 없는 경우가 있다. 다음 예를 보자.

(1) a. 그들은 모두 영화를 보러 갔다.
  b. 他们都去看电影了。

위의 예문 (1a)에서 형태소는 모두 11개이다. 즉, '그', '들', '-은', '모두', '영화', '-를', '보-', '-러', '가', '-았-', '-다'이다. 그리고 (1b)에서는 8개 형태소가 있다. 즉, '他', '们', '都', '去', '看', '电', '影', '了'이다. 이 중에 '그', '모두', '영화', '他', '都', '去', '看', '电'과 같이 자립성이 있는 형태소를 자립형태소라 하고, '-들', '-은', '보-', '-러', '가', '-았-', '-다', '们', '影', '了'과 같이 자립성이 없는 형태소를 의존형태소라 한다[10]. 그리고 '그', '모두', '영', '화', '보-', '가-', '他', '都', '去', '看', '电', '影'과 같이 의미가 실질적인 형태소는 어휘적 의미를 표시하므로 실질형태소라 하고, '-들', '-은', '-러', '-았-', '다', '们', '了'과 같이 말과 말 사이의 형식적인 관계의 문법적 표현을 형식형태소라고 한다.

---

8) 중국어의 어소(语素)란 가장 작은 문법단위이며, 가장 작은 의미와 음성의 결합체이다.
9) 陈光磊(2005: 78) 참고.
10) 박덕유(2009:214)에서 제시한 것처럼 학교문법에서는 형태소 홀로 설 수 있음과 없음의 자립성의 여부에 따라 자립형태소와 의존형태소로 분류되고, 의미가 실질적인가 형식적인가에 따라 실질형태소와 형식형태소로 분류된다.

2.2. 형태소의 특성

한국어와 중국어에서 형태소에 대한 개념은 유사하지만, 형태소의
특성을 고찰하면 차이가 많이 난다. 이에 한국어와 중국어의 형태소의
특성을 몇 가지로 나누어 살펴볼 것이다.

2.2.1. 음절수로 본 형태소의 특성
형태소를 음절수로 분류하면 크게 단음절 형태소와 다음절 형태소
로 나눌 수 있다. 표로 정리하면 아래와 같다.

<표 1> 음절수로 본 형태소

음절 수		한국어	중국어
단음절		코, 눈, 땅, 천	牛，花，雨，吃，跳，哭
다음절	이음절	다리, 얼굴, 구름, 누구	琵琶，疙瘩，仿佛，犹豫，荒唐，沙发
	삼음절	저고리, 도토리, 비둘기	巧克力，苏维埃
	사음절 이상	코스모스, 수수께끼, 엘리베이터	布尔什维克，丁零当啷

<표 1>에서 한국어의 형태소와 중국어의 형태소는 단음절 형태소,
이음절 형태소, 삼음절 형태소, 사음절 이상 형태소로 나눌 수 있다. 한
국어의 '코, 눈, 땅, 천' 등은 모두 한 음절로 이루어진 형태소이고, 중국
어의 '牛，花，雨，吃，跳，哭' 등도 한 음절로 된 형태소이다. 이런
단음절형태소는 더 이상 분리할 수 없다. 가령 '코'를 'ㅋ'와 'ㅗ'로 분리
한다면 그 각각은 전혀 의미가 없는 단순한 소리가 된다. 그리고 한국
어의 '다리, 얼굴, 구름, 누구'와 중국어의 '琵琶, 疙瘩, 仿佛, 犹豫, 荒唐,

噼啪, 沙发'는 두 개의 음절로 이루어진 형태소이다. 이런 형태소들은 2음절로 이루어지지만 단음절과 같이 더 이상 분리해서는 안 된다. 다시 말하면 두 음절이 반드시 함께 존재해야 정확한 의미가 생성되고, 한 음절이라도 생략되면 본래의 의미가 나타나지 않는 것이다. 이는 더 이상 분리할 수 없는 최소의 의미단위이므로 하나의 형태소가 된다.

또한, 3음절 형태소인 '저고리, 도토리, 비둘기'와 중국어의 '巧克力, 苏维埃', 4음절 이상 형태소인 '코스모스, 엘리베이터'와 '布尔什维克, 丁零当啷'도 더 이상 분리할 수 없는 최소의 의미단위로 하나의 형태소가 된다.

중국어의 형태소는 하나의 뚜렷한 특징을 갖고 있는데 그것은 바로 기본적으로 단음절 형태소란 것이다. 중국어는 表意文字이므로 문어에서 한 글자는 대개 하나의 형태소인 셈이다. 이외에도 2음절 형태소 등 다음절 형태소도 있지만 단음절 형태소보다 그 양이 아주 적은 편이다. 그리고 통상적으로 3음절 이상의 형태소는 대부분 다른 나라의 언어에서 음역해온 것이거나 의성어가 주를 이룬다.

(1) 음역(音譯) 형태소

중국어의 형태소 중 음역 형태소가 있다. 음역 형태소는 고대 중국어에서 변천해 온 형태소가 아니라 외국어를 발음대로 번역한 형태소이다. 표로 보이면 <표 2>와 같다.

<표 2> 음역(音譯) 형태소

음역 형태소	대응하는 영어	대응하는 한국어
巧克力	chocolate	초콜릿
罗曼蒂克	romantic	로맨틱
法西斯	fascist	파시스트
麦克风	mike	마이크
蒙太奇	montage	몽타주
盘尼西林	Hysterie	히스테리

(2) 의성(擬聲) 형태소

의성 형태소는 사람이나 사물의 소리를 흉내 내는 데서 온 형태소인데, 이런 부류의 형태소는 분리하면 의미가 없어 반드시 하나의 구성체로 봐야 한다. 예를 들면 아래와 같다.

① 轰隆隆: 기차 달리는 소리
② 呼噜噜: 코를 드렁거리는 소리
③ 哗啦啦: 물 흐르는 소리
④ 叽叽喳喳: 잡다하게 시끄러운 소리
⑤ 叽里咕噜: 다른 사람이 똑똑하게 듣지 못하거나 무슨 소리인지 모를 정도로 말하는 소리
⑥ 噼里啪啦: 폭죽 등의 물체가 연속적으로 계속 터질 때 나는 소리거나 어떤 물체를 연속으로 계속 두드리거나 때릴 때 나는 소리

(3) 의태(擬態) 형태소

중국어에는 의태 형태소 개념은 없지만 어떤 모양이나 움직임을 흉내 내어 만든 형태소가 있다.[11] 의성 형태소처럼 많지는 않지만 몇 가

지 소개하면 아래와 같다.

① 笑眯眯: 눈을 가늘게 뜨고 미소 짓는 모양
② 胖乎乎: 부둥부둥 살이 지는 모양
③ 暖洋洋: 포근하고 따뜻한 모양을 나타낸 말
④ 亮晶晶: 물체가 반짝반짝 빛나는 모양
⑤ 乱糟糟: 마음이나 사물 따위가 혼란하고 난잡한 모양
⑥ 迷迷糊糊: 머리가 멍하고 혼란한 상태의 모양
⑦ 哆哆嗦嗦: 두렵거나 추워서 부르르 떠는 모양

2.2.2. 자립형태소와 의존형태소

형태소는 혼자서 독립해서 단어가 될 수 있는 것과 어떤 다른 형태소와 반드시 결합해야 단어가 되는 것이 있다. 이처럼 독립해서 단어가 될 수 있는 형태소를 한국어에서는 자립형태소라고 하고, 중국어에서는 자유형태소(自由語素)나 성사형태소(成詞語素)라고 한다. 반면에 다른 형태소와 결합해서 단어가 될 수 있는 형태소를 한국어에서는 의존형태소라 하고, 중국어에서는 교착형태소(膠着語素)나 부성사어소(不成詞語素)라고 한다.

(2) a. 민수가 창문을 열었다.
    b. 民秀開了窓。

이 문장에서 '민수', '창', '문'은 자립성이 있으므로 자립형태소이고 '-가', '-을', '열-', '-었', '-다'는 자립성이 없고 반드시 다른 형태소와 결합해야 단어가 되므로 의존형태소이다.

....
11) 중국어에는 의태어가 발달하지 않아 한 품사로 다루지 않고 주로 상태형용사에서 다룬다.

다음으로 이에 대응되는 (2b)의 중국어 문장에서 '民秀', '開', '窓'은 자립성이 있으므로 자립형태소이고, '了'는 자립성이 없으므로 의존형태소이다.

<표 3> 자립형태소와 의존형태소 분류

언어	자립형태소	의존형태소
한국어	흙, 코, 얼굴, 나무, 사람, 하늘, 어느, 무슨, 벌써, 무척, 또	읽-, 보-, -는, -을, -았-,-고, -다, 짓-, 빗-, 맏-, 날-, -뱅이 -쟁이
중국어	书, 人, 你, 大, 好, 最, 很, 吧	语, 民, 伟, 晰 宏 老-, -子

한국어와 중국어의 의존형태소를 보면 접사가 모두 의존형태소라는 유사점이 있다. 그러나 주요한 차이점은 용언의 어근이 한국어에서는 의존형태소인데 중국어에서는 대부분 자립형태소이다.

2.2.3. 실질형태소와 형식형태소

한국어에서 형태소는 의미가 실질적인가 형식적인가에 따라 실질형태소과 형식형태소로 분류된다. 실질형태소는 어휘형태소라고도 하고 형식형태소는 문법형태소라고도 한다. 보통 자립형태소와 용언의 어근은 실질형태소이고 실질형태소에 붙어서 말과 말 사이의 관계를 형식적으로 표시하는 조사, 어미는 형식형태소이다. 아래의 문장을 예를 들어 설명하겠다.

(3) a. 민수가 동화책을 읽었다.
    b. 民秀读了童话书。

(3a)의 문장에서 '민수', '동', '화', '책', '읽-'은 실질 형태소이고, '-가', '-을', '-었', '-다'는 형식형태소이다. 한국어의 실질형태소는 용언의 어근인 '읽-'을 포함한다. 여기서 문제가 되는 것은 '동, 화'이다. 고영근, 남기심(2004:45, 47)은 '동화'는 한자어 '童'과 '話'로 구성되어 있으며, '동'의 자리에 '寓'가 올 수 있고, '화'의 자리에 '謠'가 올 수 있으므로 계열관계의 원리에 따라 '동'과 '화'로 분석되는 것이라 했다. 그리고 '동'과 '화'는 '어린이, 아이', '이야기' 등의 고유어가 있으므로 의존형태소이고, '窓'과 '門'은 이에 대응하는 고유어가 없으므로 자립형태소라고 했다.

결국 '동화'는 자립형태소이고, '동'과 '화'는 실질형태소가 되는 것이다. 한자어의 결합으로 이루어진 단어는 대부분 실질형태소가 되는데, 그 어휘에 따라 자립형태소로 규정하는 문제가 남게 되는 것이다.

반면에 중국어 형태소의 분류는 형태소 의미가 실질적인가 형식적인가에 따라 實語素와 虛語素로 분류된다. 실질적인 의미를 가지는 형태소는 實語素라 하고 실질적인 의미가 없는 형태소는 虛語素라고 한다. 위의 한국어 예문과 대응되는 중국어 문장 (3b)에서 '民秀', '读', '童', '话', '书'는 실질적인 의미를 가지고 있으므로 實語素이고 '了'는 실질적인 의미가 없고 문법적인 기능만 하므로 형식형태소인 虛語素이다. 자립형태소인 '民秀', '读', '话', '书'에 '童'을 포함시킨 것이다. 한국어에서 '童', '话'는 실질형태소이지만 중국어에서는 '话'는 자립형태소이지만 '童'은 독립적으로 사용되지 못하므로 의존형태소이다. 이처럼 한국어의 실질형태소 · 형식형태소와 중국어의 實語素 · 虛語素는 정하는 기준이 같지만 언어의 특성 때문에 표현형식이 다른 것이다.

3 조어법의 유형과 특징

3.1. 조어법의 개념

한국어에서 형태소의 결합에 의해 이루어지는 일을 造語라 하고 이 조어의 방식을 造語法, 또는 語形成法이라고 한다. 즉, 자립형태소 어근이 홀로 사용되는 단일어, 체언의 어근이나 용언의 어근이 결합되어 사용되는 복합어, 어근과 접사가 결합된 파생어, 그리고 어근에 조사나 어미가 결합된 굴절어 등이 조어법에 의해 나타나는 단어이다.

중국어에서는 조어법의 개념 대신 구사법(構詞法)의 명칭을 사용하는데, 이는 형태소로부터 단어를 구성하는 법칙을 의미한다.[12] '조어법-구사법'[13]은 언어학의 중요한 구성성분으로 주로 단어의 내부적인 구조규칙과 구조방식을 나타낸다. 한국어와 중국어의 단어를 조어법의 관점에서 분류하면 아래와 같다.

<표 4> 한국어와 중국어의 단어 분류

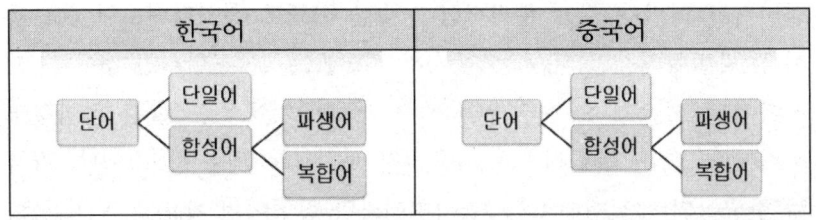

----

12) 陳光磊(2005:40) 참고.
13) 본 논문은 한국어를 기본으로 하는 대비연구이므로 이하에 나오는 용어 '조어법', '구사법'은 모두 '조어법'으로 표기하겠다.

위의 도표를 보면 한국어와 중국어의 단어 분류체계가 대체로 동일하지만 전문용어와 세부내용은 좀 다르다. 형태소 하나로 이루어진 단어는 한국어에서 단일어라고 부르고, 중국어에서 단순어라고 부른다. 두 개나 그 이상의 형태소로 이루어진 단어는 중국어에서 합성어로 명명하지만 한국어에서 학자에 따라 합성어로 명명하기도 하고 복합어로 명명하기도 한다.[14]

3.2 조어법의 유형과 특징

조어법은 어형성법으로 자립형태소의 결합, 의존형태소의 결합, 자립형태소와 의존형태소의 결합 등에 의해 복합법, 파생법, 굴절법의 어형성을 이룬다. 이에 단일어, 파생어, 복합어에 대해 고찰하고, 아울러 복합어와 그 결합 형식이 유사한 첩어에 대해서 고찰할 것이다.

3.2.1. 단일어 : 단순어

중국어와 한국어에 단일어, 혹은 단순어에 대한 개념은 같은 것으로 형태소 하나로 이루어진 단어를 단일어 혹은 단순어라고 부른다.

(4) a. 눈, 코, 얼굴, 라디오, 코스모스, 어느, 무슨, 아직
    b. 雪, 花, 狼, 风, 脚, 垃圾

위의 예를 보면 '눈, 코, 라디오, 코스모스, 风, 脚, 垃圾' 등은 모두 하나의 형태소로 단어를 이룬다. 쪼개면 단어를 이루기 어려운 것으로

14) 복합어를 상위범주로 하고 합성어를 복합어의 하위범주로 보는 대표적인 견해는 고영근, 남기심(2004)과 '학교문법' 등이고, 합성어를 상위범주로 보는 견해는 이익섭(2011) 등을 들 수 있다.

이런 단어들을 한국어에서 단일어라 부르고 중국어에서 단순어라고 부른다.

3.2.2. 파생어(派生語)

한국어에서 파생어는 '어근+접미사', '접두사+어근'처럼 실질형태소에 그 구성요소의 어느 한 쪽이 접사가 결합한 것을 말한다. 중국어도 마찬가지로 어근에 접사가 붙는 구사법을 파생법이라 하는데, 접사는 놓는 위치에 따라 주로 접두사(接頭辭), 접요사(接腰辭), 접미사(接尾辭)로 나뉜다. 파생어 중에 어근은 어휘의미를 나타나는 주요부분이고, 그 뜻을 더하거나 제한하는 부분은 접사이다.[15]

『표준국어대사전』(1999)에 수록된 한국어의 접사는 모두 490개 항목인데, 이 중에 접두사는 161개, 접미사는 329개이다.[16] 접사의 분류는 보통 접사의 위치와 기능에 따라 분류된다. 위치에 따라서는 접두사와 접미사로, 기능에 따라서는 한정적 접사와 지배적 접사로 나뉜다. 이외에 어원에 따라 고유 접사와 한자어 접사로 분류하기도 한다.

---

15) 어근에 결합하는 접사와 어미의 차이는 '반짝거리다'의 '어근(반짝)+접미사(거리)+어미(다)' 순이며, '어근+접사'의 형태인 '반짝거리'를 어간이라 한다. 또한, 여기서 접사(거리)는 그 수가 한정적이고 보조사처럼 어느 정도 의미를 수반하지만, 어미는 접사에 비해 비한정적으로 보편적인 기능을 갖는데 의미는 없고 문법적 기능만 있다.

16) 윤영민(2011:30) 참고.

<표 5> 한국어 접사의 분류

분류기준		접사로 이루어진 파생어
위치	접두사	맏-아들, 갓-스물, 개-살구, 군-말, 날-감자, 덧-신, 돌-배
	접미사	바늘-질, 송-아지, 선생-님, 마음-씨, 털-보
기능	한정적 접사	갓-나다, 되-묻다, 들-볶다, 빗-나가다, 설-익다, 엇-갈리다
	지배적 접사	갓-스물, 개-살구, 군-말, 올-벼, 홀-아비, 참-기름
어원	고유어 접사	맏-아들, 갓-스물, 개-살구, 군-말, 마음-씨, 털-보
	한자어 접사	假-建物, 無-關心, 貴-婦人, 政治-的, 近代-化, 文法-論

한국어에서 접사가 풍부한 것과 달리 중국어에서 접사는 그 수가 많지 않으며, 주로 위치에 따른 접두사, 접요사, 접미사로 분류된다. 접두사는 주로 '阿-, 第-, 初-, 老-, 小-' 등이 있고, 접요사로는 '-不-, -得-'이 있으며, 접미사는 '-子, -巴, -者, -们' 등이 있다.

<표 6> 중국어 접사의 분류

분류 기준	접사로 이루어진 파생어
접두사	阿-: 阿-爹(아빠), 阿-姨(이모), 阿-婆(할머니), 老-: 老师(선생님), 老王(왕씨), 老外(외국인), 老总(회장님) 小-: 小弟(남동생), 小店(가게), 小李(이씨) 初-: 初-一(초하루날), 初-二(초이틀날), 初-三(초사흗날) 第-: 第-一(제일), 第-二(제이), 第-三(제삼)
접요사	-里-: 傻-里-傻气(어리어리하다), -不-: 酸-不-溜溜(시큼하다)
접미사	-子: 帽-子(모자), 筷-子(젓가락), 勺-子(숟가락), 　　矮-子(난쟁이), 胖-子(뚱보), 盘-子(접시) -巴:嘴-巴(입), 下-巴(턱), 哑-巴(벙어리), 结-巴(말더듬기) -们: 我们(우리), 他们(그들), 孩子们(아이들), 女人们(여자들) -者: 使者(사자), 爱国者(애국자), 患者(환자), 记者(기자)

중국어의 접사의 특성을 보면 실질적인 의미는 거의 사라지고 주로 문법적 기능만 갖는다. 위의 표에서 제시한 '老师(스승), 老鹰(독수리), 老鼠(쥐), 老公(남편)' 등에서 '老-'는 실질적인 의미는 없고 단어 구성의 역할만 해 주는 접두사이다.

또한, 중국어에는 접사가 많지 않고, 대신 유접사(類詞綴)가 많은 편인데, 한국어의 접사는 중국어의 접사와 유접사를 모두 포함한다. 유접사는 접사에 비해 虛化 정도는 덜하지만, 어근과 비교하면 의미가 분명하지 않은 접사를 말한다. 따라서 접사는 실질적인 의미는 거의 찾기 어렵고 문법적인 기능만 있는 반면에, 유접사는 실질적인 의미가 많이 약화되었지만 접사처럼 그 의미가 완전히 사라진 것은 아니며, 동시에 문법적인 기능도 함께 갖는다.

한편, '多层次, 多功能, 多角度, 多渠道, 多视角' 등 파생어를 이루는 유접사 '多'와 '高科技, 高物价, 高学历, 高耗能' 등 파생어를 이루는 '高'는 이런 단어 안에서 유접사로 쓰이지만 문장에서 어근으로 쓰일 때도 있다. 예를 들면 다음과 같다.

(5) a. 买了很多菜。(요리를 <u>많이</u> 샀다.)
    b. 这孩子真高! (이 아이는 키가 참 <u>크다</u>!)

(5)의 문장에서 '多'와 '高'는 유접사로 쓰인 것이 아니고 분명한 의미를 갖는 어근으로 쓰인 경우이다.

다음으로 중국어 유접사는 접사의 위치에 따라 유접두사(類前綴)와 유접미사(類後綴)로 분류된다. 예를 들어서 설명하겠다.

(1) 유접두사(類前綴)

어근의 앞에 붙어 새로운 단어가 되게 하는 유접사를 유접두사(類前綴)라고 한다. 유접두사는 수량이 많은데 일부만 제시하면 아래와 같다.

> (6) 多: 多层次, 多功能, 多角度, 多渠道, 多视角
> 高: 高科技, 高物价, 高学历, 高耗能
> 半: 半封建, 半文盲, 半自动, 半元音
> 后: 后现代主义, 后印象派, 后工业化时代
> 亚: 亚热带, 亚硫酸, 亚健康, 亚音速
> 無: 無政府主義, 無油煙, 無條件, 無意識

(2) 유접미사(類後綴)

어근의 뒤에 붙어 새로운 단어가 되게 하는 유접사를 유접미사(類後綴)라고 한다. 유접미사는 수량이 많은데 일부만 제시하면 아래와 같다.

> (7) 家: 作家, 画家, 行家, 文学家, 科学家, 企业家
> 员: 雇员, 学员, 会员, 宣传员, 讲解员, 飞行员
> 者: 作者, 学者, 编者, 旁观者, 目击者, 探险者
> 士: 女士, 男士, 烈士, 绅示, 大力士, 贤士, 骑士
> 生: 学生, 医生, 书生, 服务生, 儒生, 接线生
> 手: 水手, 舵手, 机枪手, 老手, 选手, 打手, 副手
> 非: 非法, 非賣品, 非主流, 非會員, 非金屬, 非官方

(3) 한국어의 한자 접사와 중국어의 접사·유접사

한국어 한자 접사는 한자의 교유한 특성을 갖는 동시에 한국어의 어휘 체계의 일부분으로 한국어 어휘의 특징을 갖는다. 따라서 처음에는 많이 유사했던 한국어 한자 접사와 중국어 접사·유접사는 시대의 변천에 따라 그 의미와 형태가 점점 달라졌다. 한국어 한자 접사와 중국어 접사·유접사를 비교하면 ① 서로 대응하는 형태가 있는 접사, ② 한국어만 있는 접사, ③ 중국어만 있는 접사·유접사 등 세 가지로 나눌 수 있다.

① 서로 대응하는 형태가 있는 접사
한국어 한자 접사와 중국어 접사·유접사의 서로 대응되는 형태가 있다. 우선 접두파생의 사례를 보이면 아래와 같다.

(8) 초(超)-
   a.(한) ~音波, ~音速, ~自然, ~非常, ~强手
   b.(중) ~音波, ~音速, ~自然, ~聲波, ~高壓
(9) 무(無)-
   a.(한) ~慈悲, ~關心, ~意味, ~限定, ~知覺
   b.(중) ~政府主義, ~條件, ~意識, ~軌電車
(10) 비(非)-
   a.(한) ~合理, ~公開, ~格式體, ~經濟的, ~紳士的
   b.(중) ~法, ~賣品, ~主流, ~會員, ~金屬, ~官方
(11) 귀(貴)-
   a.(한) ~夫人, ~公子, ~金屬, ~公女, ~男子
   b.(중) ~夫人, ~公子, ~金屬, ~人, ~國, ~賓

다음으로 접미파생을 보이면 아래와 같다.

(12) -가(家)
   a.(한) 建築~, 教育~, 文學~, 作曲~, 評論~, 資本~, 樂天~, 獨斷~,
      愛妻~ , 小說~, 藝術~

  b.(중) 資本~, 軍事~, 藝術~, 哲學~, 政治~, 文學~, 野心~, 小說~
(13) -사(師/士)
  a.(한) 敎~, 牧~, 看護~, 營養~, 辯護~, 醫~, 料理~,
  b.(중) 敎~, 牧~, 護~ , 營養~, 律~, 撮影~, 化粧~

위에 예문을 통해 알 수 있듯이 한국어 한자 접사와 중국어 접사·유접사가 대응되는 접두파생어와 접미파생어의 수량이 많은 편이다.

(13)의 예를 보면 한국어와 중국어의 접사 차이가 난다. 교회에서 예배를 인도하고 교회의 관리 및 신자의 영적 생활을 지도하는 성직자를 한국어 중국어 모두 '스승 사'를 써서 '牧師'라고 한다. 그러나 '병원에서 의사의 진료를 돕고 환자를 돌보는 사람'을 한국어에서는 '看護師'라 하는데, 중국어에서는 '선비 사'를 써서 '護士'라고 한다. 또한, '소송 당사자나 관계인의 의뢰 또는 법원의 명령에 따라 피고나 원고를 변론하며 그 밖의 법률에 관한 업무에 종사하는 사람'을 한국어에서는 '辯護士'라 하는데, 중국어에서는 '律師'라고 한다. 한국어에서 '律師'란 개념은 계율을 잘 지키는 중을 의미한다. '과학적으로 식생활의 영양에 관한 지도를 하는 사람'을 한국어에서 '營養士'라 하는데, 중국어에서는 '營養師'라고 한다. 또한, 중국어에서는 '料理師'의 단어를 사용하지 않는 반면에 한국어에서는 '化粧師'의 단어를 사용하지 않는다.

이처럼 처음에는 파생된 단어의 형태가 비슷했지만 시대의 변천에 따라 의미도 점점 변해지고 파생된 단어도 달라진다. 따라서 같은 형태의 접사지만 한국어에서 이에 의해 파생된 단어와 중국어에서 이에 의해 파생된 단어는 같은 경우도 있고 다른 경우도 있다.

② 한국어에만 쓰는 한자어 접사

한자어는 처음에 중국에서 전해온 것이지만 한국어 어휘체계에 적용되면서 중국어에서의 기능과 달리 파생접사 역할을 하게 된 것이 있다. 이런 접사는 한국어에서 조어력이 강하지만 중국어에서는 조어력이 약하거나 접사로 쓰이지 않는 경우이다. 따라서 한국어에만 있는 접사를 보이면 아래와 같다.

(14) 대(對)-
     ~間諜, ~國民, ~北韓
(15) 피(被)-
     ~壓迫, ~征服, ~支配, ~搾取, ~造物, ~雇傭人
(16) 탈(脫)-
     ~公害, ~規制, ~冷戰, ~党, ~大衆化, ~色
(17) -적(的)
     人間~, 合理~, 道德~

③ 중국어에만 쓰는 접사·유접사

중국어에서만 쓰고 한국어에는 대응되는 접사가 없는 경우도 있다.

(18) 打(타) - : ~的, ~點, ~消, ~磨, ~造, ~非, ~假, ~私
(19) -吧(바) : 酒~, 网~, 陶~, 氧~, 水~
(20) 零(영)- : ~利率, ~距离, ~事故, ~增长, ~首付
(21) -头(頭) : 木~, 看~, 苦~, 准~, 上~

(18)에서 '打的'은 '택시를 타다'란 뜻이고, '打點'은 '선물 따위를 준비하다' 혹은 '뇌물을 주다'란 뜻이다. 그리고 '打消'는 '생각 따위를 끊다, 포기하다'의 뜻이다. 여기서 유접두사 '打'는 실질적인 의미가 약화

된 경우이다.

(19)에서 '吧'는 본래 영어 'Bar'를 음역한 것으로 실질적인 의미는 없고 단어를 구성하는 데만 기능을 한다. '吧'는 처음에는 '酒吧'를 구성하여 '술집'의 의미만을 가졌지만, 현재는 '网~(인터넷을 할 수 있는 곳), 陶~(도자기 굽는 장소), 氧~(공기가 맑은 곳), 水~(물이 있는 곳)' 등에서 볼 수 있는 것과 같이 '휴식할 수 있는 장소'의 의미를 갖는 등 새로운 의미를 파생하게 되었다.

(20)에서는 '~利率(이율), ~距离(거리), ~事故(사고), ~增长(성장), ~首付(계약금)'의 의미를 갖고, (21)에서는 '木~(나무), 看~(볼 만한 것), 苦~(고생), 准~(정확성), 上~(높은 분)'의 의미를 갖는다.

한국어에는 접사가 상당히 풍부하지만 접두사에 의한 파생어보다 접미사에 의한 파생어가 훨씬 많다. 그러나 접요사에 의한 파생어는 없다. 반면에 중국어에는 일반적으로 접사가 많지 않으며 유접사(類詞綴)가 많다. 그리고 접사 중에도 접두사와 접요사는 적고 접미사가 비교적 많은 편이다.[17]

3.2.3. 복합어(複合語)

한국어에서 둘 또는 그 이상의 어기를 결합하여 새로운 단어를 조어하는 현상을 복합이라 하고, 이 복합의 과정을 복합법이라 하며, 이와 같은 복합법에 의하여 형성된 단어를 복합어라 한다. 복합어는 결합된 두 어기의 성분 사이에 나타나는 관계를 고려하여 대등한 자격을 가진 두 어기로 이루어지는 병립적 복합어, 수식과 피수식의 관계를 가진 두 어기로 이루어지는 수식적 복합어, 그리고 새 단어를 이루는 두 어

---

17) 陳光磊(2005:46) 참고.

기가 본래의 의미를 잃어버리고 다른 뜻으로 융합하는 융합적 복합어로 나눈다.

중국어에도 이런 관계를 가진 복합어가 있다. 따라서 한국어의 배합 관계에 따라 대응되는 중국어의 배합 관계를 체언과 용언으로 나눠서 정리하면 <표 7>과 같다.

<표 7> 한국어와 중국어의 배합관계

배합관계	체언		용언	
	한국어	중국어	한국어	중국어
병립적 (並立的)	마소, 손발, 안팎, 앞뒤, 나달	语言, 智慧 群众, 图画	오르내리다, 검푸르다, 높푸르다,	饥饿, 凶猛, 高远,
수식적 (修飾的)	물굽이,물소 기와집, 소나무	象牙, 黑板 红旗	마주서다, 앞세우다,	空投, 火红, 碧绿,
융합적 (融合的)	밤낮, 산수, 춘추,큰집, 나들이	日夜, 山水, 春秋	돌아가다	弥留, 仙去

중국어에서 융합적 복합어의 유형은 없지만 이런 관계를 가지고 이루어진 단어가 있다, '日夜, 山水, 春秋' 등이 그 예이다.

중국어에서도 어근과 어근이 일정한 관계에 따라 구성된 단어를 복합어라고 한다. 복합어는 형태소 간의 결합방식에 따라 두 개의 단어가 병렬되어 이루어진 연합식(聯合式), 앞부분은 뒷부분을 수식하거나 제한하는 수식식(修飾式), 앞부분은 서술대상이고 뒷부분은 앞부분에 대한 서술어인 주술식(主謂式), 뒷부분은 앞부분의 동작이나 행위를 지배하거나 관련되는 술목식(述賓式), 앞부분은 어떤 동작이나 행위를 나타내고 뒷부분은 동작이나 행위의 결과 또는 방향을 보충 설명하는 술보식(述補式) 복합어 등으로 나뉜다.

이에 중국어의 배합 관계에 따른 복합어에 대응되는 한국어의 복합어를 제시하여 비교하면 아래 표처럼 정리할 수 있다.

<표 8> 중국어와 한국어의 배합관계

배합관계	체언		용언	
	중국어	한국어	중국어	한국어
연합식 聯合式	语言, 智慧 群众, 图画	마소, 손발, 안팎, 앞뒤, 나달	饥饿, 凶猛, 高远	오르내리다, 날뛰다, 검푸르다, 굳세다
수식식 修飾式	象牙, 黑板 红旗	물굽이, 물소, 기와집, 소나무	空投, 火红, 碧绿	마주서다, 앞세우다,
주술식 主謂式	地震, 海啸, 雪崩		面熟, 年轻, 军用, 耳背	재미나다, 맛들다, 낯설다
술목식 述賓式	管家, 司机		注意, 放心	힘쓰다, 애쓰다
술보식 述補式	花朵, 跳高治安		说明, 推翻 改正, 扩大	알아보다, 살펴보다

한국어와 중국어의 복합어 분류를 비교하면 모두 병립적, 수식적 분류가 있다는 유사점을 찾을 수 있다. 한국어 체언에서 주술식, 술목식, 술보식 결합관계의 복합어는 없지만, 용언의 주술식 복합어가 있다. 목적어와 서술어의 위치가 다르므로 중국어에서의 술목식 복합어는 한국어에서 '목적어+서술어'의 형식으로 이루어진다. 또한, 중국어에 술보식 복합어가 있는 반면에 한국어에는 '본동사 어근+연결어미+보조동사 어근'의 형식으로 이루어진 복합어가 있는데 '알아보다', '살펴보다', '걸어가다', '찾아보다' 등을 들 수 있다.

한국어에는 복합어의 생성에 구성 요소의 일부가 음소의 변화를 일으키는 일이 있다. 즉, '솔나무→소나무, 불삽→부삽' 등처럼 일부 음소가 탈락되기도 하며, '내+물→냇물, 배+사공→뱃사공, 수+자→숫자'처럼 합성명사를 생성할 경우 사이시옷이 첨가되는 경우도 있다. 그리고 '설+달→섣달, 술+가락→숟가락'에서처럼 음운이 다른 음운으로 변하는 경우도 있다.

3.2.4. 첩어(疊語)

어기의 일부 또는 전부를 반복하는 형태론적 과정을 반복(反復) 또는 중첩(重疊)이라 하고, 반복에 의하여 형성된 단어를 반복어(反復語) 또는 첩어(疊語)라 하며[18] 중국어에서는 중첩어(重疊語)라 한다.[19]

<표 9> 한국어 첩어 유형

첩어 유형		예
전체 반복	동음첩어	집집, 곳곳, 가지가지, 종종, 출렁출렁, 깡충깡충, 꼼지락꼼지락, 궁덕쿵궁덕쿵, 삐드득삐드득
	유음첩어	울긋불긋, 얼룩덜룩, 알쏭달쏭, 아롱다롱, 울뚝불뚝, 옹기종기, 삐뚤빼뚤, 실룩샐룩
부분 반복	어두첩어	끝끝내, 샅샅이, 잔잔누비, 더더구나, 떵떵거리다, 덩덩그렇다
	어중첩어	끄르륵거리다, 삐드득거리다, 오도독소리, 보도독거리다
	어말첩어	아차차, 애개개, 쿵덕덕, 후닥닥, 데구르르

한국어 반복어 유형은 주로 완전반복과 부분반복으로 나눌 수 있다.

---

18) 하나의 어근이 다른 어근과 결합하는 경우를 복합어라고 하는 반면에, 동일한 어근이나 유사한 어근끼리의 결합을 첩어라고 한다.
19) 陳阿宝, 吳中偉(2010:133) 참고.

전체반복은 다시 동음첩어와 유음첩어로 나누고 부분반복도 다시 어두첩어, 어중첩어, 어말첩어로 나눌 수 있다. 동음첩어는 동일한 어기가 반복해서 이루어진 단어이고, 유음첩어는 자음이나 모음이 일부 다르게 결합해서 이루어진 단어다. 어두첩어, 어중첩어, 어말첩어는 중첩되는 위치에 따라 반복되어 나타난다. 특히, 반복의 형태론적 과정은 모음조화나 반복과정의 음운규칙 등에 따른다.

<표 10> 중국어 중첩어 유형

중첩어 유형		어근	접사	예
전체 단어의 중첩	AA형	A	×	走走, 想想, 红红的)
	ABAB형	AB	×	锻炼锻炼, 研究研究, 哗啦哗啦
형태소의 중첩	AABB형	AB	×	干干净净, 热热闹闹, 摇摇晃晃
	ABB형	A	B	黑乎乎, 白茫茫, 湿漉漉
	BBA형	A	B	喷喷香, 滚滚圆,
접사삽입 중첩	A里AB형	A	B	俗里俗气, 罗里啰嗦
	A不BB형	A	B	酸不溜溜, 滑不济济

중국어의 중첩어는 주로 전체 단어의 중첩, 형태소의 중첩, 접사삽입 중첩 세 가지로 나눌 수 있다. 전체 단어의 중첩은 단어전체를 반복해서 이루어진 단어이다. 한국어와 비교해 보면 구성 형식이 같다고 볼 수 있다. 단음절 단어는 모두 AA형으로 새 단어를 이룬다. 예를 들면 중국어는 '坐→坐坐'로, 한국어는 '집→집집'을 들 수 있다. 이음절 단어는 ABAB형으로 중국어의 '研究→研究研究', 한국어의 '깡충→깡충깡충'을 들 수 있으며, 이런 형식 외에 중국어의 이음절 단어는 AABB형으로도 새 단어를 이룬다. 예를 들면 '干净→干干净净', '热闹→热热闹

鬧' 등이다. 중국어는 하나의 형태소를 한 글자로 하는 표의문자이기 때문에 원래 AB형인 단어를 쪼개도 의미를 전달할 수 있으므로 이런 AABB형의 단어 형성이 가능하다.

한국어는 3음절 단어를 반복해서 새 단어를 이룰 수도 있다. 예를 들어 '덜거덕→덜거덕덜거덕, 삐드득→삐드득삐드득' 등 주로 의성어의 반복으로 이루어진다. 반면에 중국어는 3음절 단어의 반복어를 이루는 경우가 없다.

중국어 '형태소의 중첩'과 '접사 삽입 중첩'의 유형인 ABB형, BBA형, A里AB형, A不BB형의 네 가지 유형은 모두 부분첩어이다. 그리고 중첩되는 위치에 따라 어두첩어, 어중첩어, 어말첩어로 나눌 수 있다. 즉, BBA형은 어두첩어, A里AB형은 어중첩어이며, ABB형과 A不BB형은 어말첩어이다.

이에 비교한 내용을 표로 정리하면 아래와 같다.

<표 11> 한국어와 중국어의 첩어 유형

중첩어 유형	한국어		중국어
전체반복	동음첩어	단음절첩어	AA
		이음절첩어	ABAB, AABB
		삼음절첩어	×
	유음첩어		×
부분반복	어두첩어		BBA
	어중첩어		A里AB
	어말첩어		ABB, A不BB

<표 11>을 보면 중국어는 삼음절 이상 동음첩어가 없고, 유음첩어

도 없다. 중국어는 표의문자이기 때문에 반복의 형태론적 과정은 음운
규칙과 연관되지 않는 특성을 보인다.

4 결론

본 논문은 한·중 양국 형태소의 결합에 의한 조어법의 공통점과 차
이점을 고찰했다. 한국어와 중국어는 서로 다른 어족에 속하는 언어이
기 때문에 조어법상 많은 차이가 있지만 유사한 점도 많다. 이에 본고
는 조어의 기본단위인 형태소 대비로부터 시작했다. 한국어에서 단어
를 이루는 형태소는 단음절부터 시작해 2음절, 3음절 등 다양하다. 반
면에 중국어의 형태소는 기본적으로 단음절로 이루어진다. 이외에도 2
음절 형태소와 다음절 형태소도 있지만 단음절 형태소에 비해 그 수가
적다. 또한 통상적으로 3음절 이상의 형태소는 대부분 다른 민족의 언
어에서 음역해온 것이거나 의성어가 주를 이룬다.

형태론적으로 보면 한국어의 자립형태소는 주로 체언에 의한 것이
주를 이루는데 반해 중국어의 자립형태소에는 용언의 어근이 포함된
다. 그리고 어형성법에서 파생어를 만드는 접사의 차이가 있는데, 한국
어의 접사에 대응되는 중국어의 접사는 유접사를 포함한다. 즉, 중국어
의 접사는 실질적인 의미가 거의 없고 단어를 구성하는 문법적 기능만
한다. 따라서 중국어의 접사는 많지 않다. 대신 중국어에는 유접사가
있는데, 실질적인 의미가 일부 약화되지만 어느 정도는 그 의미가 유
지되고 있어 많은 파생어를 이룬다. 또한, 한국어에는 접요사가 없지만

중국어에는 접두사, 접요사, 접미사 모두 있다.

또한, 어근과 어근의 결합인 복합어를 형성하는 조어법의 차이를 들수 있다. 한국어의 복합어의 유형에는 병립적, 수식적, 융합적 복합어가 있는 반면에 중국어의 복합어 형식에는 융합적 복합어의 개념이 없다. 대신 주술식, 술목식, 술보식 복합어를 갖는다.

그리고 동일 어근의 반복 형식을 갖는 반복어인 첩어에 대한 차이도 있다. 한국어의 첩어 형식은 주로 동음 첩어와 유음 첩어가 주를 이루는데, 중국어의 첩어는 유음첩어가 없고, 동음첩어 중 '干干净净, 热热闹闹, 摇摇晃晃'처럼 AABB 형태를 갖는 것이 있으며, 접사 삽입 첩어로 A里AB형, A不BB형이 있다.

그리고 한국어에는 '덜거덕덜거덕, 삐그득삐그득'처럼 삼음절 반복어를 갖는데 이는 대다수 의성어에 해당된다. 반면에 중국어에는 3음절 이상의 의성어는 있지만 이를 반복하는 첩어는 없다.

참고문헌───────────────────────

김령희(2010), "현대 중국어 준접사 연구", 한국외국어대학교 석사학위
　　　　논문.

박덕유(2009), 『학교 문법론의 이해』, 도서출판 역락.

안주호(2011), "한국어 문법용어의 영어 대역어에 대한 계량적 연구",
　　　　『새국어교육』(한국국어교육학회) 89호.

윤영민(2011), "현대 한·일어 접사의 비교 연구", 고려대학교 박사학
　　　　위논문.

이병규(2012), "국어 문법 교육의 원리 탐구", 『새국어교육』(한국국어
　　　　교육학회) 90호.

이익섭(2011), 『국어학개설』, 學硏社.

李喆洙(1997), 『韓國語音韻論』, 仁荷大學校出版部.

주교령(2011), "한국어 한자어 접두사와 중국어 접두사의 비교 연구",
　　　　순천향대학교 석사학위논문.

한　길(2006), 『현대 우리말의 형태론』, 도서출판 역락.

한용수(2004), 『중국어학개론』, 선학사.

허유라·박덕유(2012), "한국어 초급 교재에서의 발음교육 방안 연구",
　　　　『새국어교육』(한국국어교육학회) 90호.

陳阿宝·吳中偉(2010) 著, 김난미·김정은 譯, 『現代 中國語 槪論』,
　　　　다락원.

陳光磊(2005) 箸, 박정구 譯, 『漢語詞法論(중국어 형태론)』, 新星出版社.

符淮靑(2007)著, 박홍수 譯, 『現代漢語詞彙』, 차이나 하우스.

Terence Odlin (1989), *Language Transfer: Cross-linguistic influence
　　　　in language learning*, the Press Syndicate of the
　　　　University of Cambridge.

한국어 학습자를 위한
대등합성어의 교육 방안 연구

 ## 1 머리말

효율적인 언어 학습에 있어 어휘의 양은 학습의 성과를 결정하는 중요한 요소이다. 어휘를 접했을 때 표면적 의미는 쉽게 파악할 수 있다. 그러나 합성어(compound)[1]의 의미를 유추하기란 쉽지 않다. 합성어는 둘 이상의 어근이 결합하여 하나의 단어 기능을 한다. 이때 제3의 뜻을 갖기도 하고, 특이한 음운 첨가나 탈락이 일어나기도 한다.[2] 이러한 합성어를 획득하는 유형은 통사적 합성법(syntactic compound)과 비통

---

1) 낱말 - 한 형태소 - 단일어
　　　 - 여러 형태소 - 합성어= 어근 + 어근
　　　　　　　　　　 - 파생어= 접사 + 어근/ 어근 + 접사
2) 제3의 뜻을 갖는 합성어로는 '밤낮'이 '늘, 항상'으로 의미의 확장이 일어났으며, 특이한 음운 첨가가 일어나는 합성어로는 '빗소리', 탈락이 일어나는 합성어로는 '소나무' 등이 있다.

사적 합성법(asyntactic compound)이 있다. 전자는 자립성을 지닌 두 단어가 결합된 합성법으로 국어의 일반적인 단어 배열과 같은 유형의 합성법이며, 후자는 자립성이 없는 두 어근이 결합된 합성법으로 일반적 단어 배열에 어긋나는 합성법이다.[3]

합성어는 두 어근 성분 사이의 관계에 따라 대등합성어, 종속합성어, 융합합성어로 분류한다.[4] 대등합성어는 두 어근의 대등한 결합으로 이루어진 합성어이다. 예로는 '마소, 손발, 오르내리다' 등을 들 수 있다. 종속합성어는 앞의 어근이 뒤의 어근에 영향을 주는 합성어이다. '소나무, 안집, 속옷' 등이 있다. 융합합성어는 두 어근의 결합으로 전혀 다른 의미를 갖는 합성어이다. 예로는 '밤낮, 큰집, 돌아가다' 등이 있다.

합성어는 둘 이상의 어근이 결합하여 하나의 단어 기능을 하므로 학습자가 생성 원리를 인지하게 되면 이를 바탕으로 합성어를 생산, 활용하여 어휘의 양을 늘릴 수 있다는 장점이 있다. 본고는 (대등합성어를 통해) 언어 학습의 기본인 어휘의 양을 늘려 한국어 학습자의 학습 효율을 높이는데 목적이 있다. 합성어의 형성 과정에서 형태와 의미 양쪽 모두에서 대등한 자격으로 결합된 합성어[5]의 효율적인 교육 방안을 마련하고자 한다.

....

3) 박덕유(2009: 219) 인용.
4) 정동환(1991: 126) 인용.
5) 임지룡(2010: 91) 인용.

2 대등합성어

언어는 언중의 사용 방식에 의해 변화, 생성, 소멸된다. 이러한 양상은 의사소통을 위한 사회적 관습을 따른다. 이 때 관습이란 언어 공동체의 언중이 따르는 발화 규칙이다. 이에 언어는 관습의 체계라고 할 수 있다. 언어가 생성되기 위해서는 언중이 기존 관습 체계를 깨뜨려야 하고 이러한 혁신(innovation)을 통해 언어 공동체에 새로운 변화가 퍼져서 확산(propagation)되고 다시 새로운 관습 체계로 정착하는 과정을 거친다.[6]

이와 마찬가지로 대등합성어 역시 언중의 사회적 관습에 따라 생성된다. 언중은 이미 알려진 정보를 전제로 하여 새로운 어휘를 생성한다. 이때 낯선 형태에 부담을 갖게 됨으로 이를 피하고자 기존 정보를 가지고 합성어를 생성하게 되는 것이 합성어 생성의 원리이다.[7]

2.1. 대등합성어의 형태적 범주

대등합성어는 실질형태소인 어근 A와 실질형태소인 어근 B의 합성을 의미한다. 이때 새로운 AB를 형성하는 것이며, 이때의 AB는 BA로의 교환이 아닌 AB로 고정된 형태가 대부분이다. 선행요소 A와 후행요소 B의 결정에는 이를 사용하는 언중의 심리가 반영된 것이라 하겠다.

---

6) 임지룡, 김동환(2007: 132~134) 참고.
7) 신희삼(2007: 141) 재인용.

2.1.1. 명사와 명사의 합성

명사의 합성은 크게 병렬적 대등합성명사와 반복적 대등합성명사로 나뉜다. 병렬적 대등합성명사는 선행 요소와 후행 요소가 명사로서 같은 품사인 경우가 많다. 반복적 대등합성명사의 경우 의미 관계가 대등하며 형태상 반복되는 합성명사를 의미한다.

> (1) 병렬적 대등합성명사: 하늘땅, 가위바위보, 이것저것, 연놈, 가시버시, 잘잘못
> (2) 반복적 대등합성명사: 하루하루, 몇몇, 누구누구, 그때그때, 알음알음, 푼푼

선행 어휘와 후행 어휘의 자리를 바꾸어 비교적 자유로운 사용 양상을 보이는 합성어도 있다. 이는 의미의 변화가 없으므로 가능하겠다.

> - 봄가을 : 가을봄, 장기바둑 : 바둑장기

2.1.2. 수사와 수사의 합성

결합되어 나타나는 수만큼 선택의 의미를 지니는 합성어이며 선행 요소와 후행 요소를 바꾸어 쓴 예는 없다.

> - 한두 : *둘하나, 두셋 : *셋둘

2.1.3. 동사와 동사의 합성

동사의 합성은 본래의 의미를 지니며, 선행 요소와 후행 요소의 결합에 따른 동작의 변화를 가져온다. 즉, 선행 요소 A와 후행 요소 B가 'A하고 B하다.' 또는 'A하면서 B하다.', 'A하다가 B하다.'의 세 가지 형

태로 나타난다. 이 때 사용할 수 있는 연결어미로는 '-아/어, -고, 르탈락'이 있다.

(1) A하고 B하다 : 닫아걸다, 열어젖히다
(2) A하면서 B하다: 걸어가다, 뛰어놀다
(3) A하다가 B하다: 오르내리다, 어녹다

2.1.4. 형용사와 형용사의 합성

형용사의 합성은 본래의 의미를 지니며 'A하고 B하다', 'A하면서 B하다.'의 형태를 지닌다. 선행 요소와 후행 요소를 바꾸어 쓴 예는 없다.

(1) A하고 B하다
재빠르다, 굳세다 : *세굳다
(2) A하면서 B하다
검붉다, 검푸르다 : *푸검다

2.2. 대등합성어의 인지적 범위 및 어순

대등합성어는 구성 요소 A와 B가 대등한 자격으로 결합하여 하나의 어휘를 이루는 것을 말한다. 이 때 A와 B가 합성된 AB는 의미의 일관성과 사용 빈도에 따라 정착되어지므로 대등합성어의 어순은 대체로 고정되어 있다. 언중의 보편적 사고 체계에 따른 대등합성어의 분류와 어순은 어떠한 특징을 지니고 있는지 살펴보고자 한다.[8]

....
8) 임지룡(2010), 정동환(1991), 노대규(1982) 참고하여 재분류. 예는 임지룡(2010), 정동환(1991), 노대규(1982), 김정숙(2003)을 인용.

2.2.1. 시간의 합성

시간에 대한 인식은 물의 흐름과 같이 앞선 시간에서 뒤따르는 시간의 과정으로 파악한다.

(1) 고유어
어제오늘 : *오늘어제, 오늘내일 : *내일오늘
(2) 한자어
작금 : *금작, 조석 : *석조, 시종 : *종시

그러나 한자어인 '주야장천'의 '주야'의 경우 고유어로는 '밤낮'으로 표현된다. 이는 언중의 관습 체계가 다름에 원인이 있다고 보겠다.

2.2.2. 수의 합성

수의 경우, 없음에서 적음과 많음의 순차적 확대를 보여준다. 즉, 작은 수가 앞에 오고 큰 수가 뒤에 온다.

(1) 고유어
하나둘 : *둘하나, 서너개 : *너서개, 대여섯 : *여다섯,
홀짝수 : *짝홀수
(2) 한자어
일이등 : *이일등, 천만번 : *만천번, 단복수 : *복단수

2.2.3. 성의 합성

성의 구분을 필요로 할 때는 '남성-여성' 또는 '여성-남성'의 어순으로 나타난다. 이때 특이점으로는 남성 상위의 의식을 잘 반영한 표현을 선호한다는 것이다.

- 남녀 : *여남, 오누이 : *누오이, 부모 : *모부, 신랑신부 : *신부신랑,
  형제자매 : *자매형제

다음은 '남성-여성'이 아닌 '여성-남성'의 순으로 나타난 경우이다. 사람을 동물처럼 비하하여 표현하는 경우이므로 여성이 선행할지라도 역시 남성 상위를 의미하는 경우라 하겠다.

- 연놈 : *놈연, 계집사내 : *사내계집, 암수 : *수암

그러나 현대에 들어 언중의 사고를 반영하는 대등합성어도 나타난다. 과거 산아제한정책의 영향으로 " 딸아들 구별 말고 둘만 낳아 잘 기르자."란 공익광고 문구가 있었다. 이는 의식적으로 여성을 우위에 놓으려는 또는 남성과 평행한 지위에 놓으려는 의도가 깔린 표현이라 하겠다.

2.2.4. 거리의 합성

거리에 대한 언중의 인식은 가까운 데에서 먼 데로 나아간다. 공간적, 시간적, 심리적 대상을 파악할 때 나에게 가까운 요소를 먼 요소보다 앞자리에 놓게 된다.

(1) 고유어
여기저기 : *저기여기, 이래저래 : *저래이래, 안팎 : *밖안
(2) 한자어
남북한 : *북남한, 내외 : *외내, 심신 : *신심

2.2.5. 방향의 합성

사람이 서 있을 때 그 앞과 지면 위의 공간이 눈, 귀, 감촉으로 지각하기 더 수월하다. 뒤의 경우 방향이나 위치를 바꾸어야 하므로 후행요소가 되겠다.

(1) 고유어
앞뒤 : *뒤앞, 위아래 : *아래위, 가로세로 : *세로가로
(2) 한자어
종횡 : *횡종, 동서남북: *남북동서

2.2.6. 크기의 합성

인식론적으로 큰 쪽을 나타내는 말이 작은 쪽을 나타내는 말보다 선행한다.

- 장단 : *단장, 고저 : *저고, 강약 : *약강, 다소 : 소다

2.2.7. 긍정과 부정의 합성

긍정적인 요소가 부정적 요소보다 쉽게 지각되어 진다. 또한 적극적인 요소를 선호[9]하는 것이 보편적인 경향이다.

- 선악 : *악선, 희비 : *비희, 유무 : *무유, 승패 : *패승, 상벌 : *벌상,
  길흉 : *흉길
- 흥부놀부 : *놀부흥부, 콩쥐팥쥐 : *팥쥐콩쥐

....

9) 언중의 일반적 심리현상은 폴리아나가설로 설명되기도 한다. 폴리아나가설이란 긍정과 부정은 형태상으로 드러나는 경우와 의미 속에 포함되는 경우가 있는데, 이 경우 합성어의 어순은 대체로 '긍정-부정'의 차례로 나타난다. 이는 언중이 인생의 밝은 면을 보려하고 말하려는 경향이 있다는 것을 의미한다.

그러나 '부정-긍정'의 어순을 나타내는 합성어도 존재한다. 이는 부정적 요인에 대한 관심사가 민감하게 작용했기 때문으로 보인다.

- 화복 : *복화, 빈부 : *부빈

2.2.8. 강인함의 합성

정치, 경제, 사회적으로 강한 힘을 나타내는 요소가 그보다 약한 힘을 나타내는 요소에 선행한다.

- 총칼 : *칼총, 주종 : *종주, 군신 : *신군, 귀천 : *천귀

2.2.9. 신체의 합성

신체 부위를 가리키는 경우 상체가 하체보다 선행한다. 이는 시선의 흐름과 일치한다고 보겠다.

- 눈코 : *코눈, 손발 : *발손

그러나 신체에 입는 의복에 있어서는 하체에 입는 옷이 선행 요소가 된다.

- 바지저고리 : *저고리바지, 치마저고리 : *저고리치마

3 대등합성어의 교육 방안

한국어 학습자를 위한 대등합성어의 교육은 크게 두 가지로 볼 수

있다. 첫 번째는 형태적 범주에 따른 형성 원리의 교육이다. 형태적 범주에 따라서 명사와 명사, 수사와 수사, 동사와 동사, 그리고 형용사와 형용사의 합성으로 형성되는 합성어의 교육이다. 두 번째로 인지적 분류에 따른 어순의 교육이다. 언중의 사회적 관습에 따른 카테고리의 분류와 이와 유기적으로 연결된 어순의 교육이다.

3.1. 형태적 범위에 따른 형성 원리 교육

한국어 학습자의 대등합성어 교육에 있어 기본이 되는 것은 대등합성어의 형성 원리를 이해시키는 것이다. 이때 각 범주에 따른 형성 원리를 교육하는 것이 바람직하다. 명사와 명사, 수사와 수사, 동사와 동사, 형용사와 형용사의 합성의 형성 원리의 교육 방안을 제시하겠다.

대등합성어의 교수는 크게 동일 형성 원리로 범주화하기와 연상어군으로 확대하기를 들겠다. 먼저 동일한 형성 원리로 범주화하기의 교수의 경우, 학습자에게 대등합성어를 제시한 후 학습자로 하여금 범주화의 규칙을 찾도록 한다.

3.1.1. 동일 형성 원리로 범주화하기

먼저 학습자에게 명사, 수사, 동사, 형용사의 어휘를 제시한 후 형태상의 범주화를 구성하도록 한다.

<제시 어휘>

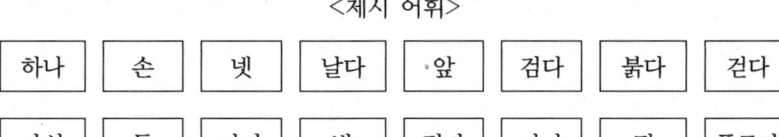

| 하나 | 손 | 넷 | 날다 | 앞 | 검다 | 붉다 | 걷다 |
| 다섯 | 둘 | 가다 | 발 | 검다 | 가다 | 뒤 | 푸르다 |

둘째, 학습자가 범주화한 어휘를 이용하여 합성명사를 형성하도록 한다.

(1) 명사와 명사의 합성

| 하나 | + | 둘 | = | 한둘 | , | 앞 | + | 뒤 | = | 앞뒤 |

(2) 수사와 수사의 합성

| 하나 | + | 둘 | = | 한둘 | , | 넷 | + | 다섯 | = | 네다섯 |

(3) 동사와 동사의 합성

| 날다 | + | 가다 | = | 날아가다 | , | 걷다 | + | 가다 | = | 걸어가다 |

(4) 형용사와 형용사의 합성

| 검다 | + | 푸르다 | = | 검푸르다 | , | 검다 | + | 붉다 | = | 검붉다 |

마지막으로 위의 제시된 대등합성어를 각 형성 원리에 따라 범주화시켜 분리하면 다음과 같다. 이를 학습자에게 피드백한다.

(1) 명사와 명사의 합성: 손발, 앞뒤
(2) 수사와 수사의 합성: 한둘, 네다섯
(3) 동사와 동사의 합성: 날아가다, 걸어가다
(4) 형용사와 형용사의 합성: 검푸르다, 검붉다

이러한 교수로 숙달되어진 학습자라면 더 구체적으로 '병렬적 대등 합성명사와 반복적 대등합성명사'를 범주화 시키거나 동사의 합성 원리에 따른 'A하고 B하다, A하면서 B하다, A하다가 B하다' 등의 범주화 그리고 형용사의 합성 원리에 따라 'A하고 B하다, A하면서 B하다'의 범주화 등으로 세분화시킨 교수도 가능하다.

3.1.2. 연상어군으로 확대하기

연상어군으로 확대하기의 교수법을 추출하기 위해 한국어 고급학습자 10명을 대상으로 어휘의 연상 실험을 하였다.[10] 다음 표는 명사와 동사, 형용사에 대한 연상어휘를 정리한 것이다.

<표 1> 고급학습자의 연상어휘의 실제 양상[11]

형성 원리	제시어	연상어휘
명사	생일	선물, 부담, 준비하다, 생일, 신발, 주다, 선물을 받다, 주다, 주다
동사	가다	학교, 학교, 학교, 영화관, 오다, 고향, 학교, 학교에 가다, 오다, 고향
형용사	덥다	춥다, 날씨, 죽다, 날씨, 여름, 물, 여름, 더운 날씨, 춥다
부사	조금	짜다, 먹다, 많이, 먹다, 방금, 많다

실험의 결과에서 확인할 수 있듯이 제시어가 명사, 동사, 형용사, 부사 각각의 범주가 다를지라도 학습자의 연상어휘는 (동일 품사만이 아

---

10) 대상: 인하대학교 언어교육원 5급 학습자 10명, 국적: 중국인 9명, 몽골인 1명, 연령: 20대, 한국거주기간: 3개월~2년으로 다양.

11) 연상어휘는 학습자가 제시한 내용을 그대로 전사한 것이며, 실험 대상은 10명이었으나 작성하지 않은 경우가 있어 연상어휘의 양이 10단어 미만인 경우도 있다.

니라) 다양하게 나타났다. 이는 (어휘의 형태가 아닌) 의미의 상관관계에 따른 것으로 볼 수 있다.

　명사의 경우 '생일'에는 '선물도 받고 부담스럽기도 하고 신발을 주거나 받기도 한다.'는 의미겠다. 동사의 경우 주로 '학교에 가며 고향과 영화관에 가는 것'으로 연상어휘가 나타났으며 반의어인 '오다'를 연상하기도 했다. 형용사의 경우 '덥다'를 제시하자 '날씨, 여름, 물' 등의 연상어휘와 반의어인 '춥다'를 연상하였다. 부사의 경우 '조금'을 제시하자 '많이 먹다.'의 의미적 연상과 더불어 형태가 비슷한 '방금', 그리고 '조금'을 '소금'으로 잘못 인식해서 나타난 '짜다'까지 다양한 연상어휘가 나타났다.

　제시어가 명사, 동사, 형용사인 경우는 실험대상자 10명 모두가 연상어휘를 작성했으나, 부사를 제시한 경우는 작성자 6명 중 4명만이 제대로 된 연상어휘를 작성한 결과까지 확인할 수 있었다.

　이 결과를 바탕으로 대등합성어의 연상어군 활용하기의 교수법을 제시하기는 조금 무리가 있는 듯하지만 '주고받다', '오가다' 정도를 추출할 수 있다. 이는 반의관계에 따른 연상 작용의 결과이다. 그러나 대등합성어가 아닌 종속합성어의 경우는 다양한 어휘를 추출할 수 있겠다.

　결과적으로 실험에서 제한하지 못했던 동일 형성 원리를 지닌 연상어휘를 작성하라는 내용을 수업 시에 학습자 주의 사항으로 제시해야 할 것이다. 제시어가 명사인 경우 명사인 연상어휘를 동사인 경우 동사, 형용사인 경우 형용사 등 동일 형성 원리를 지닌 연상어휘를 작성하거나 구분하라고 제한을 두어야 효과적인 연상어군으로 확대하기 교수가 이루어질 수 있겠다.

3.2. 인지적 분류에 따른 어순 교육

한국어 학습자에게 한국어를 사용하는 언중의 보편적 사고 체계에 따른 대등합성어의 인지적 분류와 어순의 특징을 교수하고자 한다. 이 또한 어휘의 양을 늘리고자 함이다. 사람이 살아가는 모습은 크게 다르지 않다. 그 장소가 서양이거나 동양이거나 시대에 따라 보편소라는 것이 존재한다. 이러한 보편적 사고 체계를 바탕으로 크게 9가지로 분류하여 교수하겠다.

첫 번째는 시간의 합성이다. 시간에 대한 인식은 물의 흐름과 같이 앞선 시간에서 뒤따르는 시간의 과정으로 파악하므로 과거가 선행요소가 된다. 두 번째는 수의 합성이다. 없음에서 적음과 많음의 순차적 확대되므로 작은 수가 앞에 오고 큰 수가 뒤에 온다. 세 번째는 성의 합성으로 주로 '남성-여성'의 남성 상위의 의식을 반영한 합성어이며 '여성-남성'의 순으로 나타난 경우는 비하하여 표현하는 경우이다. 네 번째는 거리의 합성이다. 공간적, 시간적, 심리적 대상을 파악할 때 나에게 가까운 요소를 먼 요소보다 앞자리에 놓이게 된다. 다섯 번째는 방향의 합성으로 사람이 서 있을 때 그 앞과 지면 위를 지각하기 더 수월하다는 당연한 진리가 내포되어 있다. 여섯 번째는 크기의 합성으로 큰 것이 좋은 것이라는 체험적 경험을 통해 큰 쪽을 나타내는 말이 작은 쪽을 나타내는 말보다 선행한다. 일곱 번째는 긍정과 부정의 합성이다. 긍정적이고 적극적인 요소가 부정적이고 소극적 요소보다 쉽게 지각되어 지며, 적극적인 요소를 선호하는 것이 언중의 보편적 경향이다. 여덟 번째로 강인함의 합성이다. 이는 정치, 경제, 사회적으로 강한 힘을 나타내는 요소가 그보다 약한 힘을 나타내는 요소에 비해 우위에 있으므로 선행 요소로 작용한다. 마지막으로 신체의 합성으로 상체가 하체보다 선행 요소인데 시선의 흐름과 일치한다고 보겠다.

이러한 보편적 사고 체계를 의미적으로 분류하여 학습자에게 인지시킴으로서 대등합성어의 어순에 효과적인 기준을 제시한다고 볼 수 있다.

위의 내용을 정리하면 <표 2>와 같다.

<표 2> 인지적 관습 체계에 따른 어순

	인지적 관습 체계에 따른 분류	교수의 예
1	시간의 합성	어제오늘, 오늘내일, 작금 등
2	수의 합성	하나둘, 홀짝수, 천만번 등
3	성의 합성	남녀, 오누이, 부모 등
4	거리의 합성	여기저기, 내외, 심신 등
5	방향의 합성	앞뒤, 위아래, 가로세로, 종횡 등
6	크기의 합성	장단, 고저, 강약 등
7	긍정과 부정의 합성	승패, 선악, 희비 등
8	강인함의 합성	총칼, 군신, 주종 등
9	신체의 합성	눈코, 손발

4 맺음말

언어학습에 있어 어휘는 학습자의 학습효과에 대한 성과를 결정하는 중요한 영역이다. 본고는 합성어에 목표를 두었고 이는 둘 이상의 어근이 결합하여 하나의 단어 기능을 하므로 학습자가 생성 원리를 인

지하게 되면 이를 바탕으로 합성어를 생산, 활용하여 어휘의 양을 늘
릴 수 있다는 장점이 있다는 관점에서 출발하였다.

이에 합성어의 형성 과정에서 형태와 의미 양쪽 모두에서 대등한 자
격으로 결합되는 대등합성어의 범주에 따른 형성 원리와 인지적 분류
에 따른 어순을 제시하였다. 범주에 따른 형성 원리로는 명사와 명사
의 합성, 수사와 수사의 합성, 동사와 동사의 합성, 형용사와 형용사의
합성을 제시하였고 이를 바탕으로 교수 방안으로는 동일 형성 원리로
범주화 하기와 제시어를 바탕으로 하여 연상어군으로 확대하기를 제
시하였다.

다음으로 대등합성어의 인지적 분류 및 어순을 언중의 관습의 체계
에 바탕을 두고 제시하였다. 이는 어느 곳에 살거나 어느 문화에 속하
거나 살아가는데 있어 보편소를 지니고 있으므로 이를 기준으로 대등
합성어의 어순을 제시하였다. 본고의 제안이 한국어 학습자의 어휘향
상에 도움이 되길 기대한다.

참고문헌

강진식(1997), "국어의 합성명사 구조와 의미 연구", 『한국언어문학』 제39.

김용범(2003), "합성어 구조 유형에 관한 연구", 동아대학교 석사학위 논문.

김정숙(2003), "대등합성명사 형성에 대한 연구", 인하대학교 석사학위 논문.

노대규(1982), "국어의 복합어 구성 법칙" The Journal of Humanities.

박덕유(2009), 『학교문법론의 이해』 개정판, 도서출판 역락.

박철주(2007), "통사적 합성명사의 생성원리 연구", 『우리말글』 39.

신희삼(1999), "합성명사 연결 구성의 제약", 『한국언어문학』, 제43.

_____(2007), "합성어 기능에 따른 합성명사의 형성 원리", 『한국어 의미학』 22.

유미상(2007), "중·고급 한국어 학습자의 어휘 학습을 위한 한자어 접 사 및 파생어 선정에 관한 연구", 연세대학교 석사학위논문.

임영웅(2003), "중학교 영어 교과서의 어휘의 연계성 연구", 영남대학 교 석사학위논문.

임지룡(1985), "대등합성어의 의미 분석", 『배달말』 10.

임지룡·김동환 옮김(2008), 『인지언어학 기초』, 한국문화사.

정동환(1991), "국어 대등 합성어의 의미 관계 연구", 『한글』 211.

채현식(2006), "합성명사에서의 의미 전이와 관습화", 『한국언어문학』 제58.

최선영(2009), "한국어 학습자를 위한 합성어 교육 방안 연구", 경희대 학교 석사학위논문.

최지훈(1999), "전의 합성명사의 인지의미론적 연구", 이화여자대학교
　　　석사학위논문.
최안나(2012), "한국어 학습자를 위한 한국어 합성어 교육 방안 연구",
　　　한양대학교 석사학위논문.
허용 외(2009), 『외국어로서의 한국어 교육학 개론』, 도서출판 박이정.

제3장
한국어 어휘·의미론 연구

한국어 고급 학습자의 다의 관계 인식 양상 연구

의미 중심 어휘지도를 위한 고급 한국어 학습자의
  단어 연상 조사 연구

한국어 고급 학습자의
다의 관계 인식 양상 연구
: 동사 '먹다'를 중심으로

1 서론

  다의어는 하나의 어휘 항목이 둘 이상의 관련된 의의를 지니고 다의 관계를 형성하고 있는 단어를 뜻한다. 다의어 연구는 크게 두 방향에서 이루어졌다.[1] 첫째는 울만(Ullmann)의 의미론을 바탕으로 다의어의 적용과 해설의 방향을 연구한 논의들로서 다의어와 동음이의어의 구별 문제, 기본의미와 파생 의미 설정의 문제, 기본의미와 관련된 용어의 문제, 사전상의 배열과 뜻풀이 문제를 주로 다룬 구조주의 의미론적 논의다.

· · · · · · · · · · · · · · · · · · · ·

1) 홍재성 · 김현권(2003: 39~40)에서는 다의어 연구가 인지주의적 관점에 의한 이론적 접근, 사전편찬학에 의한 실천적 접근, 자연언어처리, 전자사전, 워드넷과 연관된 응용적 접근에 의해 다각적으로 이루어졌음을 논의하고 있다. 그러나 본 연구에서는 이론적 접근에 따른 논의만으로 한정하겠다.

둘째는 다의어의 의미 파생 과정에 대해 인지적 도식을 적용하고자 하는 인지 의미론적 논의를 들 수 있다. 인지 의미론적 논의에서는 원형 의미와 관련된 용어의 문제, 인지적 이미지 도식, 은유와 환유의 구체적 원리 설정에 대해 다룬다. 하나의 단어가 여러 의미를 획득해 가는 근거 및 절차에 초점을 둔다. 인지언어학적 관점에서 낱말의 의미는 개념화 과정과 동일하며 그 범주의 원형의미는 은유와 환유를 포함하는 일반적인 인지원리에 의해 방사상의 망으로 구조화되어 있다. 인지적 관점은 의미 현상을 심리적 실체로 보아 다의 현상을 언어적 차원에서 개념적(인지적) 차원으로 옮겨 놓음으로써, 상대적으로 의미의 구조와 규칙을 지나치게 강조했던 구조주의 관점보다 더 타당한 설명력을 지니게 되었다.

다의어 설정에 있어, 울만은 그의 저서 『Principles of Semantics』에서 복의(複意)가 의미 연구의 중심 문제라면서 복의에 해당하는 세 가지 예를 들고 있다. 한 뜻의 여러 가지 국면을 보이는 '적용의 이동(shifts in application)', 한 단어가 여러 뜻을 지닌 '다의어(polysemy)', 발음은 동일하나 의미가 전혀 다른 단어인 '동음어(homonymy)'가 이에 해당한다.2) 울만은 다의어의 전 단계로 적용의 이동 단계를 두고 있으며 이 세 단계는 불연속적인 것으로 설명한다.

그러나 인지언어학에서 원형의 정의를 내림에 있어 그 경계를 개방적인 것으로 보는 것과 같이, 적용의 이동 단계, 다의어, 동음어 사이의 경계는 모호한 것으로 볼 수 있다. 하나의 단어가 새로운 의미를 획득

----

2) 이에 대해서는 이현근(1992: 103) 참조. ① 적용의 이동: healthy climate(좋은 기후), healthy complexion(건강한 안색) ② 다의어: human head(사람 머리), head of a department(부장), bridge-head(교두보) ③ 동음어: sea(바다), to see(보다), a see(가톨릭에서 敎區)

하는 과정이나 하나의 단어가 지닌 여러 의미의 관계가 소원해져 동음
어로 되는 과정은 언어 변화의 추이 속에서 일어날 수 있는 일이기 때
문이다. 이러한 과정에는 언어 화자의 인식과, 시간의 변화, 사회적 관
습, 문화적 요소 등 복합적인 요인이 결부되어 있고 문맥에 의한 일시
적 의의 확립이나 통사범주와 관련한 구문적 요소나 문법화에 의한 의
미 변화도 관여하고 있다.

　구조주의 의미론과 인지의미론은 단어의 의미를 문맥에 의존하여
파악하는 점에서 공통점이 있다. 그러나 구조주의자들에게 문맥 의존
성은 언어 체계 안에서 기호들의 계열 관계와 통합 관계에서 주어진다.
의미가 결합되는 장소는 의미장이며 언어 내적이다. 한편 인지의미론
자들에게 의미가 기술되는 장소는 인지모형이며 언어 외적이다. 임지
룡(1997 : 128)은 의미장은 개별 낱말 사이의 관계에 의해 각 낱말의
의미를 결정하지만, 인지모형은 한 묶음의 지식에 근거해 각 낱말의
의미를 결정한다고 한다.[3]

　다의어는 한 단어가 그와 결합하는 다른 어휘와의 관계에 따라 기존
의미와는 구별되는 의미를 가지면서 의미를 확장해 가는데 이때 그 단
어와 결합하고 있는 다른 단어가 무엇이며 어떠한 부류(의미상의 공통
성으로 인해 묶일 수 있는 어휘항들의 집합)에 속해 있는가를 이해하
면 여러 의미들 가운데 어떤 의미가 실현된 것인지 알 수 있다. 또한

----

3) 가령, 임지룡(1997: 128)은 칫솔의 의미를 계열 관계에 있는 '손톱 솔', '구둣솔'
　과 같은 '솔'의 의미장에 있는 항목에 한정하지만, 인지언어학에서는 칫솔의
　의미를 구강 위생에 있어서 칫솔의 역할로부터 인지하기 때문에 '손톱 솔'이나
　'구둣솔'과 관련시키지 않는다고 한다. 본고는 의미장이론과 인지모형이론은
　상호보완적인 관계에 있으며 따라서 구조주의 의미론과 인지의미론의 관계
　또한 상호보완적이라는 관점을 취한다. 그러나 주된 논의는 인지의미론에 터
　해 논의를 전개할 것이다.

다의 관계가 형성되는 과정이나 절차에 주목하면 언어 사용 주체가 어떤 범주적 근거에 의해 대상 세계를 파악하는지, 즉 언어 사용 주체의 인식 방법에 대한 인지적 문제를 다룰 수 있게 된다.

이에 본고는 동사 '먹다'가 다의성을 획득하게 된 요인에 주목하고 인지모형에 근거하여 '먹다'의 다양한 의미를 살펴보기로 한다. 아울러 이러한 '먹다'의 다양한 의미를 한국어 고급 학습자는 어떻게 인식하고 있는지 살펴보기로 한다.

 ## 2 인지모형 이론에 의한 의미 연구

인지언어학은 변형생성문법으로 대표되는 객관주의 의미론과 자율적 통사론이 주도해온 현대 언어학에 의문을 제기하며 등장하였다. 언어 연구에 있어서 사용 주체인 인간 및 그 활동 배경인 문화적 맥락을 고려하지 않고서는 언어에 대한 참다운 이해에 이르기 어렵다는 한계를 인식하면서 인지언어학은 언어의 이해와 사용은 지식, 문화적 배경 등의 일반적인 인지 능력과 불가분의 관계를 맺고 있음에 주목해 왔다. 그러므로 인지언어학은 세계에 대한 우리의 체험과 우리가 세계를 지각하고 개념화하는 방식에 의존하고 있는 언어 연구의 새로운 접근법이라 할 수 있다.

인지언어학에서는 단어의 의미를 객관적인 의미자질의 집합으로서가 아니라 우리가 주변의 세계를 지각하는 방식이나 상호 작용하는 체험의 범주화로 바라보는 체험적 견해에 근거하여 파악한다. 인간의 눈에 비친 현저성의 정도에 따라 정보의 선택과 배열이 결정되며 개념화의 과정에서 개념화 주체의 주의나 관심이 반영된다.

인지언어학에 토대를 둔 인지모형(cognitive model)[4]은 어떤 분야에 관해 저장된 지식에 대한 기본적인 심리적 견해를 보여준다. 인간은 일상생활에서 부딪치는 온갖 종류의 현상에 대한 경험을 상호 연관된 문맥과 함께 저장된 지식을 갖고 있다. 인지범주들은 그들이 속한 인접 범주와 인접한 범주와 관련된 전체의 문맥에도 의존한다. 그러므로 어떤 분야에 속하는 모든 저장된 인지 표시들은 하나의 모형을 이루고 있는 것으로 간주할 수 있다. 인간은 본래 잠재의식적으로 삶의 모든 부분을 다루기 위해 수많은 인지모형을 만들게 된다. 이러한 모형들은 삶 속에서 터득한 체험적 관찰, 문화적 경험, 경험한 기억의 단편들, 그리고 어느 정도의 상상력이 복합적으로 통합된 혼합체이며 세상사에 대한 우리의 생각을 구체화해 준다.

본고는 틀(frame)의미론을 중심으로, 문화적 모형, 은유로 대표되는 잠재적 인지모형의 상호 연관 속에서 동사 '먹다'의 의미를 파악하기로 한다. 실제로 이들 세 모형은 Lakoff의 이상적 인지모형(ICMs)이 틀의 명제 구조, 래내커의 영상도식 구조, Lakoff & Johnson의 은유 및 환유의 총체임을 고려할 때 깊은 연관을 맺고 있다. 틀의미론에 의한 의미의 생성과 해석 원리는 언어공동체의 문화적 특징에 따른 의미 작용의 원리를 설명하는 데 적용될 수 있고 은유 표현에 따른 다의 현상을 설명하는 데에도 적용이 가능하다. 그러나 틀의미론이 '먹다'의 보편적

---

4) 인지모형은 1990년 이래로 원형의 내적 이론으로 주목받고 있다. 원형은 인간이 살아가는 세상의 정신적 모형을 나타내는데 그 모형은 공유되고 구조화된 지식의 내면화된 인지모형으로 간주된다. 임지룡(1997 : 123~137)에서는 용어 '인지모형'이 학자에 따라 다양한 방식으로 규정되어 왔음을 밝히고 프레임, 도메인, 이상적 인지 모형의 세 가지 이론을 제시하고 있다.

의미 해석 원리를 제공할 수 있음을 강조하고, 문화적 경험과 은유에 의한 인지 방식에 따른 의미 해석 원리는 언어 특징적 현상임을 고려하여 장을 달리하여 논의를 진행하기로 하겠다.

우선, 틀은 Fillmore(1985 : 223)에 따르면 지식의 특이한 통합 체제 혹은 체험의 응집력 있는 도식화를 뜻한다. 즉 개념은 서로 관련된 체계를 만들며 존재하는데 이러한 개념 체계를 틀(frame)이라고 한다. 한 개념의 이해에는 그것을 포함한 체계 전체 구조의 이해가 전제된다. 틀은 낱말의 의미를 구조화하며 낱말은 틀을 불러일으킨다. 사람의 인지체계는 고립된 개념으로 조직되는 것이 아니라 내적으로 구조화된 체계인 틀과 사람의 믿음, 행동, 경험, 상상력의 긴밀한 집합들로 구성된 지식의 전체 덩어리, 장면으로 이루어져 있다.

문화적 모형(cultural model)은 인류학자들에 의해 도입된 것으로 Radden(1992 : 526-31, 임지룡(1997 : 133 재인용))에 의하면 어떤 문화권 속에서 인지 모형의 공유된 면을 강조하는 것이다. 문화모형은 한 문화권에 속하는 사람들이 공유하고 있는 인지모형이다. 언어 간에 개념적 의미가 같은 단어가 존재해도 그 단어의 내포적 의미는 동일하지 않을 수 있다. 문화는 인지 모형을 형성하기 위해 우리가 체험해야 하는 모든 상황을 제공한다.

잠재적 인지모형(covert ICMs)의 대표적인 사례는 은유와 환유다. 은유는 인지모형의 중요한 원천으로 우리의 사고를 반영하고 지배한다. Lakoff & Johnson(1980)은 은유를 경험의 한 영역(근원영역)에서 다른 경험의 영역(목표영역)으로의 체계적인 인지사상(cognitive mapping)으로 규정한다. 가령, 사람들이 분노하면 생리적으로 체온이 상승하고 혈압이 높아지며 얼굴빛이 붉어지고 이성을 잃기도 한다. 이러한 생리적 반응은 언어 표현에도 반영되어 분노의 감정은 그릇 속에 담긴 액체와 같아 압력을 받으면 분출한다는 인식이 담긴 표현이 많다. "분통을 터트렸다, 속이 부글부글 끓어오르다. 머리 뚜껑이 열렸다, 김이 팍팍 난다." 사람들은 무한한 개념을 표현하기 위해 엄청난 언어 표현을 만들지 않고 유사한 경험을 동일한 단어로 엮어줌으로써 언어를 융통성 있고 유연성 있게 다룬다. 잠재적 인지모형은 인간 행동의 양상을 예측하는데 도움을 줄 수 있을 뿐 아니라 의미 확장 기제로서의 역할도 담당하고 있다.

환유는 A와 B가 있어 이 둘이 서로 관련이 있는데 실제로 화자가 가리키고자 하는 것은 A이지만, A를 가리키는 표현을 쓰지 않고 B를 가리키는 인지 책략이다. 즉 환유는 한 대상 A의 명칭을 인접한 대상 B로 전이 확장하는 것이다. '아침을 먹다'는 시간적 인접성에 의해 '아침'이 '아침밥'을 뜻하는 환유에 의한 표현이다.

그러므로 틀(frame)을 중심으로 하여, 문화적 경험과 인지 방식에 의한 다의어 '먹다'의 의미 연구는 한국어 고급 학습자로 하여금 한국인이 먹는 행위를 어떻게 경험하고 지각하고 개념화하는지를 탐구하도록 이끌어 '먹다' 관련 표현을 온전히 이해하고 사용하는 데 도움을 줄 수 있을 것으로 사료된다.

3 틀의미론에 의한 의미

우선 일상생활에서 흔히 사용하고 듣는 '먹다' 관련 예문을 통해 먹는 행위의 가장 기본적 의미가 무엇인지 살펴보기로 한다.[5]

(1) 아이들이 과자를 잘 <u>먹는다</u>.

(2) 너 껌 <u>먹을</u> 때 소리 좀 내지마!

(3) 겨울에 아이스크림을 <u>먹어야</u> 제 맛이야!

(4) 형은 학교에서 돌아오면 우유를 <u>먹는다</u>.

(5-1) 아기가 온종일 우유도 <u>먹지</u> 않고 울기만 한다.

(5-2) 강아지가 우유를 다 <u>먹었다</u>.

(6) 엄마, 나 사탕 <u>먹고</u> 싶어요.

(7) 몸이 약해진 누나는 보약을 몇 차례나 <u>먹어도</u> 늘 골골거렸다.

예문 (1)~(7)을 통해 볼 때 동사 '먹다'의 의미는 "음식 따위를 입을 통하여 배 속에 들여보내다"로 정의할 수 있다. 그런데 좀 더 세부적으로 먹는 행위를 살펴보면 (1)의 경우는 과자를 입 안에서 씹어 배 속으로 넘기는 행동을 (2)의 경우는 껌을 씹기는 하지만 배 속에 들여보내지는 않는 행동을 (3)의 경우는 씹거나 혀를 이용해 녹여 넘기는 행동과 연관이 있다. 우유를 먹는 예문의 경우에서도, (5-1)의 아기는 우유병 속에 든 우유를 빨아 넘기고 (5-2)의 강아지는 우유를 핥아 먹는다. 그러나 (4)에 제시된 학생은 우유를 마신다. 대체로 마시는 것은 액체로 된 것을 씹는 과정 없이 배 속으로 넘기는 것이다. (7)의 보약 역시 우유처럼 마신다. (6)의 사탕은 빨아 먹거나 씹어 먹는데 대체로 입 안에서 어느 정도 긴 시간 동안 녹여 먹는다.

위 예문에는 '먹다'라는 동일한 어휘가 쓰였지만 실제로 행해지는 동작은 각기 다르다. '먹다'의 의미는 먹는 **대상물**이 무엇이냐에 따라 그

---

5) 본고에 제시된 예문과 용례의 출처는 국립국어원 홈페이지의 『표준국어대사전』 용례 색인(http://www.korean.go.kr/08_new/index.jsp)과 2000년도 한국어 세계화 추진 기반 구축 사업 보고서에 제시된 "한국어 교육을 위한 의미빈도사전", 『외국인을 위한 한국어 학습 사전』이며, 때에 따라서는 필자가 접한 구어 자료를 이용하였다.

실제 수행되는 동작이 다르지만 먹는 행위에 부여된 언어적 표현은 세부적인 동작(씹어 먹기, 빨아 먹기, 핥아 먹기)을 구분하기보다는 뭉뚱그려서 '먹다'로 표현하는 것이 일반적이다. 사람들은 '먹다'의 중심 의미를 자신이 먹는 음식이 무엇인지에 따라 조금씩 다르게 적용하는데 이는 사전적 지식에 의한 것이 아니라 경험 속에서 얻은 지식에 바탕을 두고 있다.

또한 음식을 **먹는 주체**가 누구인지 역시 '먹다'의 정의에 영향을 끼친다. (5-1)에서와 같이 아기는 우유를 마실 수 있는 능력이 없고 빨 수만 있기 때문에 '아기가 우유를 마시다'는 표현은 어색하다. 결국 동사 '먹다'는 "씹다, 삼키다, 핥다, 빨다, 마시다, 복용하다"의 의미를 포함할 수 있는 상위어적 속성이 있으며 넓은 의미 영역을 갖는다고 하겠다. 지금까지 동사 '먹다'가 지닌 '음식물을 몸 안으로 섭취하는' 경우만 한정해서 살펴보았으나, '먹다'가 지닌 넓은 의미 영역을 통합할 수 있는 틀 속에서 '먹다'의 확장 의미를 살펴보기로 한다.

3.1. '음식물 섭취' 인지모형에 의한 의미

남경완 · 이동혁(2004)는 틀(frame)을 하나의 개념을 이해하기 위해 그것과 관련되는 체계 전체를 이해해야만 하는 그러한 개념의 체계, 지식의 특정한 통합적 체계 또는 경험의 적합한 도식화로 본다. 틀은 틀을 구성하고 있는 요소들에 의해 표상된다. 틀의미론의 기본적인 가정은 각각의 어휘가 특정한 틀을 부각시키고 그 틀의 구성요소가 윤곽을 드러낸다는 것이다. 이때 부각된 틀은 곧 해당 어휘를 이해하는 데 필요한 지식의 구조가 되고 윤곽이 드러난 요소들은 주변 텍스트나 문장의 의미적 구조를 통합하는 틀의 구성요소가 된다.

실제로 동사 '먹다'가 부각시키는 틀은 먹는 행위에 대한 우리의 경험과 지식과 밀접한 연관이 있다. Schank and Abelson(1977: 41~67)에서는 스크립트는 잘 알려진 상황을 정의하는 미리 결정되고 정형화된 행동들의 순서로 사람들은 수천 가지의 스크립트를 갖추고 있는데 이런 스크립트를 거의 생각하지 않고 사용한다고 한다. '먹다'와 연관된 우리의 경험과 지식을 스크립트로 간결하게 작성하면 다음과 같을 것이다.

  (8) '먹다'의 스크립트(scripts)
    ① 먹는 이는 음식물을 입 안에 넣는다.
    ② 음식물은 잘게 부수어져 몸으로 들어간다.
    ③ 음식물은 사라지고 몸에는 영양분이 생겨난다.

위에 제시된 스크립트는 상황에 따라 확장되고 변형되어 적용될 것이다. 그러나 무언가를 먹는 우리의 경험이 위와 같은 핵심 과정을 거친다면 <표1>과 같이 '먹다'의 틀 구조를 만들 수 있다. 래내커(Langacker)의 용어에서는 틀(바탕, frame)의 어떤 요소를 전경화하거나 두드러지게 하는 과정을 윤곽부여라 하는데 <표1>의 ①, ②, ③ 단계 중 한 부분에 초점을 두어 부각된 의미를 '먹다'의 확장된 의미로[6] 볼 수 있게 된다.

....

6) 원형의미란 다의적 범주를 대표할 수 있는 기본적이고 전형적인 의미인데 비해, 확장의미는 파생적이고 전이된 의미로 원형의미와 확장의미는 비대칭적 관계를 이룬다. 원형의미는 무표적이지만 확장의미는 유표적이며, 원형의미에 비해 확장의미는 어휘적 제약, 문법적 제약, 낮은 사용 빈도, 인지적 비현저성 등의 특성을 지닌다. 임지룡(1997: 64~71, 246)

<표 1> '먹다'의 틀 구조(frame) : ≪음식물 섭취≫ 모형

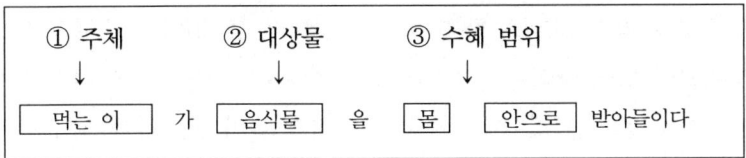

① 주체	② 대상물	③ 수혜 범위
↓	↓	↓

| 먹는 이 | 가 | 음식물 | 을 | 몸 | 안으로 | 받아들이다 |

이제 <표 1>을 중심으로 '먹다'가 보이는 확장의미를 구체적 용례와 함께 살펴보기로 하자.[7] 동사 '먹다'는 음식물과만 공기하는 것이 아니라 비음식물을 목적어로 취하는 일이 많다. 즉 <표 1>의 ② 대상물이 예문 (9)와 같이 나타나는 경우이다.

(9-1) 골/욕/한방/ 먹다.
(9-2) 마음/앙심 ; 겁/쇼크/충격/애 먹다.
(9-3) 더위 먹다.
(9-4) 나이 먹다.

(9)는 <u>주체가 외부에서 대상물을 받아들인 것</u>에 초점이 있다. <표 1>에서 ① 주체와 ② 대상의 관계를 살펴볼 때, (9-1)은 주체가 수동적으로 대상물을 입는 것이고 (9-2)의 '마음/앙심'은 주체 내부에서 없던 것이 생겨난 것으로 어느 정도 의도성을 생각할 수 있겠으나 '겁, 쇼크, 충격, 애'는 주체의 의도와 상관없이 주체가 경험하며 생기는 변

---

7) 이양혜(2002: 188~189)는 '먹다'는 동일 형태소로서 단일 문장의 서술 기능을 가지고 자동사와 타동사 모두에 쓰이고 있음을 논의하며 동일 형태가 가진 이러한 기능상의 이질성은 원래 어휘가 가지고 있는 이중적 기능이기보다 뜻의 이질성에서 기인된 경우가 많다고 한다. 뜻의 변화는 기능상의 변화를 가져오기 때문이다. 본고에서는 자동사와 타동사의 통사론적 접근보다는 의미적 관계를 부각하여 '먹다' 동사에 의한 주체와 대상물의 영향 관계와 주체의 확장 및 주체에 일어나는 변화를 중심으로 설명하기로 하겠다.

화다. 그러나 (9-2)에 제시된 모든 예들은 공통적으로 외부적 요인에 의해 주체가 입게 되는 변화를 보이는 것이다. (9-3)역시 주체의 의도와 상관없이 병에 걸리는 것을 '더위를 먹는다'고 하여 몸에 변화가 생겨난 것으로 표현한 것이다. (9-4)는 나이가 들어가는 것을 보태져 생겨나는 것으로 볼 수 있다. (9)에 제시된 예문들은 주체의 능동적인 능력과는 무관하게 주체가 대상물을 받아들이게 되는 상황이거나 외부적 요인에 의해 주체가 입은 변화를 표현한 것이다.

외부에서 대상물을 받아들일 때 대상물이 긍정적인 영향만 끼치는 것이 아니라 부정적인 영향을 끼치는 경우가 있다. 이를 앞서 (8)에 제시한 '먹다'의 스크립트(scripts)에 연계해 확장된 의미를 유추해 보면 ≪음식물 중에는 몸에 해로운 것이 있다≫는 내용을 부가하여 이해할 수 있다. 사람들은 경험적으로 음식물을 먹고 몸에 탈이 난 적이 있으며 이러한 체험을 상대편으로부터 골을 먹는 것이나 욕을 먹어 손해를 입는 상황에 유추할 수 있다.

(8′) 확장된 '먹다'의 스크립트(scripts)

먹는 이는 음식물을 입 안에 넣는다.	O	⇒ 피동성
음식물은 잘게 부수어져 몸으로 들어간다.	O	골/욕/한방/겁/쇼크/
음식물은 사라지고 몸에는 영양분이 생겨난다.	X	충격/앙심/애/더위
음식물 중에는 몸에 해로운 것이 있다.	O	

다음에 제시될 용례들 역시 주체와 대상물과의 영향 관계로 살펴볼 수 있다. (10)은 주체가 대상 환경 안으로 들어가 생활한다는 의미가 있다. 주체는 서울/외국에서 살며 경험한다는 뜻을 지닌다. (11)은 주체가 대상 환경의 한 부분이 되는 것이다. 팀에는 구성원이 있고 주체

는 그 구성원들 가운데 하나가 된다. (12)는 주체가 대상물을 능동적으로 차지함을 부각한 것이다.

    (10) 서울물/외국물 먹다.
    (11) 편먹다.
    (12) 돈/뇌물/1등/챔피언/여자를 먹다.

  이어서 <u>주체가 확장되면서 수혜 범위에 초점이 부여되는 경우</u>에 '먹다'가 지닌 의미를 살펴보기로 하자. 보통 '먹다'의 주체는 예문 (13)과 같이, 사람이나 동물인 유정물로서 음식물을 소화할 수 있는 능력을 지닌다. 그런데 (14)~(17)의 예문들은 무정물 주체가 먹는 행위와 연관되어 이해되는 경우이다.

    (13) 철수/고양이가 생선을 먹다.
    (14) 종이에 물이 먹다.
        옷감에 풀이 먹다.
        구두에 왁스가 잘 먹다.
        얼굴에 화장이 먹다.
    (15) 밤에 벌레가 먹었다
        얼굴에 버짐을 먹다
    (16) 대패가/톱날이 잘 먹어 일이 한결 쉽다.
    (17) 차가 기름을 많이 먹다.

  예문 (14)는 주체가 종이, 옷감, 구두, 얼굴로 대상물이 배어들거나 고루 퍼지는 상태에 초점이 있다. <표 3> '먹다'의 틀 구조(frame)와 연관 지으면 ③ 수혜범위에 윤곽부여된 것이다. (15)는 벌레가 밤을 갉아 먹었지만 그 벌레는 밤 속에 들어 있어 밤이 벌레를 먹은 형국이며,

얼굴에 버짐이 퍼져 있는 상태이다. (16)은 대패와 톱날이 잘 든다는 의미이지만 대상물을 깎거나 베어 들어가는 과정에 초점이 놓인다. (17) 역시 차가 기름을 탱크에 넣어두고 기름을 소모해 가면서 차가 운행하는 과정을 유정물이 음식을 먹고 그 에너지로 움직이는 과정과 동일시하여 이를 초점화한 표현으로 이해할 수 있다. 예문 (14)~(17)은 모두 대상물이 받아들여지거나 흡수되는 과정을 부각한 사례로 이해할 수 있다. 다만, (14)와 (15)는 확장된 주체에 주격 조사가 아닌 처격 조사를 사용하고 대상물에 주격 조사를 사용하여 주체에 일어나는 변화, 즉 동작보다는 상태에 초점을 둔 것으로 보인다.

지금까지 논의한 '먹다'의 확장 의미를 정리하면 다음 <표 2>와 같다.

<표 2> '먹다'의 확장 의미

중심의미	먹는 이 가 음식물 을 몸 안으로 받아들이다 주체 대상물 수혜 범위		
확장 의미	**주체(유정물)와 대상물의 영향 관계에 의한 의미** 주체가 수동적으로 대상물을 받아들이다 주체가 외부적 요인에 의해 변화를 입다 주체가 대상물(환경) 안으로 들어가다(생활하다) 주체가 대상 환경의 한 부분이 되다 주체가 대상물을 능동적으로 차지하다		수동성 ↕ 능동성
확장 의미	**주체가 무정물로 확대되면서 수혜 범위가 부각된 의미** 주체에 대상물이 받아들여지거나 흡수되다		

3.2. 학습자가 인식한 '먹다'의 의미

본 절에서는 앞 절에서 논의한 '먹다'의 의미 확장을 외국인 학습자는 어떻게 인식하고 있는지 살펴보고자 한다. <외국인을 위한 한국어 (고급)> 과정을 수강하고 있는 인하대학교 대학원생 24명[8])을 대상으로 '먹다'를 포함하고 있는 예문을 제시하고 '먹다'의 중심의미를 1번으로 하여 확장 관계가 멀어질수록 높은 수치를 부여하되 공통된 의미를 지닌 것으로 보이는 경우 동일한 번호를 적어 의미를 구분하고 해당 의미를 적도록 하였다.

<표 3> '먹다'의 뜻풀이 및 의미 분류 과제

1. 경찰관은 뇌물을 먹고 범인을 놓아 주었다. _____
2. 그는 점심에 된장찌개를 먹었다. _____
3. 김이 습기를 먹어 눅눅해졌다. _____
4. 김 과장은 회사의 공금을 먹었다. _____
5. 세상일이란 마음을 먹기에 달려 있다. _____
6. 아기가 온종일 우유도 먹지 않고 울기만 한다. _____
7. 얼굴에 화장이 잘 먹지 않고 들뜬다. _____
8. 연탄가스를 먹고 정신을 잃었다. _____
9. 이 차가 네 차보다 기름을 더 먹어. _____
10. 체육 대회에서 우리 반이 일 등을 먹었다. _____
11. 하루 종일 욕만 되게 먹었네. _____
12. 형은 나보다 두 살 더 먹었다. _____

----

8) 학습자들은 인하대학교 대학원 석사 혹은 박사 과정에 재학하고 있으며 대다수가 한국어로 보고서 및 학위논문을 작성하고 있어 발표와 보고서 쓰기를 일상적 학술 활동으로 하고 있다. 한국 체류 기간은 3개월(교환 학생인 경우)에서 10년에 이르기까지 넓게 분포되어 있다. 학습자의 국적은 중국(19명), 카자흐스탄(1명), 몽골(2명), 베트남(1명), 미얀마(1명)이다.

학습자 3인이 한 조가 되어 <표 3>에 제시된 과제를 수행한 결과 <표 4>에 보이듯 6~9개의 의미 분류가 이루어졌다.

<표 4> 외국인 학습자가 분류한 '먹다'의 의미

조	뜻풀이 순위								
	1	2	3	4	5	6	7	8	9
1조	음식먹다	흡수하다	많다	가져가다	얻다/받다	결정하다			
2조	받다	음식먹다	흡수하다	결정하다	소비하다	많다			
3조	음식먹다 흡입하다	쓰다 가지다	빼돌리다	화장 효과	욕 듣다	많다	결심하다		
4조	음식이 몸속으로 들어가다	흡수하다	받다	결심하다	들다 (쓰다)	나이가 더 많다	당하다		
5조	음식을 섭취하다	흡입 하거나 소모하다	횡령하다	나이 들다	결심하다	취득하다	욕 듣다		
6조	음식을 흡수하다	스며들다	흡입하다	소모하다	횡령하다	받다	연상이 되다	결심하다	
7조	(신체에) 먹거나 마시다	흡수하다	훔치다	결정하다	쓰다	우승하다	~아/어 버리다	살다	부정된 것을 받다
8조	먹다	마시다	흡수하다	들다	부정하게 받다	꾸중 듣다	따내다	나이 들다	결심하다

외국인 학습자들은 2조를 제외하고 '먹다'의 중심의미를 '몸/신체 안으로 음식물을 받아들이는 것'으로 보고 있다. 3조와 6조는 연탄가스를 음식물과 같이 신체에 흡수되는 것으로 보고 있어 다른 조와 차이를 보였다. 학습자들은 두 번째 의미로 습기, 화장, 연탄가스가 스며들거나 흡수되는 것을 들고 있다. 이 경우에도 차가 기름을 흡수하는 것을

동일한 양상으로 여기는 조(3조, 5조)가 있지만, 대체로 기름의 경우는 '~이 소모되거나/쓰다/들다'로 분리하여 처리하는 경우가 많았다.

대부분의 학습자들은 뇌물과 공금의 의미적 차이를 한데 묶어 '먹다'의 의미를 '횡령하다/빼돌리다'로 처리하였으나 뇌물은 횡령하는 것이 아니므로 7조와 같이 뇌물과 공금의 의미를 구별한 뜻풀이가 더 정확한 것으로 볼 수 있다. 1조와 6조는 '욕/일등 먹다'를 하나의 공통된 의미로 분류하였으나 대부분의 학습자들은 개별적으로 보고 있다. 학습자들은 '나이 먹다, 기름 먹다, 마음먹다'를 개별적인 의미로 파악하여 각각의 '먹다' 의미를 '많아지다, 소모하다, 결심하다'로 보고 있다.

이제 외국인 학습자가 인식한 '먹다'의 의미 확장은 실제 사전에 제시된 의미 확장 순서와 대비해 볼 때 어떠한 차이가 있는지 용례를 중심으로 살펴보기로 하자. 아래 <표 5>는 『외국인을 위한 한국어 학습 사전』에 따른 '먹다'의 뜻풀이 제시 순서이다. '뇌물 먹다'의 경우는 용례가 항목을 달리해서 두 번 제시되었기에 ④번 뜻풀이의 것을 택했다.

<표 5> 외국인을 위한 한국어 학습 사전에 제시된 '먹다'의 의미 확장

순위	외국인을 위한 한국어 학습 사전의 뜻풀이	과제에 제시된 용례
I ①	(밥/떡/과일/과자/아이스크림 따위의) 음식물을 입을 통하여 넘기다	된장찌개 먹다
I ①	(우유/커피/물/술 따위의)음식물을 입을 통하여 넘기다	우유 먹다
I ①	(약/보약 따위를)씹거나 마시다	
I ①	(껌)을 씹다	
②	(입이나 코를 통해)연기나 기체를 들이마시다. 피우다	연탄가스 먹다
③	어떤 마음이나 자세를 가지다	마음 먹다
④	어떤 일에 일정한 몫이나 이익(이자, 뇌물)을 차지하다	뇌물 먹다 √
⑤	(정당하지 않은 방법으로)남의 것을 차지하거나 가로채다	공금 먹다
⑥	어떤 나이가 들다	나이 먹다

⑦	물기 같은 것(물, 땀, 기름)을 빨아들이다	습기/기름
⑧	(강제로 꾀어서) 성관계를 가지다	
⑨	(겁이나 충격 등을) 경험하다	
⑩	(어떤 규제나 조처 등을)당하다	
Ⅱ①	남으로부터 욕/핀잔/꾸지람을 듣다	욕 먹다
②	남으로부터 뇌물/부당한 돈/장물 따위를 받다	(뇌물 먹다)
Ⅲ	경쟁이나 시합 등에서 높은 등수를 차지하다	일등 먹다
Ⅳ①	(벌레/버짐이 먹다의 꼴로) 원래 상태가 손상되다	
②	(화장/풀 따위가) 잘 배어들거나 고루 퍼지다	화장이 먹다

외국인 학습자의 경우는 사전에 제시한 10개의 뜻풀이를 8개 정도로 단순화해서 인식하고 있을 뿐만 아니라 그 순서에 있어서도 차이를 보임을 알 수 있다. <표 6>에 보이듯 사전에서는 '화장이 먹다'를 가장 중심의미에서 멀어진 것으로 보고 있지만 학습자들은 '마음을 먹다'가 가장 멀어진 의미로 인식하고 있다. 또한 외국인 학습자들은 '화장이 먹다'를 연탄가스나 습기, 기름과 같이 '무언가를 흡수하는' 의미로 인식하고 있으며 '먹다'의 중심의미와 가장 근접한 것으로 보고 있다. 뇌물과 공급을 공통된 의미 범주로 인식하고 있으며, 욕과 일등을 비슷한 의미 범주로 묶고 있음도 알 수 있다.

<표 6> 외국인 학습자가 인식한 '먹다'의 의미 확장

용례	학습사전	1조	2조	3조	4조	5조	6조	7조	8조
된장찌개를	1	1	1	1	1	2	1	1	1
우유를	1	1	1	1	1	2	1	1	1
연탄가스를	2	1	2	2	2	3	3	1	2
마음을	3	7	4	5	6	4	8	4	9
뇌물을	4	3	3	3	4	1	5	9	5
공급을	5	3	3	3	4	1	5	3	5

나이를	6	6	6	4	3	6	7	8	8
습기를	7	2	2	2	2	3	2	2	3
기름을	7	2	5	2	3	5	4	5	4
욕을	8	5	7	7	5	1	6	7	6
일등을	9	2	3	6	5	1	6	6	7
화장이	10	4	2	2	2	3	2	2	3

　　학습자들은 사전적 뜻풀이 배열 순서대로 '먹다'의 의미를 파악하지 않고 있다. 그러나 학습자가 제시한 뜻풀이 배열 순서는 우리의 세상 사적 지식을 동원한 경험적 측면에서 사전보다 의미의 연계성이 명확해 보인다. <표 7>에 보이듯 먹는 행위와 연관된 자신들의 경험에 근거하여 먹는 대상이 지닌 속성을 근거로 해서 의미적 연결고리를 능동적으로 찾아냄을 알 수 있다. 학습자들이 의미적 연결고리를 찾아내는 이와 같은 과정은 단어의 의미를 깊이 있게 처리하도록 돕고 오랫동안 기억하게 하며 의미의 확장적 쓰임을 발견하는 이점이 있다.

<표 7> 외국인 학습자가 분류한 '먹다'의 의미 연계성

중심의미	확장의미
① 음식물을 몸 안으로 받아들이다	⇒ ② 스며들다, 흡수하다 ⇒ ③ 소모하다 ⇓ ④ 받다 ⇒ ④' 훔치다, 횡령하다 ⇒ ⑤ 우승하다 ⇒ ⑥ 욕을 듣다/당하다 ⇒ ⑦ 나이 들다 ⇒ ⑧ 결심하다

　　외국인 학습자가 분류한 '먹다'의 의미를 대별하여 종합한 <표 7>은 ①과 ②, ④에 나타난 의미적 연계성을 설명하기에 타당한 면이 있으나, ⑦과 ⑧의 의미는 개별적으로 논의할 수밖에 없어 결국 중심의미

와의 연계성을 보여주지 못하는 단점이 있다. 따라서 앞서 제시한 '먹다'의 틀 구조(frame)에 근거하여 '먹다'의 주체, 대상물, 수혜 범위에 따라 '먹다'의 의미 확장에 대해 종합한 <표 2>로 설명하는 것이 더 타당해 보인다.

4 문화적 관습과 인지 방식에 의한 의미

1. 문화적 경험과 '먹다'의 의미

앞서 살펴보았듯이 한국어 '먹다'는 액체, 기체뿐 아니라 비음식물과도 다양한 공기 관계를 보인다. <표 8>은 <외국인을 위한 한국어(고급)> 과정을 수강하는 학생들을 대상으로 '먹다'와 공기할 수 있는 대상물의 여부를 조사한 것이다. 엄밀한 연구가 되기 위해서는 각 나라의 '먹다' 관련 표현 중에 한국어에 없는 모든 사례도 밝혀 '먹다'의 의미 영역을 비교해야 할 것이지만9) 적어도 한국어 '먹다'와 공기하는 명사가 언어권별로는 어느 정도 공통성을 지니는지 살펴볼 수는 있다.

---

9) 언어권에 따라 빈칸에 해당하는 단어를 적게 하여 '먹다'에 해당하는 단어와 다르다는 것을 확인하였으나 다르게 제시된 단어가 '먹다'의 유의어군인지 면밀한 대응 관계를 검토하지 못한 한계가 있다. '마시다'와 같은 유의어의 쓰임이 한국어와 달리 몽골, 카자흐스탄, 베트남, 미얀마어에서는 '약을 마시다'와 같은 용법으로 쓰이고 있다.

10) 1930년대까지는 '아편을 먹다'는 표현이 가능하였으나 현재는 사용되지 않는다.

<표 8> 학습자 언어권에 따른 '먹다'와 공기하는 표현의 다양성

[　]을/를　먹다		한국어	중국어	미얀마어	베트남어	몽골어	카자흐스탄어
식사이름	아침	O	O	O	O	O	O
음식이름	비빔밥	O	O	O	O	O	O
고체	고기	O	O	O	O	O	O
	사탕	O	O	O	O	O	O
액체	국	O			O		
	물	O					
	술	O					
	우유	O					
기체	담배	O					
	아편	O	△10)				
비음식	약	O	O	O11)			
	돈/ 뇌물	O				O	O	O
	나이	O				O12)	
	마음	O					O13)
	생각	O					O14)
	애	O					
	겁	O					
	충격	O	O15)				
	양심	O					
	1등	O					
	한 방(주먹)	O					O
	골	O					
	욕	O					O
	더위	O					
	편	O					
관용표현	골탕	O					
	물	O					
	미역국	O					
	콩밥	O					
	국수	O	O16)				

엿	O					
까마귀 고기	O				O	
한솥밥	O	O		O	O	O[17]

　　<표 8>에 보이듯 한국 사회 구성원이 관습적으로 용인해온 '먹다' 의미 영역은 동일한 표현이 존재해도 그 의미가 문화권에 따라 다름을 알 수 있다. 카자흐스탄어의 '마음먹다'에는 걱정하다의 의미가 있고, 중국어로 '국수 먹다'에는 생신을 잘 지내셨는지를 묻는 안부의 의미가 있다. 외국인 학습자가 학습자 모국의 문화를 반영한 표현을 한국어 표현에 전이거나 한국어 표현을 학습자 모어로 그대로 번역하여 사용한다면 적절치 못한 의사소통을 초래할 것임은 자명하다.

　　이와 같이 동사 '먹다'가 지니는 확장 의미는 언어적 표현에 반영된 우리의 체험과 사고를 반영한 결과이다. 이 절에서는 문화적 경험에 의한 '먹다'의 확장 의미를 고찰해보기로 한다. 언어 화자의 인지작용은 문화와 밀접한 관계를 맺는다. 문화는 언어에 영향을 끼치고, 문화적 요소 또한 인지 작용에 의해 유형화되고 통제되는 하나의 언어 단위로 나타나기도 한다.

　　예문 (18)~(21)에서와 같이 어떤 언어의 의미 요소들이 결합하여

· · · · · · · · · · · · · · · · · · · ·

11) 약을 복용할 때 '먹다'와 '마시다' 표현 둘 다 가능하다.
12) 의미는 '먹다'와 동일하지만 '먹다'의 높임말을 사용하여 표현한다.
13) '마음먹다'는 두 가지 의미를 지니는데 하나는 '결심하다'이고 다른 하나는 '많이 걱정하다'를 뜻한다.
14) '생각을 많이 하다'는 의미로 사용된다.
15) '놀라다'는 뜻으로 부정적인 의미로만 쓰이지 않고 전반적으로 쓰인다.
16) 연세가 있으신 분께 생신날 생신을 잘 차려 드렸는지에 대한 인사말로 한정되어 쓰일 수 있다.
17) '같이 살다'의 의미로 '한 솥'은 아니지만 '한 그릇에서 먹다/ 한 음식을 먹다'의 표현이 있다.

생겨난 의미가 문화적으로나 인지적으로 아주 현저한 어떤 대상이나 사건을 가리키는 것이 되면 결합된 언어는 하나의 의미 범주를 획득하게 된다. (18)은 생일날 미역국을 먹는 한국의 관습과 연관되어 있으며 (19)는 과거에 교도소에 수감된 사람에게 콩밥을 주었다는 사실에 (20)은 전통적으로 결혼식에서 국수를 먹으며 행복한 결혼 생활의 지속을 기원한 관습과 연관이 있다. (21)은 한 솥에서 나온 밥을 먹는다는 의미로 주거를 함께 한다는 의미를 지니는 것이다.[18] 이들 예문은 모두 배경이 되는 상황 중 일부를 들어 전체를 대표하는 의미(환유적 의미)를 지니게 된 것이다.

(18) (생일날에) <u>미역국은 먹었어?</u> (⇒생일은 잘 챙겨주었는가?)
(19) 이 자식이 정말 <u>콩밥먹어볼</u> 테야? (⇒ 교도소에서 복역하다)
(20) 이번 가을엔 <u>국수 먹을</u> 수 있는 거야? (⇒ 결혼 소식을 전하다)
(21) 우리가 <u>한솥밥 먹은</u> 지도 벌써 8년째야. (⇒ 함께 생활하다)

문화권에 따라 식습관이 다르고 특별한 날을 기념하는 방식이 다르기 때문에 문화권별로 다른 표현 방식이 있을 것이라 가정할 수 있다. 일례로 중국에서는 결혼식이나 특별한 날에 사탕을 선물하거나 먹는 일이 많아서 "사탕을 먹다"라는 표현이 특별한 날과 관련이 있다고 한다. 이처럼 특정 문화권에서만 용인되는 '먹다' 표현은 그 문화권에 속한 사람들이 어떠한 방식으로 세상을 바라보며 삶을 영위해 나가는지 엿볼 수 있는 도구가 된다. (22)의 경우를 살펴보자.

(22) 카자흐스탄어의 '먹다' 결합 표현[19]

....

18) 나아가 어떤 일을 함께 하다는 의미도 지니고 있고 이는 아시아의 여러 나라에서 공통적으로 보이는 표현이다. <표 8> 참조.

① (아무개)를 먹다 : 어떤 사람에게 너무 많이 야단 치고 소리치는 경우
② 파리를 먹다 : 너무 가난해서 음식도 못 먹고 벌레 같은 것을 먹는 경우
③ 나의 빵을 먹다 : 어떤 사람이 집에 얹혀살거나 오랫동안 집 주인의 돈으로 사는 경우
④ 뇌를 먹다 : 다른 사람을 너무 귀찮게 하는 경우
⑤ 피를 먹다 : 다른 사람을 얄미울 정도로 귀찮게 하는 경우
⑥ 깨물어 먹다/구워 먹다/튀겨 먹다 : 다른 사람을 이용하다. 다른 사람의 재산을 싹 가져가다.
⑦ 먹어 버렸다 : 원래 가격보다 더 많이 받았다.
⑧ 먹지 마! : 닥쳐!(속어)
⑨ 먹였어? : 어떤 일에 실패했거나 누군가에게 혼났는지를 묻는 말 (속어)

(22)에 제시된 카자흐스탄어의 먹다 결합 표현은 카자흐스탄 문화를 이해하지 못하는 한국인이 쉽게 그 뜻을 파악하기 어려운 사례를 보여준다. 이와 같이 문화적 요소가 언어 단위에 반영되는 일은 그 사회에 속한 사람들이 어느 정도 공통적으로 인지하여 관습화될 때 일어나는 일이기 때문에 상대적이고 특수한 특성을 지닌다. 따라서 한국어 학습자는 그 문화권에 속한 사람들이 어떠한 방식으로 세상을 바라보며 삶을 영위해 나가는지를 관습적 표현을 통해 학습할 필요가 있다.

4.2. 문맥에 의한 '먹다'의 의미

어떤 행위를 ≪음식 따위를 입을 통하여 배 속에 들여보내는 행위≫

---

19) 교육대학원 석사과정생인 굴나라 양의 도움을 받았다.

와 유사한 것으로 인지할 때 '먹다'를 유용함으로써 적용의 전이가 일어나며, 이로 인해 '먹다'의 의미가 확대될 수 있다. 행위의 어떤 면에 초점이 주어지는가에 따라 다의가 생기는 방향도 여러 갈래로 나뉠 수 있으며 때로는 특정한 문맥과 발화 맥락에서 일시적인 다의성을 획득하기도 한다. 전통적으로 은유는 시적, 혹은 비유적 언어로서 수사법의 일종으로 언어에 국한된 문제로 다루어졌지만 인지언어학에서 은유는 사고 기제로서 세계를 개념화하는 수단이다.

'먹다'와 결합한 동사 구성에서도 은유적인 쓰임을 확인할 수 있다. (23)은 먹다와 선행어 사이의 관계가 통사적 구성으로 나타난 경우로 '먹다'의 의미는 "음식 따위를 입을 통하여 배 속에 들여보내다"로 파악된다. 그러나 (24)의 경우는 형태상으로 합성어를 이루어 통사적 구성으로 환원이 불가하며, 의미의 특수화를 일으켜 합성동사가 된 경우다. 먹다와 선행 동사 사이의 단어 경계가 약화되어 형태소 경계가 되어 의미가 달라진 표지를 찾을 수 있다. 이는 어디까지나 결과적인 부분이고 의미의 특수화가 일어난 동기를 특수한 상황을 '-어 먹다'의 경험과 유사한 것으로 인식하는 은유로 생각할 수 있다.

> (23) 까 먹다 / 남겨 먹다 / 들어 먹다 / 떼어 먹다 / 벗겨 먹다 / 잡아 먹다
> (24) 까먹다 / 남겨먹다 / 들어먹다 / 떼어먹다 / 벗겨먹다 / 잡아먹다
> (25) 내가 지금까지 헌신해서 일한 세월이 얼만데 지금까지 <u>발라먹을</u> 대로 다 <u>발라먹고</u> 이제는 버리겠단 말이지.
> (26) 도대체 저 이야기를 왜 그렇게 <u>우려먹는지</u> 모르겠다.
> (27-1) 사장님은 나를 못 <u>잡아먹어서</u> 안달이다.
> (27-2) 이 일은 비용과 시간을 많이 <u>잡아먹는다</u>.

예문 (25)~(27)에서 '먹다'의 확장된 의미는 은유에 의한 것으로 볼

수 있다. (27)의 '잡아먹다'의 경우 "남을 몹시 괴롭히며 못 살게 굴다"와 "비용, 자재, 시간, 노력 따위를 허비하다"의 의미로 해석된다. 먹이 연쇄에서는 힘이 더 강한 쪽이 포식자가 되어 약한 것을 공격해 먹어 버리는 것과 같이 사장님과 나의 관계를 먹이 연쇄로 연상하고 이와 유사한 것으로 인식하고 있음을 알 수 있다. (27-2)는 잡아먹힌 대상은 사라져 없어지는데 시간과 비용 역시 잡아먹힌 것과 같이 모두 사라져 버렸다는 점에서 유사성이 인지된다.

이미 동사 '먹다' 자체가 다의어로서 다양한 의미를 지니고 있음에도 선행동사와 결합하여 의미적 특수화를 일으키는 것은 '먹다'가 여러 어휘에 결합하여 빈번한 쓰임을 가지면서 원래 가지고 있던 의미는 약화되는 한편 그 의미의 폭은 넓어진 때문이기도 하고 우리가 한 경험을 또 다른 경험으로 인지하는 사고 작용에 의한 것이기도 하다.

이양혜(2002 : 190)에서는 중세국어와 근대국어의 사례를 제시하며 '먹다'의 뜻이 과거에는 그렇게 다양하지 않았고 시대의 흐름에 따라 사용 영역이 커지고 다른 단어를 대신하여 유용하게 됨으로써 많은 뜻이 생겨났다고 한다. 이양혜(2002 : 190)에 제시된 중세국어 자료를 살펴보면 시대의 변화 속에서 언어사용자의 인식구조에 따른 사용 영역에 변화를 살펴볼 수 있는 두 가지 사례가 있다. 현대국어에는 보이지 않는 (28), (29)와 같은 '먹다'의 용법을 찾아 볼 수 있다. (28)은 현대국어에서 '뜻을 품다'나 '마음을 먹다'의 표현이 적절해 보이고 (29)의 의심의 경우도 의심을 '품다/하다' 정도가 적절해 보인다.

(28) 섧고 애완본 뜨들 머거 갓가수로 사니노니(석보:5) ; *그는 서러운 뜻을 먹었다.
(29) 疑心 머구믈 免티 몯ᄒ며(원각 하2-1:49) ; *그는 의심 먹기를 피

하지 못했다.

(30) 아이들은 <u>꿈과 사랑을 먹고</u> 자랍니다.

(31) 그 사람도 사람이야. <u>이슬 먹고</u> 사는 사람이 아니라고!

특정한 문맥과 발화 맥락에서 일시적인 다의성을 획득한 것으로 보이는 (30), (31)과 같은 사례는 사전에 등재되어 있지는 않지만 현대국어에서 용인 가능하다. (30)의 '먹다'는 "(희망이나 포부 등을) 지니다/품다", "(사랑을) 받다"의 의미로 해석되는 것이 적절하다. (31)은 선녀가 먹음직한 이슬을 먹지 않는다는 뜻으로 "<u>신비한 존재가 아니라 평범한 존재다</u>"라는 의미를 함축하는 것으로 보인다.

언어 사용자가 일시적 문맥 속에서 창의적으로 사용하는 표현이나 특수화된 의미를 지닌 합성어로 굳어진 '먹다' 관련 표현을 한국어 학습자는 어떻게 파악하고 있는지 알아보기 위해 학습자로 하여금 문맥 속에서 그 의미를 파악해 보게 하였다. 그 결과는 <표 10>과 같다.

(32) 내가 지금까지 일한 세월이 얼만데 지금까지 <u>발라먹을</u> 대로 다 <u>발라먹고</u> 이제 와서 해고야?

(33) 도대체 저 이야기를 왜 그렇게 <u>우려먹는지</u> 모르겠다.

(34) 사장님은 나를 못 <u>잡아먹어서</u> 안달이다.

(35) 우리 <u>친구 먹기</u>로 했다.

(36) (K가 성인군자인 줄 알았더니 화도 낼 줄 안다고 놀라는 친구에게)그 사람도 사람이야. <u>이슬 먹고</u> 사는 사람이 아니라고!

<표 10> 학습자가 문맥을 통해 이해한 '먹다' 의미

(32) 발라먹다	이용하다 착취하다 부려먹다 (○)
(33) 우려먹다	반복하다 두고두고 말하다(○) 자랑하다 고민하다 걱정하다 궁금하다(×)
(34) 잡아먹다	못살게 굴다 괴롭히다 힘들게 하다(○) 죽이다 야단치지 못하다 (×)
(35) 친구 먹다	친구 되다 사귀다 친하게 지내다(○)
(36) 이슬 먹다	보통사람과 다른 신선이나 요정 같은 사람 세상일과 상관없이 순수하다(○) 만만치 않은 사람 약하다 밥을 안 먹다(×)

　학습자들은 대체로 문맥을 이용하여 올바른 의미를 파악하는 것으로 보인다. 그러나 일부 학습자들은 엉뚱한 의미로 이해하기도 하였다 (예문 (33), (34), (36)의 경우). 학습자에게 주어진 문맥은 '먹다'의 의미를 한정하여 이해할 수 있는 참조 틀로서 역할을 하지만 학습자가 문맥을 이해하지 못하면 아무런 소용이 없음을 알 수 있다. 화를 낼 수 있는 사람이지 '이슬 먹고' 사는 사람이 아니라는 상황 문맥 속에서 '밥을 먹지 않는다거나 약하다'는 의미를 가정하기는 힘든 것이다.

　이러한 학습자들에게는 주어진 문형 정보를 활용하여 학습자가 예상한 표현을 대치해 보아 제대로 의미를 유추했는지를 확인하도록 유도하고(가령 이야기를 '고민하다, 걱정하다'는 표현은 불가능하다) 문맥에 의해 주어진 상황이 의미하는 바를 다른 방식으로 표현하고자 하는 화자와 필자의 인지 방식을 추론하도록 도와야 한다. 요컨대 고급 한국어 학습자는 이러한 의미 확산이 이루어지는 다양한 맥락을 이해할 수 있어야 하며 문맥에서 창출되는 잠재적 의미를 인식해야 한다. 이를 위해서 학습자는 언어 표현 이면에 존재하는 언어사용자의 인식 구조에 대한 관심을 기울일 필요가 있다.

5 결론

　지금까지 동사 '먹다'의 의미를 틀의미론을 바탕으로 기본의미와 확장 의미의 관계를 주체와 대상물의 영향 관계 및 주체의 확장과 주체에 일어나는 변화로 나누어 살펴보았다. 아울러 문화적 경험과 사고가 반영된 환유와 은유에 의한 표현들도 살펴보았다. 의미 확장 및 변화를 언어 사용자의 인식구조와 연관된 것으로 보아 역사적 흐름과 연관된 의미 변화와 일시적으로 문맥 속에서 다의성을 지닌 표현도 함께 살펴보았다. '먹다'의 의미는 신체적, 사회적, 문화적 경험에 의해 확장되기도 하지만 '먹다'가 지닌 어휘적 의미가 언어적으로 표출되는 과정에서도 확장되고 있다. '먹다'는 현대로 오면서 사용 영역이 커지고 다양한 의미를 지니게 되었으며 문맥의 뒷받침에 의한 '먹다'의 잠재적 확장 의미는 '먹다'의 의미 영역이 더 넓어질 가능성이 있음을 시사한다.

　아울러 본고는 한국어 고급 학습자가 동사 '먹다'의 확장 의미와 잠재적 의미를 어떻게 인식하고 있는가를 살펴보고 '음식물 섭취모형'에 의한 동사의 다의성 논의는 교육적 활용도가 높음을 보였다. 틀의미론은 문화적 배경과 경험을 의미 분석 과정에 도입한 것으로 단지 단어를 외우는 기계적 학습과 달리 단어가 사용되는 거시구조를 틀로 인식하는 학습자의 인지구조와 연관된 방법이기 때문에 어휘학습으로 유용하다. 틀의미론에 윤곽부여를 하여 인지한 낱말은 오랫동안 기억 속에 저장할 수 있으며 망이론에 연결되어 개방적으로 의미를 확장시킬 수 있다. 이런 점에서 틀의미론은 유의미적 학습을 이끌어내 학습효과를 높일 수 있는 것으로 볼 수 있다. 또한 문화적 경험에 의한 의미나 은유나 환유에 의한 의미, 잠재적인 의미를 지닌 '먹다' 관련 표현을 교수하면 한 두 개의 표현을 개별적으로 이해하는 것보다 인지모형과 연관된 여러 표현을 총체적으로 다루게 되어 효율적이며 한국인의 인지 방식 및 문화적 관습에 대한 이해도를 높일 수 있고 의사소통 상황에서 창출되는 다양한 의미를 유연하게 이해하고 사용할 수 있도록 대처할 힘을 기를 수 있을 것으로 보인다.

참고문헌

고경태(2008), "다의성 동사 교육의 목표와 내용에 대하여-'보다'를 중심으로", pp.1~21.

김동환(1999), "틀의미론과 의미구조", 『언어과학연구』 16, pp.73~101.

남경완·이동혁(2004), "틀의미론에서 분석한 '사다'와 '팔다'의 의미 분절 양상", 『언어』 29, 한국언어학회, pp.1~24.

문금현(2005b), "한국어 다의어 교육의 현황과 전망", 『새국어교육』 71, 한국국어교육학회, pp.67~89.

문금현(2006), "한국어 어휘 교육을 위한 다의어 학습 방안 : 동사 '보다'를 중심으로", 『이중언어학』 30, 이중언어학회, pp.143~177.

이양혜(2002), "'먹다'의 기능과 의미 변화", 『한국어학』 15, pp.185~210. 한국어학회.

이정식(2002), "국어 다의 발생의 양상과 원인", 고려대학교 박사논문.

이종열(2005), "'먹다'의 다의적 의미와 구문적 확장", 『한국어학』 27, pp.249~277.

이현근(1992), "개념구조에 의한 단어의 다의성 연구", 『언어연구』 8, pp. 101~123.

임지룡(1997), 『인지의미론』, 탑출판사.

임지룡(2003), "다의어 '사다' '팔다'의 인지의미론적 분석", 『국어국문학』 129, 국어국문학회, pp.165~190.

최경봉(1998), "국어 어휘 의미 연구에서 인지이론의 수용 양상과 전망", 『한국언어문학』 41, 한국언어문학회,

최경봉(1999), "단어 의미의 구성과 의미 확정 원리-다의어 문제를 중

심으로", 『국어국문학연구』 20, pp.63~87.

하화정(2001), "외국인을 위한 한국어 다의어 교육 연구", 경희대 교육
　　　대학원 석사논문.

홍재성(1992), "동사 먹다의 사전적 처리를 위한 몇 가지 논의", 『새국
　　　어생활』 2-4, pp.14~37.

홍재성(1993), "먹다 숙어동사구문의 통사적 기술", 『어학연구』 29-3,
　　　pp.279~299.

홍재성・김현권(2003), "Melčuk의 설명결합사전과 한국어 동사 "사다/
　　　팔다"의 의미 기술", 『언어학』 35, pp.39~75.

Fillmore, C.J.(1985), Frames and the semantics of understanding,
　　　Quaderni di semantics 6 : 222~254.

Lakoff, G. & Johnson, M.(1980), *Methaphors We Live By*, University
　　　of Chicago Press.(노양진・나익주 옮김(1995), 『삶으로
　　　서의 은유』, 서광사.)

Schank, R.C. & Abelson, R.(1977), *Scripts, Goals, Plans and Understandings*,
　　　Hillsdale, NJ: Erlbaum

의미 중심 어휘지도를 위한 고급 한국어 학습자의 단어 연상 조사 연구

1 서론

　성인 한국어 학습자는 그들이 성장하는 과정에서 자신의 모어로 세상을 바라보는 시각을 갖추며 하나의 모국어 단어 속에서도 단어 자체가 지닌 본래 의미와 더불어 삶 속에서 체험한 개인적 경험, 사회·문화적 경험을 떠올릴 수 있다. 그러나 한국어 학습자가 지닌 이러한 경험과 지식은 한국어 어휘를 사용할 때도 똑같이 적용된다고 보기 어렵다. 성인 학습자는 그가 속한 사회의 문화와 관습에 따른 경험적 지식이 축적되어 있기 때문에 한국인이 지닌 경험적 지식과 동일한 의미부류를 통해 상황을 인식한다고 볼 수 없으며, 한국어 어휘가 지닌 의미를 깊이 있게 느끼기 어렵고, 어휘를 적재적소에 정확하게 사용하는 데에도 어려움을 느낄 수밖에 없다.

　그러므로 고급 한국어 학습자는 한국어 어휘가 사용되는 거시적인 맥락을 통해 어휘 유형을 학습하여 문화적 요소, 한국 사회의 특수성을 인지할 필요가 있으며, 언어 기능 활동이나 의도적 어휘 학습을 통해 어휘가 지닌 세부적인 의미를 구체적으로 학습해야 한다. 또한 고급 한국어 학습자가 어휘의 가치를 의식하고, 말맛에 대한 감각을 지니며 한국어 어휘 의미를 보다 깊이 있게 처리하도록 하기 위해서는 학습자가 사전적 의미에 해당하는 지시적 의미를 습득하는 것을 출발점으로 하여 문맥 속에서 함축적 의미와 정서적 의미를 파악하고 어휘를 창조적이고 능동적인 방법으로 사용할 수 있어야 할 것이다.

어휘에 대한 이해 교육에서 창조적이고 능동적인 어휘 사용으로의 심화를 이끌어 오기 위해서는 적어도 고급 한국어 학습자가 한국인이 어휘를 어떠한 방식으로 인지하고 느끼는지에 관심을 가지도록 해야 한다. 이는 결국 한국인 모어 화자의 머릿속에 내재된 어휘 의미가 무엇인지 살펴보는 것과도 연관이 있다. 머릿속 사전에 내재된 어휘 의미는 종이 사전의 구성방식과 달리 유동적이고 다층위적이기 때문에 한국어 학습자는 한국 사회와 문화, 한국어를 구사하는 한국인과의 상호 작용 속에서 끊임없이 의미를 탐색하고 재구성해야 하는 인지적 부담을 가져야 하고 이를 의사소통 과정에서 효과적으로 이용할 어휘 구사 전략을 학습할 필요가 있다.

요컨대 한국어 고급 학습자의 경우는 한국어 표현을 온전히 이해하고 자신의 생각을 표현하기 위해서 의미에 중점을 둔 어휘 학습이 절실하다. 이에 본 연구는 고급 학습자의 어휘력 신장에 있어 어휘의 질적인 면을 향상시킬 수 있는 방법으로 연상에 의한 의미를 탐색하고자 한다. 단어 연상을 통해 한국 사회와, 문화에 대한 지식을 얻을 수 있을 뿐만 아니라 한국인의 개인적 경험, 한국어의 말맛에 대한 간접적 경험을 할 수 있고 연상되는 어휘를 큰 틀로 하여 더 많은 단어를 학습할 수 있을 것으로 기대한다.

2 의미와 연상

단어를 안다는 것이 구체적으로 어느 정도로 깊이 그 의미를 안다는 것인지 논의하기 위해서는 우선 의미가 무엇인지 살펴보아야 할 것이다. Leech(1974)에 제시된 의미의 분류만 보아도 의미에 대한 개념이 다양한 것을 알 수 있고 의미가 무엇인지 정의하는 일이 쉽지 않음을 가늠할 수 있다. Leech(1974)에서는 고정된 의미를 개념적 의미로 규정하고 그 이외의 의미는 연상적 의미와 주제적 의미로 설명하여 유동적이고 모호한 의미의 특성을 보여주고 있다.

<표1> Leech(1974)의 의미 분류[1]

1. 개념적 의미		논리적, 인지적 또는 지시적 내용
연상적 의미	2. 내포적 의미	언어가 지시하는 것에 의해 전달되는 것
	3. 사회적 의미	언어 사용의 사회적 환경이 전달하는 것
	4. 정서적 의미	말하는 이/글쓴이의 감정과 태도가 전달되는 것
	5. 반사적 의미	같은 표현이 다른 의의와의 연상을 통해 전달되는 것
	6. 연어적 의미	다른 낱말과의 연합에 의해 전달되는 것
7. 주제적 의미		어순이나 강세를 사용하여 메시지를 구성하는 방법으로 전달되는 것

언어학적 이론들은 의미의 고정성과 유동성 혹은 객관성과 주관성

----

1) Leech(1974:10~27)에 의한 것이다.

에 대해 각기 다른 입장을 가지고 있다. 전통적 객관주의에 의하면 세계는 인간의 경험과 이해와 독립적으로 존재한다. 이는 자율언어학을 대변하는 촘스키의 관점에서도 맥을 같이한다. 언어지식과 세상지식을 구분하고 언어 능력과 언어수행을 구분하여 나아가 의미론과 화용론을 구분한다. 의미는 추상적인 기호와 세계 속의 대상관의 관계를 바탕으로 성립하기 때문에 객관적이다. 사고는 신체와 분리되어 있는 것으로 본다.

이에 비해 신체화된 경험에서 생겨나는 상상력과 이해의 구조에 관심을 가지는 체험주의에 철학적 기반을 두고 있는 인지언어학의 경우는 의미는 개념화와 동일시되어 인지과정으로 설명된다. 의미 구조는 관습화된 개념구조이기 때문에 각 언어마다 관습이 다르므로 동일한 개념에 대한 의미구조는 언어 특정적일 수밖에 없다는 관점을 취한다. 인지 의미론은 언어 사용에 주안점을 두고 의미론과 통사론을 구분하지 않으며 객관적인 상황을 여러 가지로 구조화하거나 해석하는 능력을 중시하여 동일한 객관적인 현상이나 장면에서 어느 요소가 두드러지느냐에 따라 다른 의미 구조를 지닌다고 보는 주관주의 의미론이다.

이와 같이 의미를 객관적인 실체로 규정할 것인가 혹은 상황과 언어 사용자에 따른 주관적인 요소로 볼 것인가에 대해서 논란이 있어 왔지만 인지언어학이 등장한 이후에는 Labov(1973)의 그릇 모양(꽃병과 사발 명명) 실험이나 Wittgenstein(1956)의 가족닮음 유사성 이론을 통해 의미의 경계는 모호하며 단어 의미에 대한 지식과 백과사전적 지식의 분리는 어려운 것으로 보고 있다. 즉 <표1>에 제시된 의미의 분류는 명확하게 구분될 수 있는 것이 아니라는 것이다.

아울러 의미를 어떻게 찾아낼 수 있는가에 대한 근본적인 물음도 고려할 필요가 있다. 전통적인 객관주의 의미론에서 주로 다루었던 성분

분석과 같이 단어를 의미 성분으로 쪼개보는 분석 과정에 의해서 단어 의미가 도출될 수 있다고 보았다. 또한 단어가 다른 단어와 맺는 관계, 단어보다 더 큰 언어 단위의 일부분으로서 결합되어 있는 합성 과정에 의해서도 의미는 도출될 수 있다. 뿐만 아니라 단어를 사용하는 언어 사용자의 인지구조 안에 의미가 있다고 할 수 있다. 언어사용자는 문 맥에서 의미 관계를 살펴 선택 가능한 의미를 포착하고 추론할 수 있 는데 이러한 언어사용자의 주체적인 노력이 없다면 의사소통이 이루 어지는 일은 불가능하게 될 것이기 때문이다. 마지막으로 언어사용자 가 속해 있는 사회와 문화적 관습이 의미를 해석하고 추론하는 데 영 향을 끼칠 수 있음을 주지해야 할 것이다.

구조주의 의미론은 의미 관계에 초점을 두고 단어의 의미는 어휘장 안에서 다른 단어와 맺는 관계들의 합이라고 주장하지만 인지의미론 에서 논의하는, 언어 사용자의 인지구조 속에 언어적 의미(개념)와 배 경지식이 결부되어 어휘망으로 조직된, 더 복합적인 층위의 의미를 보 지 못하는 면이 있다. 인지 의미론은 단어 간의 결합과 문장에서의 의 미 합성에 대한 설명이 필요하고 문화적 지식을 결합하는 논의 역시 단어 의미 관계와 언어 사용자의 인지구조가 적절히 결합될 때 온전한 의미에 대한 논의가 될 수 있다.

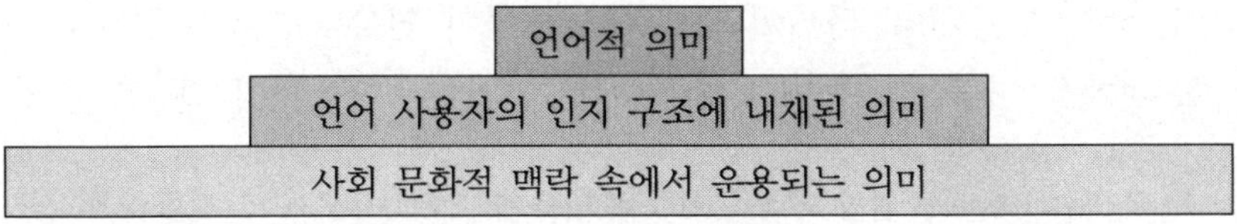

언어적 의미
언어 사용자의 인지 구조에 내재된 의미
사회 문화적 맥락 속에서 운용되는 의미

<그림1> 의미 구성체

이에 본고에서 단어의 의미는 단어 자체가 지닌 의미, 다른 단어와 맺는 관계에서 발생하는 의미와 더불어 언어 사용자가 단어에 대해 인지하는 모든 의미, 그리고 단어가 실제로 사용되는 문맥에서 갖게 되는 모든 의미의 복합체라고 규정한다.

의미를 개념으로 보는 인지 언어학적 접근은 각 개인이 지닌 배경지식을 적극적으로 통합하기에 유의미한 어휘 학습을 이끌 수 있다. 연상을 통한 심적 이미지화, 개개인의 지식과 경험과의 통합은 학습과 기억에 용이하고 의미적 연관을 강력하게 이끌 수 있어 학습 효과가 크다 하겠다. 학습자가 이와 같은 어휘 학습을 능동적으로 하면서 정보처리 능력, 어휘 해석 능력, 추론 능력을 키워 일상생활에서 마주하는 무수한 낯선 어휘를 자기 주도적으로 처리할 수 있는 힘을 기를 수 있다.

연상에 의한 의미[2]는 자극어에 의해 촉발되어 머릿속에 자유롭게 떠오르는 연상어가 주는 의미이다. 자극어에 대해 관련 어휘를 떠올릴 수도 있고 학습자 개인에게만 국한되는 사적인 느낌이나 이미지가 떠오를 수도 있으며 언어 사용자의 사회·문화적 환경이 전달하는 의미를 떠올릴 수도 있다. 때문에 연상을 통해 복합적인 의미가 언어 사용자의 머릿속에 어떻게 펼쳐지는지 살펴볼 수 있게 된다.

단어에 의한 연상은 자극어와 의미 관계를 맺고 있는 유의어, 반의어, 상위어, 동위어, 하위어와 같은 단어들이 연상되거나 자극어와 통합 관계를 이루는 서술어나 수식어에 해당하는 단어들이 연상되는 경

----

2) 조명한(1969:54) 연상 과정은 무엇이 마음에 떠오름으로써 그 점화의 힘으로 단어가 통합되는 과정이요, 그 정체가 밝혀지는 과정이다. 연상 반응이 연상의 실체도 아니고 연상어가 자극 단어의 의미도 아니다. 연상적 의미는 의식이나 관념이 없으면 연상반응도 없음을 전제하고 이 관념의 활동화로 말미암아 단어나 사물에 대해서 의미가 주어진다.

우이다. 명사 자극어가 동일 품사인 명사를 연상어로 떠올리는 것보다 동사나 형용사 연상어를 떠올리면 연상의 범위가 더 넓어질 수 있다. '비'에 대해 '눈'을 연상하는 경우보다 '눅눅하다', '우울하다'를 연상하는 경우가 더 많은 단어를 떠올린다.

'빨강'을 자극어로 주었을 때 색채어에 속하는 주황, 노랑, 초록, 파랑, 남색, 보라를 연상한 경우는 앞서 언급한 자극어와 의미 관계에 있는 동위어가 제시된 경우이다. 그러나 단어에 의한 연상은 의미 관계에 기초를 둔 어휘장에 속한 단어뿐만 아니라 언어 사용자의 머릿속에 같은 범주로 묶여 인지되는 단어들도 연상된다. 가령 '지하철'에 대해 '손잡이, 문, 광고, 신문, 조는 사람, 안내 방송'과 같은 단어를 연상할 수 있는데 이들 단어는 '지하철'의 의미적 속성이 아니라 지하철을 타고 다니면서 경험하고 인식한 지하철에 대한 부분적 지식이다. 따라서 지하철이 없는 나라에서 온 학습자에게 지하철에 대한 사전적 의미를 연상하게 할 수는 있지만 지하철에 대한 경험적 인식 범주에 속하는 단어를 연상하게 할 수는 없다.

단어에 의한 연상은 하나의 단어가 지닌 여러 의미 중 어느 것을 연상하느냐에 따라 연상의 진행 방향이 달라질 수 있다. 단어는 다의어적 속성도 있지만 동음이의어로 쓰이는 일도 있어 자극어 '비'에 대해 '일기예보'를 연상할 수도 있지만 '가수'나 '정지훈'을 연상할 수도 있다.

개인적 경험에 의한 연상은 연상자에게만 생각나는 느낌이나 이미지를 가진 단어를 연상하는 것으로 대체로 이러한 연상어는 다른 연상자에게서 동일하게 연상되지 않는다. 즉 이러한 연상어들은 지극히 개인적인 체험과 관련이 있다. 자극어 '기차'에 대해 '정동진, 부산, 춘천, 대천'과 같은 여행지를 떠올린다거나 자극어 '생일'에 대해 '부침개'를 떠올리는 경우가 있다. 연상자가 기차로 여행한 장소이기 때문에 여러 연상자가 보편적으로 떠올리는 연상 내용이 될 수 없으며, 생일에 부침개를 먹는 경험도 마찬가지 경우라 하겠다.

개인적인 경험에 의한 연상은 자극어에 대한 사적인 느낌, 감정 및 태도와 밀접히 연관된다. 예를 들면, 자극어 '어머니'에 대해 '예쁘다, 착하다, 따뜻하다, 편안하다'와 같은 정서적 느낌을 떠올리거나 자극어 '후식'에 대해 '여유로움, 격식, 살'을 떠올리는 경우가 그러하다. 개인적 경험에 의한 연상은 자극어의 외연(지시물)에 의해 환기되는 내포적 의미와 연관이 있거나, 시간이나, 공간 혹은 인과 관계에 의해 자극어와 연관을 맺는다.

개인적 경험에 의한 연상은 개인적인 의식과 체험에 근거한 것으로 언어공동체에 보편적인 요소로 받아들일 수 없는 것이었다면 사회적 관습 및 문화적 요인에 의한 연상은 언어공동체가 용인하는 의사소통적 의미를 지닌 것으로 볼 수 있다. 사회적 관습 및 문화적 요인에 의한 연상은 언어 사용이 이루어지는 상황 맥락을 전달할 수 있기 때문이다. 개인적 경험과 지식은 사회적, 문화적 지식을 포함하고 있으며 이 둘은 명쾌히 구분될 수 있기보다는 모호한 경계를 지닌 것으로 볼 수 있다. 이것은 언어 의미와 백과사전적 의미를 명확히 구분하지 못하는 것과도 맥을 같이 한다. 언어적 의미는 언어 사용자의 인지 체계와 뒤섞여 있으며, 사회적, 문화적 문맥 속에서 온전히 이해되고 추론될 수 있다. 사회적 관습 및 문화적 요인에 의한 연상은 연상자의 지식, 연령, 거주 지역, 직업, 성별 등에 의해 영향을 받기도 하고 자극어가 시대나 사회적 환경에 따라 외연과 내포적 의미를 달리하기 때문에 연상 내용이 달라지기도 한다.

자극어 '눈'에 대하여 눈이 내리지 않는 문화권에서 왔고 실제로 눈을 한 번도 본적이 없는 베트남 여성이 영화나 책을 통해 간접적으로

경험한 느낌을 연상하고 자극어 '비'에 대해서는 베트남의 '우기'를 떠
올린다면 연상자가 속해 있는 사회적 요인에 의한 것으로 볼 수 있다.
동일하게 자극어 '생일'에 대해 '미역국'을 연상하고, 자극어 '기차'에
대해 '삶은 계란'을 연상하는 것은 한국 사회의 문화적 요인으로 볼 수
있다.

3 연상을 통한 의미 인식

　본고는 고급 한국어 학습자가 연상을 통해 어휘를 능동적으로 학습
하고 어휘를 확장하며 사회 · 문화적인 내용에 자연스럽게 접근하여
어휘에 대한 이해를 깊이 있게 할 수 있음을 보이고자 하는 목적에서
논의를 시작하였다. 이를 위해 고급 한국어 학습자가 한국인이 어휘를
어떠한 방식으로 인지하고 느끼는지에 관심을 가지도록 유도하고 한
국인의 머릿속에 내재된 어휘 의미가 무엇인지 살펴보도록 이끌 필요
가 있다. 먼저 한국인을 대상으로 연상 실험을 실시하고 그 결과가 외
국인의 연상 결과와 어떠한 차이가 있는지 살펴보기로 한다.

　연상 실험3)은 2011년 4월과 5월에 걸쳐 2주간 시행되었다. 한국인은
20대, 30대, 40대 남성과 여성 각각 10명씩 모두 60명4)이 연상 실험에

----

3) 김혜란(2000:26)에 의하면 단어 연상 실험은 영국인 학자 Francis Galton
(1922-1911)에 의하여 고안되었고 심리학자들에 의해 받아들여져 억제되거나
일탈된 감정을 임상적으로 감지하기 위한 장치로 표준화되었다고 한다.
4) 이들은 인하대학교 국어교육과 학부, 석사, 박사 과정에 재학 중인 학생들, 연
구자가 속해 있는 교회학교 교사, 한국어 교원 양성 과정을 수강하는 인천 시
민, 안남 고등학교 교사이다.

참여하였다. 고급 한국어 학습자는 <외국인을 위한 고급 한국어>를 수강하고 있는 인하대학교 대학원생 16명[5]을 대상으로 하였다. 부가적으로 일상적으로 한국인과 접촉할 기회가 많은 이주여성의 경우는 유학생 집단과 어떤 차이가 있는가를 살펴보기 위해 이주여성 6명[6]도 연상 실험에 포함하였다. 연상 실험에 참여한 인원이 적어 보편화된 자료로 활용하기에 다소 무리가 있고, 연상자들이 인천 지역에 거주하는 이들로 한정된 점, 한국인의 경우는 거의 교직과 연관이 있는 점, 외국인의 경우는 중국인이 주를 이루는 점에서 다양한 연상자 집단을 구성하지 못한 한계가 있다.

자극어는 '겨울, 어머니, 생일, 빨강, 채소, 후식, 비, 기차, 집, 돼지'로 10개를 선정하였고 모두 명사이며 연구자가 임의로 선정하였다. '겨울'이 없는 나라가 있고 나라마다 기후가 다르기 때문에 '겨울'과 '비'에 대해 어떠한 연상이 이루어질지 궁금하였으며, '어머니', 색채어 '빨강'과 동물 '돼지'는 문화권에 따라 다른 내포적 의미가 있을 것이라 가정하였다. 생일을 기념하는 방식(생일)이나 식사를 하는 습관(후식), 먹을거리(채소), 거주하는 공간(집), 교통수단(기차)은 일상생활을 반영하는 것이면서도 문화권에 따라 차이가 있을 수 있다고 판단되어 선정하였다.

연상자들은 각각의 자극어에 대해 쉼을 두지 않고 연속적으로 5개의

---

5) 학습자들은 인하대학교 대학원 석사, 박사 과정에 재학하고 있으며 한국어로 보고서 및 학위 논문을 작성하고 전공 수업 시간에 발표를 할 수 있는 학생들이다. 한국 체류 기간은 3개월에서 10년에 이르기까지 넓게 분포하고 있으며, 이들의 국적은 중국(12명), 카자흐스탄(1명), 베트남(1명), 미얀마(1명), 몽골(1명)이다.

6) 한국인 남성과 결혼해서 한국 문화를 접할 기회가 많았던 이들은 한국 체류 기간은 4개월에서 14년으로 각기 달랐지만 한국 문화에 대해 처음 접한 이후 모두 5년 이상이 되었다. 이들의 국적은 베트남(2명), 중국(3명), 일본(1명)이다.

연상어를 적도록 요청받았으나 경우에 따라서 한두 개를 더 적거나 쓰지 못하기도 하였다. 실험에 참여한 한국인과 외국인 연상자의 인원이 달라 백분율을 적용하여 결과를 비교하였다. 연상어에 대한 통계를 내기 위해 '따뜻함', '따뜻하다'와 같이 활용형이 다른 경우는 빈도가 높은 쪽으로 통일하였고, 동의 혹은 유의 관계에 있는 단어들의 경우는 '엄마'는 '어머니', '달걀'은 '계란', '녹색'은 '초록색'으로 통일하였다.

3.1. 단어 연상 실험 결과

3.1.1. 한국인의 경우

한국인의 경우는 20대, 30대, 40대에 해당하는 남성과 여성 각각 10명씩 모두 60명이 연상 실험에 참여하였고 각각의 자극어에 대해 전체 한국인(60명), 여성(30명), 남성(30명), 40대 한국인(20명), 30대 한국인(20명), 20대 한국인(20명)으로 연상 결과를 정리하였다. 결과는 백분율로 표시되었고 연상 집단에서 상위 10위에 해당하는 연상어만을 정리하였다.

① 겨울

순위	총합 (60)[7]		여성 (30)		남성 (30)		40대 (20)		30대 (20)		20대 (20)	
1	눈	75.0[8]	눈	70.0	눈	80.0	눈	80	눈	75	눈	70
2	눈사람	40.0	눈사람	50.0	눈사람	30.0	눈사람	35	크리스마스	45	눈사람	45
3	크리스마스	33.3	크리스마스	46.7	크리스마스	20.0	얼음	30	눈사람	40	목도리	40
4	추위	18.3	장갑	33.3	추위	20.0	크리스마스	25	장갑	20	크리스마스	30
5	장갑	18.3	목도리	23.3	얼음	20.0	추위	25	춥다	15	차갑다	25
6	얼음	16.7	춥다	16.7	스키	20.0	썰매	25	난로	15	하얀색	20
7	목도리	16.7	추위	16.7	썰매	13.3	바람	25	나무	15	추위	20
8	스키	15.0	바람	16.7	춥다	10.0	장갑	20	추위	10	춥다	15
9	춥다	13.3	하얀색	13.3	차갑다	10.0	스키	20	얼음	10	장갑	15
10	썰매	11.7	얼음	13.3	스키장	10.0	털장갑	10	썰매	10	스키장	15
	바람	11.7	난로	13.3	목도리	10.0	털모자	10	스키	10	스키	15
			군고구마	13.3			춥다	10	바람	10	스케이트	15
							고드름	10	군고구마	10		
									고드름	10		
									고구마	10		

　　자극어 '겨울'에 대한 한국인 전체 연상 결과는 눈, 눈사람, 크리스마스, 추위/춥다 순으로 나타났고 여성은 장갑, 하얀색, 난로, 군고구마를 연상하는 빈도가 높은 반면 남성은 스키, 스키장, 썰매와 같이 활동적인 것을 연상하여 성별에 의한 차이를 보였다. 연령별로는 20대 한국인에게는 40대와 30대에서 보이는 고드름이나 얼음, 썰매와 같은 단어가 고빈도 연상어로 등장하지 않았다. 또한 40대의 경우에는 털장갑, 털모자를 연상하는 반면 30대, 20대는 장갑을 연상하는 차이를 보였고 30대는 다른 연령대와 달리 나무, 난로, 군고구마, 고구마에 대한 연상

───────────────

7) 연상 실험에 참여한 인원수를 뜻한다.
8) 자극어에 반응한 응답자의 수를 백분율로 나타낸 것이다.

빈도가 높았다.

한국인은 '겨울'과 연관 지어 눈, 눈사람, 크리스마스를 가장 많이 떠올리며 썰매나 스키와 같은 겨울 활동을 하고 고구마를 먹으며, 겨울은 춥고 차갑게 느낀다고 할 수 있겠다. 추위에 대한 대처 방법으로 장갑, 모자, 목도리, 난로를 사용하는 것도 알 수 있다.

② 어머니

순위	총합 (60)		여성 (30)		남성 (30)		40대 (20)		30대 (20)		20대 (20)	
1	사랑	55.0	사랑	46.7	사랑	63.3	사랑	60	사랑	50	사랑	55
2	희생	18.3	따뜻함	30.0	눈물	20.0	따뜻함	25	밥	30	아버지	30
3	아버지	18.3	아버지	20.0	희생	16.7	희생	20	포근함	20	희생	25
4	밥	16.7	밥	20.0	헌신	16.7	주름살	20	눈물	20	편안함	15
5	따뜻함	15.0	희생	16.7	편안함	16.7	손	20	헌신	15	집	15
6	눈물	15.0	포근함	16.7	집	16.7	헌신	15	집	15	따뜻함	15
7	헌신	13.3	손	13.3	아버지	16.7	아버지	15	아기	15	눈물	15
8	손	13.3	기도	13.3	손	13.3	밥	15	손	15	헌신	10
9	집	11.7	가족	13.3	밥	13.3	기도	15	따뜻함	15	포근함	10
10	편안함	10.0	헌신	10.0	주름살	10.0	가족	15	희생	10	약손	10
	주름살	10.0	주름살	10.0	따뜻함	10.0			잔소리	10	감사함	10
	기도	10.0	일	10.0	감사함	10.0			음식	10		
	가족	10.0	눈물	10.0					아버지	10		
									기도	10		
									가족	10		

자극어 '어머니'에 대한 연상 결과는 첫째, 어머니는 사랑의 존재로 편안하고 따뜻한 분이고 둘째, 어머니는 희생하는 존재로 헌신하는 모습을 대변하는 것으로는 눈물과 주름살과 어머니의 손이 있고 셋째, 어머니는 집과 가족의 대변자이고 밥을 주시는 분이라는 것이다. 이는 성별과 연령의 구분 없이 보편적으로 나타나는 연상 결과로 볼 수 있

다. 연상어 '아버지, 가족, 아기'를 제외하고 대체로 어머니가 지닌 품성과 하시는 일이 연상되고 있다. 30대에서 보이는 잔소리의 경우만 부정적인 요소를 담고 있으며 10%에 해당한다. 한국인의 절반 이상은 어머니를 사랑하는 존재로 인식하고 있다. 여성들은 어머니를 따뜻하고 포근하다고 인식하는 반면 남성들은 편안하고 감사하다고 느낌을 알 수 있다.

　③ 생일

순위	한국인 (60)		여성 (30)		남성 (30)		40대 (20)		30대 (20)		20대 (20)	
1	케이크	75.0	선물	90.0	케이크	76.7	케이크	90	선물	75	케이크	80
2	선물	75.0	케이크	73.3	선물	60.0	선물	80	케이크	55	선물	70
3	미역국	33.3	미역국	36.7	파티	33.3	미역국	40	미역국	35	파티	40
4	파티	28.3	축하	26.7	미역국	30.0	파티	30	촛불	30	축하	30
5	촛불	23.3	파티	23.3	촛불	26.7	촛불	25	친구	20	미역국	25
6	축하	21.7	촛불	20.0	친구	20.0	축하	20	파티	15	행복	15
7	친구	15.0	노래	13.3	축하	16.7	노래	20	카드	15	폭죽	15
8	노래	13.3	나이	13.3	초	13.3	친구	15	축하	15	촛불	15
9	초	10.0	카드	10.0	노래	13.3	가족	15	술	15	생일주	15
10	카드	8.3	친구	10.0	술	10.0	풍선	10	초	10	기쁨	15
	어머니	8.3	어머니	10.0	생일주	10.0	카드	10	어머니	10		
	기쁨	8.3	가족	10.0	부모님	10.0	축복	10	부모님	10		
					기쁨	10.0	초	10	떡	10		
							여행	10	노래	10		
							어머니	10	감사	10		
							박수	10				
							달력	10				

　자극어 '생일'에 대한 연상 결과를 살펴보면 대다수의 한국인은 케이크에 촛불을 켜고 생일을 축하하며 가족이나 친구와 함께하는 파티를 연상함을 알 수 있다. 파티에서는 폭죽이나 풍선을 이용해 생일을 축

하하기 위한 장식을 하고 선물과 카드를 준비했다가, 축하 노래를 들려주거나, 생일주를 권한다. 한국인들은 생일 아침에 미역국을 먹는데 이러한 한국의 관습도 연상 결과에 나타나 있다. 자극어 '생일'에 대한 연상어를 종합해보면, 이는 한국인이 생일을 축하하는 방식이나 생일에 느끼는 감사와 행복감, 기쁨과 연관이 있는 것으로 보인다.

④ 빨강

순위	한국인 (60)		여성 (30)		남성 (30)		40대 (20)		30대 (20)		20대 (20)	
1	피	31.7	피	33.3	정열	40.0	정열	40	사과	30	피	35
2	정열	31.7	사과	26.7	피	30.0	불	40	피	25	정열	35
3	사과	25.0	정열	23.3	사과	23.3	피	35	파랑	20	사과	25
4	불	23.3	불	23.3	불	23.3	장미	25	정열	20	립스틱	25
5	장미	16.7	립스틱	20.0	장미	16.7	소방차	25	불	20	장미	20
6	립스틱	16.7	장미	16.7	열정	16.7	태양	20	위험	15	정지	10
7	소방차	13.3	우산	13.3	파랑	13.3	사과	20	열정	15	우산	10
8	열정	11.7	소방차	13.3	소방차	13.3	립스틱	20	노랑	15	열정	10
9	파랑	8.3	태양	10.0	립스틱	13.3	옷	15	하트	10	양말	10
10	태양	8.3	붉은악마	10.0	입술	10.0	자동차	10	입술	10	색깔	10
	사랑	8.3	딸기	10.0	위험	10.0	열정	10	월드컵	10	사랑	10
					신호등	10.0	스페인	10	신호등	10	빨강머리앤	10
					사랑	10.0	사랑	10	소방차	10	빨간펜	10
							고추	10	색연필	10	붉은악마	10
									색깔	10	불	10
									빨강머리앤	10		
									무지개	10		
									딸기	10		

자극어 '빨강'에 대한 연상 결과를 살펴보면 고빈도를 차지하는 순위는 다소 다르지만, 성별과 연령과 상관없이 피, 정열, 사과, 불이 높은 빈도로 연상됨을 알 수 있다. 지시물 자체가 붉은 색을 지닌 피, 사과,

불, 장미, 립스틱, 소방차, 딸기, 입술, 하트, 태양, 고추, 펜 등을 연상하는 일이 주를 이루고 있다. 빨강과 동일한 색채어 어휘로 묶일 수 있는 파랑이나 노랑이 연상되거나 상위어에 속하는 색깔을 연상하기도 하였다. 한국인은 '빨강'이 지니는 내포적 의미를 열정과 정열, 사랑, 위험, 정지로 인식하고 있음을 알 수 있다. 2002년 월드컵 이후 한국의 축구 응원은 붉은 옷을 입고 이루어져 보편화되었기에 한국 문화의 단면을 보이는 붉은 악마가 연상어로 제시된 것으로 보인다. 빨강머리 앤의 경우는 소설『빨강머리 앤』을 읽거나 만화 영화를 본 개인에 의한 연상으로 볼 수 있다.

⑤ 채소

순위	한국인 (60)		여성 (30)		남성 (30)		40대 (20)		30대 (20)		20대 (20)	
1	오이	41.7	오이	56.7	상추	33.3	건강	45	오이	50	오이	45
2	배추	28.3	토마토	26.7	배추	30.0	오이	30	상추	35	초록색	40
3	상추	26.7	배추	26.7	건강	30.0	배추	30	배추	35	당근	30
4	건강	26.7	건강	23.3	오이	26.7	무	30	토마토	30	토마토	25
5	초록색	23.3	상추	20.0	신선함	23.3	상추	25	호박	20	시금치	20
6	토마토	21.7	당근	20.0	토마토	16.7	신선함	20	양파	15	상추	20
7	당근	18.3	다이어트	20.0	시금치	16.7	초록색	25	당근	15	배추	20
8	신선함	15.0	호박	16.7	무	16.7	김치	20	고추	15	다이어트	20
9	시금치	15.0	초록색	23.3	당근	16.7	시금치	15	건강	15	건강	20
10	무	15.0	양파	13.3	초록색	26.7	반찬	15	양상추	10	파	15
			시금치	13.3			가지	15	양배추	10	양파	15
			무	13.3					야채	10	신선함	15
									쌈	10		
									싱싱함	10		
									신선함	10		
									시금치	10		
									샐러드	10		
									무	10		
									마늘	10		
									초록색	10		
									가지	10		

　　자극어 '채소'에 대한 연상은 주로 채소의 하위어에 속하는 오이, 배추, 시금치, 무, 당근 등의 어휘가 주를 이룬다. 40대를 제외하고 토마토는 높은 빈도를 보이며 채소의 한 종류로 인식되고 있음을 알 수 있다. 예상과 달리 한국인들은 배추나 무보다 채소의 전형으로 오이를 떠올리는 것으로 나타났다. 또한 채소가 지니는 내포적 의미는 건강과 다이어트, 초록색의 신선함이라 하겠다. 채소의 연상어 중 김치와 반찬, 쌈은 한국 문화와 연관 지어 이해될 수 있는 내용으로 보인다.

⑥ 후식

순위	한국인 (60)		여성 (30)		남성 (30)		40대 (20)		30대 (20)		20대 (20)	
1	커피	65.0	커피	66.7	커피	63.3	커피	65	커피	70	아이스크림	65
2	아이스크림	56.7	아이스크림	60.0	아이스크림	53.3	과일	65	과일	60	커피	60
3	과일	53.3	과일	56.7	과일	50.0	아이스크림	55	아이스크림	50	케이크	35
4	케이크	23.3	케이크	36.7	와플	16.7	식혜	20	케이크	25	과일	35
5	과자	16.7	과자	23.3	배부름	16.7	차	15	배부름	20	와플	30
6	배부름	15.0	달콤함	16.7	주스	13.3	주스	15	쿠키	15	생과일주스	20
7	차	11.7	차	13.3	푸딩	10.0	수정과	15	식혜	15	과자	20
8	주스	11.7	식혜	13.3	케이크	10.0	과자	15	수정과	15	디저트	15
9	식혜	11.7	주스	10.0	차	10.0	케이크	10	과자	15	달콤함	15
10	와플	11.7	수정과	10.0	식혜	10.0	배부름	10	초콜릿	10	달다	15
	수정과		수다	10.0	수정과	10.0	달콤함	10	차	10		
	달콤함		사탕	10.0	생과일주스	10.0			주스	10		
			달다	10.0	디저트	10.0			떡	10		
					녹차	10.0			디저트	10		
					과자	10.0			달다	10		
									녹차	10		

자극어 '후식'에 대한 연상어는 후식에 해당하는 음료와 아이스크림, 과일, 케이크와 과자류가 주를 이룬다고 하겠다. 식혜나, 수정과, 녹차, 차, 주스와 같은 음료보다 커피가 압도적으로 높은 빈도를 보이고 있으며 아이스크림이나 케이크가 선호되고 있다. 과거의 한국 사회에서는 과일과 숭늉을 후식으로 즐겼지만, 푸딩, 와플, 쿠키에서 보이듯 음식 문화가 많이 변화하였고 외식 문화가 발달하면서 식당에서 제공하는 후식의 의미가 보편화된 것으로 보인다. 한국인들은 후식은 달콤한, 배부르게 하는, 담소를 나누며 먹는 것으로 이해하고 있다.

⑦ 비

순위	한국인 (60)		여성 (30)		남성 (30)		40대 (20)		30대 (20)		20대 (20)	
1	우산	75.0	우산	83.3	우산	66.7	우산	80	우산	65	우산	80
2	장화	21.7	장화	33.3	소나기	16.7	장화	40	축축하다	20	가수	25
3	커피	11.7	부침개	20.0	홍수	13.3	장마	20	우울함	20	눅눅하다	20
4	장마	11.7	커피	16.7	음악	13.3	소나기	20	우비	20	파전	15
5	우비	11.7	축축하다	13.3	우비	13.3	비옷	20	창문	15	장화	15
6	비옷	11.7	장마	13.3	가수	13.3	부침개	20	외로움	15	습기	15
7	가수	11.7	비옷	13.3	파전	10.0	홍수	15	커피	10	커피	10
8	소나기	10.0	창문	10.0	장화	10.0	커피	15	장화	10	장마	10
9	부침개	10.0	우울함	10.0	장마	10.0	태풍	10	음악	10	우비	10
10	축축하다	8.3	우비	10.0	비옷	10.0	음악	10	슬픔	10	안개	10
	창문	8.3	빈대떡	10.0	번개	10.0	빈대떡	10	빈대떡	10	번개	10
	음악	8.3	가수	10.0					비옷	10	물방울	10
	우울함	8.3							부침개	10	막걸리	10
									노래	10		

자극어 '비'에 대해 한국인은 첫째, 비가 오면 준비해야 하는 우산, 우비, 장화를 가장 많이 떠올리고 둘째, 기후와 연관된 소나기, 장마, 번개, 홍수, 태풍, 안개와 같은 연상어를 떠올림을 알 수 있다. 그리고

비가 지닌 속성 물방울, 물, 축축함, 습기, 눅눅함을 연상하였다. 나아가 비가 내릴 때 하는 일, 즉 음악을 듣기, 창문에 흐르는 빗물 보기, 부침 개나 빈대떡, 파전, 커피, 막걸리 먹기를 떠올림을 알 수 있다. 마지막 으로 비가 내릴 때 우울함과 외로움, 슬픔과 같은 심정을 느끼는 것으 로 나타났다.

'비'와 동음이의어인 가수 비를 떠올리는 경우도 있었는데 대체로 20 대의 젊은 층에서 높은 빈도를 보였다.

⑧ 기차

순위	한국인 (60)		여성 (30)		남성 (30)		40대 (20)		30대 (20)		20대 (20)	
1	여행	78.3	여행	80.0	여행	76.7	여행	85	여행	80	여행	70
2	삶은계란	28.3	삶은계란	33.3	KTX	33.3	추억	25	삶은계란	35	KTX	35
3	KTX	26.7	춘천	26.7	추억	20.0	삶은계란	25	KTX	30	춘천	25
4	춘천	21.7	KTX	20.0	삶은계란	20.0	바다	20	춘천	30	삶은계란	25
5	길다	13.3	길다	16.7	춘천	16.7	길다	20	역	20	낭만	15
6	추억	11.7	바다	13.3	역	10.0	KTX	15	MT	10	정동진	10
7	역	10.0	낭만	13.3	시골	10.0	풍경	15	추억	10	역	10
8	낭만	10.0	풍경	10.0	길다	10.0	춘천	10	설렘	10	시골	10
9	풍경	8.3	역	10.0	기찻길	10.0	영화	10	무궁화호	10	설렘	10
10	설렘	8.3	설렘	10.0	풍경	6.7	만남	10	길다	10	배낭	10
	바다	8.3	기타	10.0	친구	6.7	낭만	10	기타	10	길다	10
	기찻길	8.3			철도원	6.7	기찻길	10	간식	10	기찻길	10
					이별	6.7	고향	10			귀향	10
					연인	6.7	간이역	10			고향	10
					설렘	6.7						
					사이다	6.7						
					밤	6.7						
					무궁화호	6.7						
					만남	6.7						
					낭만	6.7						
					고향	6.7						

자극어 '기차'는 70%가 넘는 한국인이 여행을 반응어로 제시하였고 이로 인해 여행지나 목적지인 고향, 귀향, 시골을 떠올리는 사례가 많았다. 여행과 연관이 있는 추억과 낭만과 설렘, 만남과 이별, 연인과 친구가 연상되는 경향이 있다. 춘천은 기차로 하는 여행의 대명사처럼 인식되고 있다. 기차로 여행하면서 보는 풍경과 기찻길도 **빼놓을** 수 없는 연상어이지만 기차에서 먹는 삶은 계란은 한국의 특수한 문화적 요소로 이해될 수 있는 것이다. 또한 한국인은 기차를 긴 것으로 인식하고 있으며 역, 철도원, 간이역, 무궁화호와 같은 기차 이용에 대한 역사적 지식을 지니고 있으며 현재는 KTX를 높은 빈도로 떠올리고 있음을 알 수 있다.

⑨ 집

순위	한국인 (60)		여성 (30)		남성 (30)		40대 (20)		30대 (20)		20대 (20)	
1	가족	53.3	가족	53.3	가족	53.3	가족	60	가족	55	가족	45
2	휴식	28.3	휴식	26.7	휴식	30.0	휴식	30	휴식	35	편안함	25
3	아파트	21.7	잠	23.3	아파트	26.7	아파트	25	편안함	25	잠	25
4	편안함	20.0	편안함	20.0	편안함	20.0	따뜻함	25	아파트	25	밥	25
5	잠	16.7	따뜻함	20.0	밥	20.0	행복	15	텔레비전	20	휴식	20
6	따뜻함	16.7	아파트	16.7	텔레비전	16.7	텔레비전	15	사랑	20	어머니	15
7	텔레비전	13.3	사랑	16.7	어머니	13.3	아이들	15	고향	20	안식처	15
8	어머니	11.7	행복	13.3	따뜻함	13.3	사랑	15	잠	15	아파트	15
9	사랑	11.7	포근함	10.0	잠	10.0	포근함	10	침대	10	아버지	15
10	밥	10.0	텔레비전	10.0	고향	10.0	편안함	10	책	10	따뜻함	15
			창문	10.0			창문	10	지붕	10	굴뚝	15
			음식	10.0			정원	10	따뜻함	10		
			어머니	10.0			잠	10	내 방	10		
			안식처	10.0			울타리	10	게으름	10		
							어머니	10				
							마당	10				
							가정	10				

자극어 '집'에 대해 한국인은 가족을 가장 높은 빈도로 연상하였고 대체로 어머니를 떠올리는 것으로 보인다. 집은 휴식을 제공하는 장소로 편안하고 따뜻하며 포근하게 인식되고 사랑과 행복이 있는 곳으로 여겨짐을 알 수 있다. 또한 집에서 잠과 밥을 해결하고 텔레비전을 보는 것을 알 수 있다. 지붕과 마당, 정원, 울타리, 굴뚝을 연상하는 경우도 발견되지만 이는 극히 적은 인원이며 대다수는 아파트를 연상하는 것으로 나타났다.

⑩ 돼지

순위	한국인 (60)		여성 (30)		남성 (30)		40대 (20)		30대 (20)		20대 (20)	
1	삼겹살	61.7	삼겹살	63.3	삼겹살	60.0	삼겹살	75	삼겹살	60	삼겹살	50
2	구제역	26.7	구제역	23.3	구제역	30.0	저금통	35	고기	25	구제역	45
3	저금통	23.3	저금통	20.0	저금통	26.7	꼬리	30	저금통	20	고기	25
4	고기	20.0	꼬리	20.0	복	20.0	복	20	구제역	20	소	20
5	꼬리	16.7	고기	20.0	고기	20.0	뚱뚱하다	20	돼지코	15	저금통	15
6	복	13.3	꿀꿀	16.7	소	16.7	돼지코	15	꿀꿀	15	비만	15
7	돼지코	13.3	비만	13.3	돼지코	13.3	구제역	15	탐욕	10	복권	15
8	소	11.7	뚱뚱하다	13.3	꼬리	13.3	족발	10	진주	10	더러움	15
9	뚱뚱하다	11.7	돼지코	13.3	뚱뚱하다	10.0	비만	10	족발	10	핑크	10
10	꿀꿀	11.7	비계	10.0	돼지우리	10.0	동보	10	소	10	포동포동	10
			복권	10.0	더러움	10.0	꿀꿀	10	비계	10	복	10
			다이어트	10.0	갈비	10.0	고기	10	복	10	돼지코	10
									뚱뚱하다	10	꿀꿀	10
									돼지우리	10	꼬리	10
									돼지머리	10	갈비	10
									다이어트	10	가축	10
									냄새	10		
									꼬리	10		

'돼지'에 대한 연상 결과는 삼겹살이 가장 높은 빈도를 차지하였고

적은 빈도이기는 하지만 갈비, 족발, 고기, 비계와 같은 먹거리가 연상되었다. 돼지의 외양과 연관되어 꼬리나 코, 뚱뚱하다, 뚱보, 비만, 포동포동이 연상되었음을 알 수 있다. 돼지우리나 냄새, 돼지가 내는 소리 꿀꿀이 연상어로 제시되는가 하면 돼지의 상위어인 가축과 동위어인 소가 연상어로 제시되었다.

돼지 저금통이나 복권, 복, 개업식에 돼지머리를 놓고 장사가 잘 되기를 비는 의식은 한국 사회에서 돼지를 어떻게 인식하는지 보여주는 연상어이며, 더러움과 탐욕, 뚱보, 비만은 돼지가 지닌 내포적 의미라 할 수 있다. 2010년 겨울 구제역이 한국 사회를 떠들썩하게 하였는데 이는 초봄까지 이어졌고 연상 실험이 실시된 4월과 5월에도 사람들은 이러한 사회적 이슈를 자연스럽게 자극어에 대한 연상으로 연계하였다.

3.1.2. 외국인 유학생의 경우

앞서 한국인의 머릿속에 내재된 어휘 의미가 무엇인지 살펴보았다. 이 절에서는 고급 한국어 학습자의 연상 결과를 살펴봄으로써 한국인과 어떠한 차이가 있는지 보고자 한다. 인하대학교에 재학중인 외국인 유학생 16명의 연상 결과를 중심으로 살펴보되 경우에 따라 한국 사회에 통합되기 위해 부단히 노력하는 이주여성의 경우와 차이점이 있다면 이에 대한 논의도 아울러 보고자 한다.

① 겨울

순위	한국인(60)			외국인 유학생(16)			이주여성(6)		
	연상어	응답수	백분율	연상어	응답수	백분율	연상어	응답수	백분율
1	눈	45	75.0	눈	14	87.5	눈	4	66.7
2	눈사람	24	40.0	춥다	13	81.3	털모자	2	33.3
3	크리스마스	20	33.3	얼음	5	31.3	춥다	2	33.3

4	추위	11	18.3	스키	5	31.3	장갑	2	33.3
5	장갑	11	18.3	난방	3	18.8	썰매	2	33.3
6	얼음	10	16.7	하얀색	2	12.5	바람	2	33.3
7	목도리	10	16.7	바람	2	12.5			
8	스키	9	15.0	눈사람	2	12.5			
9	춥다	8	13.3						
10	썰매	7	11.7						
	바람	7	11.7						

　　외국인 유학생은 한국인과 비슷한 연상어들을 구성하였으나 한국인에게서 높은 빈도를 보이는 크리스마스에 대한 연상이 나타나지 않고 한국인이나 이주여성이 목도리, 모자, 장갑과 같은 것으로 방한을 생각하는 것에 비해 난방을 떠올리는 것으로 볼 수 있다. 외국인 유학생이나 이주여성은 한국인에게서 높은 빈도를 보이지 않는 겨울 바람을 떠올림을 알 수 있다.

　② 어머니

순위	한국인(60)			외국인 유학생(16)			이주여성(6)		
	연상어	응답수	백분율	연상어	응답수	백분율	연상어	응답수	백분율
1	사랑	33	55.0	사랑하다	6	37.5	예쁘다	3	50.0
2	희생	11	18.3	아버지	5	31.3	착하다	2	33.3
3	아버지	11	18.3	친절하다	3	18.8			
4	밥	10	16.7	집	3	18.8			
5	따뜻하다	9	15.0	따뜻하다	3	18.8			
6	눈물	9	15.0	가족	3	18.8			
7	헌신	8	13.3	헌신적이다	2	12.5			
8	손	8	13.3	착하다	2	12.5			
9	집	7	11.7	자상하다	2	12.5			
10	편안함	6	10.0	음식	2	12.5			
	주름살	6	10.0	요리	2	12.5			
	기도	6	10.0	예쁘다	2	12.5			
	가족	6	10.0						

한국인이 헌신과 희생하는 어머니를 떠올리는 빈도(31.6%)가 높다면 외국인 유학생의 경우는 착하고 예쁜 어머니를 떠올리는 빈도(25%)가 높음을 알 수 있다. 또한 한국인이 어머니를 따뜻하고 편안하다고 느끼는 반면 외국인 유학생은 따뜻하고 자상하고 친절하다고 느끼고 있다. 어머니를 친절하다고 느끼는 것은 한국인에게 다소 생소한 정감이 있다.

③ 생일

순위	한국인(60)			외국인 유학생(16)			이주여성(6)		
	연상어	응답수	백분율	연상어	응답수	백분율	연상어	응답수	백분율
1	케이크	45	75.0	케이크	15	93.8	케이크	5	83.3
2	선물	45	75.0	선물	9	56.3	선물	4	66.7
3	미역국	20	33.3	친구	8	50.0	미역국	3	50.0
4	파티	17	28.3	파티	7	43.8	파티	2	33.3
5	촛불	14	23.3	촛불	5	31.3	촛불	2	33.3
6	축하	13	21.7	축하하다	3	18.8			
7	친구	9	15.0	술	3	18.8			
8	노래	8	13.3	소원	3	18.8			
9	초	6	10.0	미역국	3	18.8			
10	카드	5	8.3	노래방	2	12.5			
	어머니	5	8.3	기쁘다	2	12.5			
	기쁨	5	8.3						

생일을 축하하는 방식은 한국인이나 외국인이 별반 다르지 않고 외국인 유학생이나 이주여성이 한국 문화에 오랜 시간 노출되다보니 자연스럽게 미역국을 연상하고 있음도 알 수 있다. 차이가 있다면 한국인이 자극어 생일에 대해 어머니를 떠올린다면 외국인 유학생의 경우는 소원을 떠올리는 점일 것이다. 유학생들은 연령대가 비슷하고 학생이다 보니 친구와 파티, 노래방, 술과 같은 연상어의 백분율이 높게 나

타나는 것으로 볼 수 있다.

④ 빨강

순위	한국인(60)			외국인 유학생(16)			이주여성(6)		
	연상어	응답수	백분율	연상어	응답수	백분율	연상어	응답수	백분율
1	피	19	31.7	피	7	43.8	피	3	50.0
2	정열	19	31.7	장미	4	25.0	토마토	2	33.3
3	사과	15	25.0	옷	3	18.8	중국 국기	2	33.3
4	불	14	23.3	불	3	18.8	모자	2	33.3
5	장미	10	16.7	태양	2	12.5			
6	립스틱	10	16.7	펜	2	12.5			
7	소방차	8	13.3	치마	2	12.5			
8	열정	7	11.7	모자	2	12.5			
9	파랑	5	8.3	덥다	2	12.5			
10	태양	5	8.3	단풍	2	12.5			
	사랑	5	8.3	꽃	2	12.5			
				국기	2	12.5			
				구두	2	12.5			

　빨강에 대한 연상은 대체로 한국인, 유학생, 이주여성 모두 외연(지시물)이 지닌 색채에 근거하여 연상하였다. 한국인의 경우는 정열, 열정, 사랑을 붉은 것으로 인지하고 있어 붉은 색의 내포적 의미를 알 수 있는 반면 외국인 유학생과 이주여성에게서는 이와 같은 내포 의미가 발견되지 않는다. 중국인의 경우에 중국 국기를 연상하는 경향이 있는 듯하다.

⑤ 채소

순위	한국인(60)			외국인 유학생(16)			이주여성(6)		
	연상어	응답수	백분율	연상어	응답수	백분율	연상어	응답수	백분율
1	오이	25	41.7	감자	6	37.5	양파	4	66.7
2	배추	17	28.3	토마토	5	31.3	감자	3	50.0
3	상추	16	26.7	오이	4	25.0	콩나물	2	33.3
4	건강	16	26.7	배추	4	25.0	양배추	2	33.3
5	초록색	14	23.3	건강	4	25.0	쑥	2	33.3
6	토마토	13	21.7	시금치	3	18.8	상추	2	33.3
7	당근	11	18.3	무	3	18.8	배추	2	33.3
8	신선함	9	15.0	당근	3	18.8	당근	2	33.3
9	시금치	9	15.0	김치	3	18.8			
10	무	9	15.0	요리	2	12.5			
				양배추	2	12.5			
				싱싱하다	2	12.5			
				샐러드	2	12.5			
				초록색	2	12.5			
				고추	2	12.5			
				가지	2	12.5			

　　채소에 대한 연상어는 채소의 하위어에 해당하는 여러 가지 채소가 주를 이루나 한국인과 이주여성이 쌈을 싸먹는 상추를 고빈도어로 연상하는 것에 비해 외국인 유학생은 이를 포함하고 있지 않고 있다. 외국인 유학생과 이주여성이 고빈도 채소로 뽑는 감자의 경우는 한국인의 연상어로 등장하지 않고 있다. 이주여성의 연상어는 모두 채소의 하위어인 반면에 외국인 유학생은 요리, 김치, 싱싱하다, 건강, 초록색과 같이 한국인과 비슷한 연상어를 보인다고 하겠다. 이주여성의 경우는 한국에 와서 처음 쑥을 보았기에 그 신선함으로 인해 인상이 강하게 남은 것도 있지만 연상 실험이 이루어진 시기가 쑥이 나는 시기여서 쑥이 연상어로 제시되었고 콩나물 반찬을 많이 하기 때문에 콩나물

도 연상되었다고 한다.

⑥ 후식

순위	한국인(60)			외국인 유학생(16)			이주여성(6)		
	연상어	응답수	백분율	연상어	응답수	백분율	연상어	응답수	백분율
1	커피	39	65.0	과자	7	43.8	과일	4	66.7
2	아이스크림	34	56.7	아이스크림	4	25.0	커피	3	50.0
3	과일	32	53.3	차	3	18.8	우유	2	33.3
4	케이크	14	23.3	쿠키	2	12.5	아이스크림	2	33.3
5	과자	10	16.7	초콜릿	2	12.5	떡	2	33.3
6	차	7	15.0	수정과	2	12.5	과자	2	33.3
7	주스	7	11.7	배	2	12.5			
8	식혜	7	11.7	다이어트	2	12.5			
9	배부름	7	11.7						
10	와플	6	10.0						
	수정과	6	10.0						
	달콤함	6	10.0						

후식의 경우는 외국인 유학생과 한국인과의 차이가 크다고 하겠다. 커피나 케이크, 과일, 주스 같은 한국인이 선호하는 것이 없고 거의 50%에 해당하는 학생들이 과자를 연상어로 제시하였다. 반면 이주여성의 경우는 일상적으로 요리를 하고 손님을 초대한 경험이 있어 한국인과 비슷하게 연상한 것으로 보인다.

⑦ 비

순위	한국인(60)			외국인 유학생(16)			이주여성(6)		
	연상어	응답수	백분율	연상어	응답수	백분율	연상어	응답수	백분율
1	우산	45	75.0	우산	12	75.0	우산	3	50.0
2	장화	13	21.7	가수	5	31.3	소나기	3	50.0
3	커피	7	11.7	젖다	4	25.0	우비	2	33.3

4	장마	7	11.7	슬프다	3	18.8	봄비	2	33.3
5	우비	7	11.7	눈물	3	18.8	번개	2	33.3
6	비옷	7	11.7	춥다	2	12.5			
7	가수	7	11.7	영화	2	12.5			
8	소나기	6	10.0	습기	2	12.5			
9	부침개	6	10.0	상쾌하다	2	12.5			
10	축축하다	5	8.3	물	2	12.5			
	창문	5	8.3						
	음악	5	8.3						
	우울함	5	8.3						

외국인 유학생의 연상어는 한국인의 연상과 별반 다르지 않지만, 동음이의어에 해당하는 가수 비가 높은 순위를 차지하고 있고 축축하고 우울함을 연상하는 한국인과 대조적으로 상쾌하다는 긍정적인 내포 의미가 발견된다는 차이가 있다. 한국인은 음악을 떠올리는 반면 외국인 유학생의 경우는 영화를 떠올리는 차이도 있다. 외국인 유학생의 경우는 장마나 부침개와 같은 연상어를 떠올리지 않았다.

⑧ 기차

순위	한국인(60)			외국인 유학생(16)			이주여성(6)		
	연상어	응답수	백분율	연상어	응답수	백분율	연상어	응답수	백분율
1	여행	47	78.3	여행	7	43.8	빠르다	2	33.3
2	삶은 계란	17	28.3	빠르다	6	37.5	교통수단	2	33.3
3	KTX	16	26.7	길다	4	25.0			
4	춘천	13	21.7	지하철	3	18.8			
5	길다	8	13.3	버스	3	18.8			
6	추억	7	11.7	편하다	2	12.5			
7	역	6	10.0	티켓	2	12.5			
8	낭만	6	10.0	비행기	2	12.5			
9	풍경	5	8.3	배	2	12.5			
10	설렘	5	8.3						
	바다	5	8.3						
	기찻길	5	8.3						

외국인 유학생의 경우는 교통수단의 하나로서 기차가 지니는 특성, 동위어에 해당하는 비행기, 배, 버스, 지하철과 같은 단어를 연상하는

반면 한국인의 경우는 정서적인 요소인 추억과 낭만, 설렘을 떠올리고 기차에서 먹는 간식을 떠올리는 경향이 있다.

⑨ 집

순위	한국인(60)			외국인 유학생(16)			이주여성(6)		
	연상어	응답수	백분율	연상어	응답수	백분율	연상어	응답수	백분율
1	가족	32	53.3	따뜻하다	7	43.8	아파트	2	33.3
2	휴식	17	28.3	침대	5	31.3	가족사진	2	33.3
3	아파트	13	21.7	가족	5	31.3	가족	2	33.3
4	편안함	12	20.0	부모님	4	25.0			
5	잠	10	16.7	행복하다	2	12.5			
6	따뜻함	10	16.7	요리	2	12.5			
7	텔레비전	8	13.3	열쇠	2	12.5			
8	어머니	7	11.7	어머니	2	12.5			
9	사랑	7	11.7	아버지	2	12.5			
10	밥	6	10.0						

외국인 유학생은 유학 생활을 하기 때문에 고국이 그립고 가족이 그립다보니 가족, 부모님, 아버지, 어머니, 따뜻함과 행복함을 떠올리는 비중이 높다고 하겠다. 외국인 유학생이 침대와 열쇠를 연상하는 것에 비해 한국인은 텔레비전을 떠올리는 차이가 있다. 이주여성의 경우에는 집에 걸려 있는 가족사진이 연상됨을 보였다.

⑩ 돼지

순위	한국인(60)			외국인 유학생(16)			이주여성(6)		
	연상어	응답수	백분율	연상어	응답수	백분율	연상어	응답수	백분율
1	삼겹살	37	61.7	삼겹살	9	56.3	삼겹살	5	83.3
2	구제역	16	26.7	고기	7	43.8	돼지코	2	33.3
3	저금통	14	23.3	뚱뚱하다	4	25.0	꿀꿀	2	33.3
4	고기	12	20.0	더럽다	3	18.8	갈비	2	33.3

5	꼬리	10	16.7	탕수육	2	12.5			
6	복	8	13.3	둔하다	2	12.5			
7	돼지코	8	13.3	동물	2	12.5			
8	소	7	11.7	귀엽다	2	12.5			
9	뚱뚱하다	7	11.7	게으르다	2	12.5			
10	꿀꿀	7	11.7	갈비	2	12.5			

한국인이 저금통이나 복을 떠올리고 돼지코나 꼬리, 돼지 울음소리를 떠올리는 것과 달리 외국인의 경우는 돼지에 대한 정서적 연상인 뚱뚱하다, 둔하다, 귀엽다, 게으르다, 더럽다가 높은 비중을 차지하고 있다. 외국인 유학생은 삼겹살과 탕수육, 갈비와 같이 돼지고기를 이용한 한국 음식을 떠올리기도 한다. 이주여성의 경우는 외국인 유학생보다 한국인의 연상 내용과 비슷한 결과를 보였다.

3.2. 연상을 통한 어휘 확장

앞 절에서 살펴보았듯이 자극어에 의해 촉발되는 연상어들은 언어적 연상뿐만 아니라, 개인적 경험에 의한 연상, 사회·문화적 관습에 의한 연상이 복합적으로 이루어진 결과이다. 본 절에서는 자극어 '빨강'과 '돼지'를 통해 연상을 통한 어휘 확장이 어떻게 이루어질 수 있는지 논의하기로 한다.

3.2.1. 자극어 '빨강'을 통한 어휘 확장

60명의 한국인에게서 자극어 '빨강'에 대한 총 299개의 연상어 중 중복된 것을 제외하고 모두 138가지의 연상어가 제시되었다. 이들 연상어는 자극어에 대해 직접적으로 연상된 것도 있지만 빨강에 대한 연상어에서 다시 연상된 단어들이 있어 빨강에 대한 의미, 속성, 지식과 연관이 먼 것도 있다. 즉 연상이 이루어지는 방향이 자극어로부터 자유롭게 뻗어나가는 발산형인 경우도 있고 5개의 연상어 모두 자극어에 수렴된 경우도 있는 것이다. 가령 빨강에 대해 레드 카펫이 떠오르고 이어서 여배우가 연상되는 경우나 빨간 태양이 연상되고 태양 빛이 쨍쨍 내리쪼이는 것을 연상하는 경우는 자극어 빨강과 여배우, 쨍쨍의 거리는 간접적이게 된다. 이에 비해 색깔, 불, 피, 정열, 정지를 연상어로 제시한 경우는 연상어가 모두 자극어의 의미에 수렴되어 직접적인 연관을 맺는다고 본다. 간접적 연상으로 자극어와 직접 연관이 없는 단어는 이를 연상하게 한 연상어 옆에 각괄호로 처리하여 연상에 의한 의미로 다루지 않기로 한다.

연상이 단어적 의미에서 비롯된 것인지 개인적 경험이나 지식, 사회적 관습이나 문화적 요인에 따른 것인지 명확히 구분된다기보다는 서로 얽혀 있다고 보는 것이 타당하다. 개인적 경험이나 지식이면서 보편적으로 받아들여질 수 있는 사회적인 것도 있고 지극히 개인적인 요소로 의사소통적 의미를 발견하기 어려운 것도 있기 때문이며 본래 단어의 의미가 관습적으로 공인된 사회적 의미를 이미 지니고 있는 셈이기 때문이다. 그럼에도 불구하고 연상어가 지닌 속성 중 연상의 촉발 요소로서 가장 두드러진 요인이라고 판단되는 것에 따라 138개의 연상어를 다음과 같이 분류해보기로 한다.

<표2> 연상어를 통해 본 의미의 확장 - '빨강'의 경우

연상의 유형과 연상어	지시적 의미	내포적 의미
① 단어에 의한 연상 **상위어**: 색깔(4) **동위어**: 파랑(5), 노랑(3), 주황(2), 흰색(1), 　　　　초록(1), 보라(1), 남색(1), 검정(1)		
② 개인적 지식과 경험에 의한 연상 ③ 사회적 관습 및 문화적 요인에 의한 연상 **지시물 자체가 지닌 색채**: 피(19), 헌혈(2), 사과(15), 불(14), 장미(10), 소방차(8), 태양(5)-[쨍쨍(1)], 신호등(4), 하트(3), 입술(3), 딸기(3), 고추(3), 토마토(2), 빨간펜(2), 카네이션(1), 파프리카(1), 진달래(1), 자두(1), 저녁놀(1), 우체통(1), 수박(1), 소화기(1), 선혈(1), 산타(1)-크리스마스(1), 빨간마후라(1), 빨간 당근(1), 불꽃(1), 봉숭아(1), 모닥불(1), 레드카펫(1)-[여배우(1)], 레드카드(1), 딸기주스(1), 동백꽃(1), 당근(1), 단풍(1), 노을(1), 고추장(1), 감(1), 완장(1) **지시물이 지닌 다양한 색채 중의 하나**: 립스틱(10), 우산(4), 옷(4), 자동차(3), 양말(3), 크레파스(2), 손톱(2), 색연필(2), 무지개(2), 꽃(2), 풍차(1), 풍선(1), 장화(1), 의자(1), 우비(1), 외투(1), 신발(1), 스포츠카(1), 스커트(1), 스웨터(1), 숫자(1), 속옷(1), 사탕(1), 볼펜(1), 벙어리장갑(1), 물감(1), 목도리(1), 모자(1), 나뭇잎(1), 매니큐어(2), 마후라(1), 리본(1), 드레스(1), 내의(1), 구두(1) **연상자에 따른 개인적/ 사회적 지식과 경험**: 빨강 머리 앤(4), 여자(3), 중국(2), 스페인(2)-[탱고(1)], sk와이번스(1), 프로필 사진(1), 투우(1), 운동(1), 에너지(1), 시(1), 미리(1), 강(1), 붉은 악마(4), 태극기(3), 월드컵(2), 채점지(1), 쉬는 날(1), 노동자(1), 구세군(1), 공산당(1), 거짓말(1), 17세(1)	**빨간 빛깔이나 물감**[9]	**위험**(4) 경고(1) 휴일(1) **정열**(19), **열정**(7), 격정(1), **강함**(2), 강조(1), 강렬함(1) **사랑**(5) 희생(1) 싸움(1) 죽음(1) **정지**(2) **무서움**(2) 금지(1), 경고(1) 성인(1), 성숙(1) **뜨거움**(2) 따뜻함(1) 화려함(1) 야함(1) 승리(1) 매력(1) 원초적(1) 나체(1) 집중(1)

　자극어 빨강에 대한 사전적 의미는 빨간 빛깔이나 물감이다. 사전적

의미만 가지고는 빨간 빛깔을 모르는 학습자에게 아무런 의미도 알려줄 수 없다. 연상자들이 제시한 연상어를 통해 비록 지시물이 지닌 농도가 다르더라도 빨간 빛깔을 유추해낼 수 있게 된다. 지시물의 색채에 의한 연상어들은 빨간 사과, 립스틱, 우산과 같이 '빨간+명사'의 구조로 나타낼 수 있어 어휘 선택과 결합에 의한 문장 쓰기 훈련으로 확장해 볼 수 있다.10)

나아가 <표2>의 한국인 언어사용자가 빨간 빛깔에 대한 반응으로 제시한 정서적 연상어는 사전에서 제공하지 않는 빨강의 내포적 의미를 알려준다. <표2>에 제시된 빨강의 내포적 의미 중에는 매력, 원초적, 나체, 집중과 같이 개인적 의미를 지니는 것도 있지만 나머지 경우는 사회·문화적으로 용인 가능성이 높아 보인다. 빈도수가 2회 이상인 연상어(정열, 열정, 사랑, 위험, 정지, 무서움, 뜨거움)가 환기하는 내포적 의미를 먼저 교수하는 것도 하나의 방법일 것이다. 빨강이 지닌 내포적 의미를 이해한 학습자는 다음과 같은 문장을 이해하는 데 무리가 없을 것으로 판단된다.11)

> · 휴가 기분에 맞게 가방 색깔도 초록, *빨강* 등 과감한 색을 선택하면 색다른 재미를 줄 수 있다… [중앙일보사, 2002]12)

....

9) 『표준국어대사전』에 제시된 '빨강'의 첫 번째 뜻풀이. 두 번째 뜻풀이는 미술』 기본색의 하나. 노랑, 파랑과 더불어 천연색 사진이나 그림물감 등의 감산 혼합으로 색을 표현할 때 삼원색을 이룬다. 먼셀 표색계에서는 7.5R 4/14에 해당한다고 제시되어 있다. 이는 '빨강'에 대한 미술 분야의 지식에 속하고 백과사전적 정의로 볼 수 있다.

10) '빨간 날, 적자, 새빨간 거짓말, 빨간 줄'과 같은 구나 합성어를 지도할 수 도 있을 것이다.

11) 밑줄은 필자가 그은 것으로 '빨강'의 의미를 알 수 있게 하는 문맥 단서로 볼 수 있다.

12) 인용된 예문들은 국립국어원 누리집의 <주요 어휘 용례>와 <말뭉치 찾기>에

· <u>살상 장면</u>에 입힌 *빨강*을 제외하면 온통 흑백으로 만들었는데, 특별
  한 이유가 있나··· [한겨레신문사, 1999]
· 크리스마스의 세 가지 색깔: *빨강* <u>사랑과 희생</u>, 초록- 희망과 영원
  한 생명··· [좋은생각, 2000]
· 빨간 빛깔에 대한 거의 미신적인 피해의식으로부터 놓여나지 못했
  다. 우리에게 *빨강*은 <u>의식의 한올을 가시처럼 찌르고 잡아당기는 이</u>
  <u>상한 빛깔</u>이었다. 빛깔 속에 가시나···[박완서, 창작과비평사, 2002]

이와 같이 연상을 통한 어휘 학습은 학습자가 한국어를 모국어로 사
용하는 언어 사용자의 의식과 태도를 엿볼 수 있는 기회가 되어 어휘가
지닌 의미를 더 깊이 있게 이해하고 사용할 수 있도록 도울 수 있다.

3.2.2. 자극어 '돼지'를 통한 어휘 확장

60명의 한국인에게서 자극어 '돼지'에 대한 총 301개의 연상어를 수
집하였고 이들 중 중복된 것을 제외하고 모두 135가지의 연상어를 앞
절과 동일한 방식으로 분류한 것을 <표3>으로 제시하기로 한다.

<표3> 연상어를 통해 본 의미의 확장 - '돼지'의 경우

연상의 유형과 연상어	지시적 의미	내포적 의미
① 단어에 의한 연상 **상위어**: 가축(3), 동물(1) **동위어**: 소(7), 닭(2), 노루(1) **관용표현**: 진주(2) -돼지 목에 진주 목걸이	**멧돼 짓과 의 포유 류**13)	몹시 미련하거나 탐욕스러운 몹시 뚱뚱한
② 개인적 지식과 경험에 의한 연상 ③ 사회적 관습 및 문화적 요인에 의한 연상 **먹거리로서의 돼지 고기**:		탐욕(3), 욕심쟁이(1), 욕심(1)

······················
서 찾은 예문들이다.
http://www.korean.go.kr/09_new/dic/example/simplesearch.jsp

삼겹살(37), 고기(12), 족발(4), 비계(4), 갈비(4), 항정살(1), 오돌뼈(1), 앞다리살(1), 내장(1), 껍데기(1) **돼지고기를 넣어 만든 음식이나 그 음식과 함께 먹는 것들:** 김치찌개(2), 감자탕(2), 햄(1), 찌개(1), 주물럭(1), 음식(1), 육수(1), 요리(1), 순대(1), 수육(1), 불고기(1), 보쌈(1), 바비큐(1), 두루치기(1), 돼지갈비(1), 돈가스(1), 국밥(1), [숯불(1), 숯(1), 마늘(1), 고추(1), 상추(2), 쌈(1), 기름장(1), 기름(1)] **돼지의 외양 및 특징:** 꼬리(10), 돼지코(8), 돼지머리(2), 꿀꿀(7), 다산(3), 새끼(2), 돼지우리(3), 냄새(3), 핑크(2), 축사[(1)-좁다(1), 축축함(1)], 집단사육(1), 젖먹다(1), 육식(1), 울음소리(1), 시끄러움(1), 새끼가 많다(1), 새끼 돼지(1), 살처분(1), 사육된다(1), 사료(1), 분홍색(1), 먹성(1), 뒤뚱뒤뚱(1), 돼지농장(1), 도축(1), 정육점(2) **연상자에 따른 개인적/ 사회적 지식과 경험:** 희생(1), 홍수(1), 탄광(1), 저팔계(1), 시골(1), 진흙(1), 웃음(1), 오래오래(1), 삼형제(1), 베이브(만화)(1), [배꼽(1)], 모성애(1), 만화(1), 마을잔치(1), 리본(1), 딸(1), 농촌(1), 나눔(1), 과식(1)[-다이어트(3)-스트레스(1)], [곱슬머리(1)] 구제역(16), 저금통(14), 복(8), 복권(4), 돈(3), 꿈(2), 개업식(2), 회식(1), 황우석(1), 황금돼지(1), 행복(1), 부자(1), 부요함(1), 별명(1), 미련(1), 무균돼지(1), 모슬렘(1), 띠(1), 고사(1), 돼지바(1)	뚱뚱하다(7), 비만(6), 포동포동(2), 뚱보(3), 통통함(1), 지방(1) 더러움(5), 불결(1) 나태(1), 게으름(1) 싫다(1) 풍요로움(2), 풍성함(2), 푸짐함(1), 넉넉함(1) 다복(1) 귀여움(1) 맛있다(2)

13) 『표준국어대사전』에 '돼지'의 뜻풀이는 「1」『동물』멧돼짓과의 포유류. 몸무게
는 200~250kg이며, 다리와 꼬리가 짧고 주둥이가 뾰족하다. 잡식성으로 온순
하며 건강하다. 임신 4개월 만에 8~15마리의 새끼를 낳는다. 멧돼지를 길들여
가축으로 만든 것인데, 중요한 축산 동물의 하나로 모양과 색깔이 다른 여러
품종이 있다. 「2」몹시 미련하거나 탐욕스러운 사람을 비유적으로 이르는 말.
「3」몹시 뚱뚱한 사람을 놀림조로 이르는 말, 「4」『민속』윷놀이에서, '도01'를
달리 이르는 말로 제시되어 있다.

<표3>을 통해 사전에서 제시한 첫 번째 의미 멧돼짓과의 포유류가 어떻게 길러지고 도살되어 먹거리가 되며 한국인들은 돼지고기를 어떤 음식으로 해먹는지에 대해 알 수 있게 된다. 또한 사전이 제공하는 미련함, 탐욕스러움, 뚱뚱함이란 내포적 의미 외에도 불결함, 게으름, 풍성함, 다복과 같은 내포 의미를 발견할 수 있다. 그리고 개업식에서 고사를 지내는 것, 돼지꿈을 꾸고 복권을 사는 일, 황우석 박사가 복제 돼지를 만든 일, 구제역으로 많은 돼지가 매장된 일과 같은 사회 문화적 지식을 알 수 있게 되고 이러한 어휘에 대한 지식은 어휘를 적재적소에 사용하도록 도울 뿐 아니라 관련된 언어 표현들을 이해하도록 도울 수 있게 된다. 따라서 연상을 통한 어휘 확장은 읽기를 위한 배경 지식을 형성할 수 있으며, 쓰기를 위한 사고 생성과 창의적 표현을 구상하는 것에도 연계될 수 있다.

- 우리는 사람답지 못한 사람들을 낮추어 개 같다, *돼지 같다* 하는 표현을 씁니다. 사람이 사람답지 못하면 아무리… [김교빈, 이현구, 동녘, 1993]
- 가난한 것인가. 나는 알 수 없었다. 불행한 인간으로서 살겠느냐, 행복한 *돼지*로서 살겠느냐는 물음은 젊은 철학도의 해석만큼 그리 단순하게 대답할 것이 아니었다.… [윤후명, 문학과지성사, 2001]
- 수구파가 백성들 고혈을 빨아먹은 살찐 *돼지*라면 개화파는 왜놈들 사냥개가 아니냐?…《박경리, 토지》

돼지의 내포적 의미를 학습한 학습자들은 위 예문들을 돼지는 '탐욕적'이거나 정신적 결핍에 무감각하고 현실적인 욕구만 채우는'의 뜻으로 이해하게 될 것이다.

5 나가며

본고는 고급 한국어 학습자가 어휘를 능동적으로 학습하고, 어휘를 확장하며, 사회·문화적인 내용에 자연스럽게 접근하여 어휘에 대한 이해를 깊이 있게 할 수 있는 방법 중의 하나로 연상을 통한 어휘 학습이 있음을 보였다. 연상을 통한 어휘 학습은 언어 사용자가 어휘를 어떠한 방식으로 인지하고 느끼는지에 관심을 가지도록 유도하여 어휘의 함축적 의미와 정서적 의미를 파악해 어휘의 질적 습득을 도모하며 어휘 연결망을 통해 어휘량을 확대할 수 있는 유용한 방법이다.

어휘의 가치, 말맛에 대한 지도는 학습자가 한국어 어휘 의미를 보다 깊이 있게 처리하여 어휘의 의미를 창조적이고 능동적인 방법으로 사용할 수 있도록 도울 수 있다. 나아가 연상을 통한 어휘 학습에서 얻은 사회·문화적 지식은 통역과 번역을 하는 과정에서 한국 사회와 문화를 제대로 반영할 수 있도록 도울 수 있다.

학습자는 연상 과정을 통해 어휘의 의미를 학습한 이후에는 반드시 학습한 어휘 의미를 듣기와 읽기를 통해 이해력을 향상시키고 말하기와 쓰기를 통해 표현력을 향상시키는 과정을 거쳐야 한다. 머릿속 사전에 내재된 어휘 의미는 유동적이고 다층위적이기 때문에 한국어 학습자는 한국인과 의사소통을 하면서 끊임없이 의미를 탐색하고 재구성하려는 노력을 기울여야 하기 때문이다.

본고에서 실시한 연상 실험 결과가 한국인 전체를 대변하기에는 표집 집단이 적고 다양한 구성원을 포함하지 못한 한계가 있다. 연상 실험을 위한 단어의 선정에 있어서도 형용사나 동사, 부사에 따른 품사를 고려하지 못했고, 추상적인 의미를 지닌 단어를 선정하지 못한 것도 아쉬움으로 남는다. 또한 연상 결과에서 수업과 연계할 수 있는 내용을 간추리는 점이나, 연상이 일어나는 방향을 통제하는 점, 고급 학습자가 연상할 수 없는 사회·문화적 지식을 교사가 보완하는 방법과 같이 고급 학습자의 연상 과정을 돕는 후속 논의가 필요할 것이다. 본 연구는 이와 같은 한계가 있지만 단어 연상을 통한 어휘 학습은 고급 학습자로 하여금 한국 사회와, 문화에 대한 지식을 넓히고, 한국어의 말맛에 대한 간접적 경험을 하게하며 연상되는 어휘를 큰 틀로 하여 더 많은 단어를 학습하게 할 수 있는 이점이 있음을 보였다.

참고문헌

김혜란(2000), "단어 연상 실험을 통한 외국어 어휘 학습 연구", 『한국
　　　　　프랑스학논집』 32, 한국프랑스학회, pp.25~46.

박선옥(2008), "한국인과 중국인의 단어 연상의미 조사 분석과 단어 연
　　　　　상을 활용한 어휘 교육 방법", 『한국어 의미학』 25, 한
　　　　　국어의미학회, pp.71~98.

박태진(2004), "한국어 단어의 연상 빈도 및 심상가 조사", 『한국심리
　　　　　학회지』16, 한국심리학회, pp.237~260.

신명선(2008), 『의미, 텍스트, 교육』, 한국문화사.

이찬규(2002a), "단어 연상에 관한 조사 연구1", 『어문연구』30, 한국어
　　　　　문교육연구회, pp.5~33.

이찬규(2002b), "단어 연상에 관한 조사 연구2", 『한국어 의미학』 11,
　　　　　한국어의미학회, pp.49~78.

임지룡(1997), 『인지의미론』, 탑출판사.

조명한(1969), "연상적 의미와 우리말 연상사전의 작성", 『언론정보연
　　　　　구』6, 서울대학교 언론정보연구소, pp.49~63.

한영균(2001), "한국어 학습자 사전 개발을 위한 어휘 계량적 접근", 『
　　　　　울산어문논집』 15, pp.65~94.

한영균(2002), "어휘 기술을 위한 연어정보의 추출 및 활용과 관련된
　　　　　몇 가지 문제", 『국어학』39, 국어학회, pp.137~173.

Leech, G. N.(1974), Semantics, Harmondsworth: Penguin.

Sebastian Löbner(2002), Understanding Semantics, The Oxford
　　　　　University Press., 임지룡·김동환 옮김(2010), 『의미론
　　　　　의 이해』, 한국문화사.

제 **4** 장
한국어 문장론 연구

제4장 한국어 문장론 연구

한국어 피동, 사동 오류 분석 및 교육 방안 연구

중국인 학습자를 위한 한국어 어순 교육 방안 연구

한국어 피동, 사동 오류 분석 및 교육 방안 연구

1 서론

　피동 및 사동의 의미를 나타내는 문법 및 표현은 언어 보편성을 띠기 때문에 어느 언어에서나 존재할 것이다. 따라서 한국어를 배우는 외국인 학습자들도 피동 및 사동 표현을 배울 때 그 기본적인 개념에 대해서는 어느 정도 쉽게 인지하는 것으로 알려져 있다. 하지만 언어권마다 피동문이나 사동문이 만들어내는 의미나 문법적 기능이 일치하지 않기 때문에 실제 교육 현장에서는 학습자들이 피동, 사동 표현에서 많은 오류를 범하는 것을 발견할 수 있다.

　현재 한국어 교육에서 피동법은 형태적으로 피동 접미사를 타동사 어근에 결합시키고, 통사적으로는 능동문의 주어와 목적어에 결합되어 있던 조사를 교체함으로써 기능과 의미가 바뀐다는 것에 중점을 두어 교육하고 있다. 대부분 대학 기관의 교재를 살펴보면 중급 단계에서 접미사에 의한 피동과 부사형 어미 '-어'에 보조 동사 '-지다'가 결합해 이루어지는 '-어지다' 피동을 위주로 학습하고 있다. 사동의 경우도 동사의 어간에 사동 접미사를 결합시키는 형태적인 측면과 간접적인 사동 표현인 '-게 하다'와의 의미 차이 정도로 내용이 한정되어 있다. 중급 수준에서 이와 같은 형식의 피·사동 표현을 학습한 후에는 특별히 피·사동에 대한 단원이 발전적으로 구성되지 않기 때문에 피·사동 표현은 어휘 수준의 학습으로 그치고, 교육 범위에 포함되지 않는 통사적 특성이나 의미 기능에 대해서는 학습자들이 체계적으로 배우기가 어려운 실정이다.

따라서 본 연구에서는 한국어를 배우는 외국인 학습자들의 작문 자료를 수집하여 피동과 사동 표현에서의 오류의 유형 및 원인을 분석하고 이를 토대로 효과적인 교수방안을 제시해 보고자 한다. [1]

2 학습자 오류 분석

본 연구에서 오류 분석의 연구 대상은 인하대학교 한국어 과정 3급 학생 22명의 작문 자료로 3급 기말 고사 쓰기 영역에서 수집된 것이다. 작문의 주제는 '3급을 마치며'이며 한 학기동안 가장 재미있었던

---

1) 김상수, 송향근 "한국어 교육의 오류분석 연구 동향 분석" (2006:4)에서 '오류' 는 학습자들이 목표어를 배우는 과정에서 일으키는 당연한 현상으로 간주되고 있으며, 오류분석은 이러한 현상을 학습자가 생산해낸 자료를 중심으로 기록, 분석하여 제시하고 있어 이를 바탕으로 한국어 교육에서의 좀 더 효과적인 교수방안을 제시할 수 있다고 하였다. 본 연구의 초점은 한국어 교육에서의 피동, 사동 교육 방안에 관한 것이므로 오류 분석에 관한 이론적 논의는 제외하였다.

일, 가장 후회되는 일, 앞으로의 계획 등을 쓰도록 했다. 길이는 총 400자에서 600자로 제한했으며 3급에서 배운 문법을 제시해 준 후 7개 이상 골라서 쓰도록 하였는데 총 22명의 피 실험자 중 5명만이 피동, 사동 표현을 시도하였다. 이는 3급에서 총 두 시간이라는 짧은 시간을 통해 피동과 사동을 학습하였기 때문에 자유자재로 문장을 만들기까지는 아직 연습이 부족한 것으로 판단된다. 본 연구에서는 학습자들이 만든 피동, 사동 문장 중 오류가 있는 문장을 위주로 오류 유형과 시사점을 분석해 보았다.

<표1: 국가별 실험 총 참여자>

국적	중국	캄보디아	러시아	컬럼비아	베트남	합계
학생 수	15	2	3	1	1	22

<표2: 피동, 사동 표현을 시도한 학습자>

국적	중국	캄보디아	러시아	합계
학생 수	3	1	1	5

2.1. 오류의 유형

위와 같이 피동과 사동 표현을 시도한 학습자는 전체 22명 중에서 약 20%에 불과한 5명이었다. 이들이 만들어낸 피동 및 사동 문장은 총 13개였으며 그 중 4개만 문법에 맞게 쓴 문장이었고, 나머지 9개는 비문이었다. 다음은 비문을 생성한 학습자들의 오류를 유형별로 분석한 것이다.

1) 피동 문장에서의 오류

가. *시간에 따라서 주위의 일도 많이 <u>바꾼</u> 편이에요. (중국 학생1)
    => 바뀐
나. *다음 학기에 선생님하고 친구들이 안 <u>바꿔면</u> 좋겠어요. (중국 학생1)
    => 바뀌면
다. *우리는 우리나라 불고기를 만들어 가지고 <u>팔렸는데</u> 잘 팔렸어요.
    (캄보디아 학생)
    => 팔았는데
라. *교실 문이 <u>동창에게</u> 열렸을 때 전에 본 적이 있었어요. (중국 학생3)
    => (동창에 의해)

중국 학생1은 피동사 '바뀌다'를 몰라서 피동문인데도 불구하고 능동사 '바꾸다'를 계속 사용하는 오류를 범했다. 하지만 세 번째 예에서와 같이 캄보디아 학생은 '팔리다'라는 피동사를 알고 있으면서도 능동문에서까지 피동사를 과잉 사용하는 오류를 범했다. '불고기를 만들어 가지고 팔렸는데'의 동작주는 '우리'이므로 '팔렸는데'가 아니라 '팔았는데'로 고쳐 써야 한다. 이와 같이 외국인 학습자들은 피동사 자체를 몰라서 비문을 만드는 경우도 있고, 통사 구조를 파악하지 못하고 능동문과 피동문을 구분하지 못해서 비문을 만드는 경우도 볼 수 있다. 또한 중국 학생3의 오류는 피동문에 대응하는 능동문이 반드시 존재한다는 전제에서 비롯된 것으로 보인다. 문이 누구에 의해서 열린 것인지에 대한 표현은 인간이 인지할 수는 있으나 실제 발화에서는 의미를 지니지 않기 때문에 행동주가 문장에 나타나지 않는 것이 더 자연스럽다.[2]

---

2) 이수미(2009) 참조.

2) 사동 문장에서의 오류

> 가. *3급이 어렵기는 하지만 재미있어서 우리들에게 깊은 기억을 <u>남았어요</u>.
>   (중국 학생1)
>   => 남겼어요.
> 나. *일기를 통해서 <u>쓰기 점수가</u> 점점 높였어요. (중국 학생2)
>   => 쓰기 점수를
> 다. *자기 한국어의 <u>실력이</u> 2급보다 더 올렸습니다. (중국 학생3)
>   => 실력을
> 라. *너무 아쉽기는 하지만 3급 공부했을 때 많이 <u>아름다운 추억이</u> 머리
>   속에 남겼습니다. (중국 학생3)
>   => 아름다운 추억을
> 마. *나라에 따라서 정통 옷을 <u>입어</u> 보여 주었습니다. (러시아 학생)
>   => 입은 모습을

위의 학습자 오류를 통해서도 알 수 있듯이 사동문에서 학습자들이 많이 틀리는 것은 개별의 어휘로서의 사동사 자체라기보다는 그것과 어울려 쓰이는 조사이다. 사동사 자체를 몰라서 주동문으로 쓴 경우는 중국인 학습자1의 경우로 한 문장만 있었다. 이 학생은 '우리들에게 깊은 기억을'까지 쓴 것으로 보아 사동문의 형식 및 구조를 충분히 알고 있음에도 불구하고 정작 사동사 '남기다'를 몰라서 비문을 생성한 것으로 판단된다. 또한 자동사가 사동사로 바뀐 것인지 타동사가 사동사로 바뀐 것인지에 따라 조사의 사용이 달라지는데 중국 학생1은 사동문의 논항 구조를 잘 알고 있는 것으로 보인다. 하지만 중국 학생 2와 3은 사동문의 논항 구조를 인지하지 못해서 발생한 오류로 파악된다. 또한 피동 형태와 사동 형태가 동일한 경우도 있는데 문맥에 따라 피동문인지, 사동문인지 구분할 수 있다.[3) 그 예로 '보이다, 들리다, 안기다, 읽히다, 잡히다, 업히다' 등을 들 수 있다. '보이다, 들리다'와 같이 사동과 피동의 형태가 같은 경우거나 혹은 같지 않은

---

3) 백봉자(2001: 439-440) 참조.

경우에라도 사동형태를 분명하게 드러나게 하고 싶을 때는 '보이다 - 보여주다, 씻다 - 씻겨주다, 들리다 - 들려주다, 먹다 - 먹여주다'와 같이 보조 동사 '-어 주다'를 덧붙여서 쓴다. 위의 학습자 오류 중에서 러시아 학생의 문장이 바로 그 예이다. '보여주다'가 사동 의미를 드러내므로 목적어가 없는 것이 어색하다. 그래서 이 문장은 '나라에 따라서 정통 옷을 입은 모습을 보여 주었습니다.'와 같이 수정하였다.

 3 한국어 피동·사동 표현의 특징

3.1. 한국어 피동 표현

1) 한국어 피동문의 특징

이수미(2009)에 의하면 피동 표현은 능동 표현에서 출발한 수동적 특성에 초점을 맞추어 교육하는 경향이 있으나 이러한 관점보다는 동작의 완료로써 존재하는 결과론적 특성에 초점을 맞추어 교육하는 것이 더 효과적이라 말하고 있다. 실제로 피동문은 동작의 주체보다는 일의 결과에 초점이 맞춰져 있을 때에 많이 사용되며 특히 뉴스 등에서 주체를 의도적으로 덜 중요하게 취급할 때 사용되는 경향이 있다. 예를 들어 '경찰이 대도 김xx를 잡았다.' 와 같은 문장을 살펴보면 도둑을 잡은 것은 당연히 경찰일 테니까 굳이 '경찰'이라는 주어를 앞에 명시한 능동문장을 만들 필요는 없을 것이다. 대신에 대도 김xx에 초점을 맞추어 그가 과연 잡혔는지 안 잡혔는지를 중요하게 부각하여 '대도 김xx가 (경찰에게) 잡혔다.'라는 피동문장을 만들어내는 것이다. 이 경우 '경찰'이라는 행동의 주체는 피동문의 주어보다 중요하지 않으므로 종종 생략되기도 한다.

한국어 피동문을 만들 때 단순히 능동사에 대응되는 피동사를 알고 있다고 해서 완벽한 문장을 만들 수 있는 것은 아니다. 한국어 피동문은 통사, 형태적으로 규칙성을 가진 문법 범주로 보기 어렵기 때문에, 피동문 생성시 동사의 의미를 중심으로 교육하는 것이 효과적이다. 또한 행동의 주체가 사람인지 동물인지 혹은 사물인지에 따라 동작주를 표시하는 방법이 다양하기 때문에[4] 학습자들이 어떤 조사를 사용해야 하는지 매우 혼란스러워 한다. 또한 '밭이 잘 갈린다'와 같이 자연히 이루어진 일을 뜻하는 '파생적 피동'이 있는가하면, '밭이 잘 갈아진다'와 같이 인위적인 행위가 가해졌다는 의미가 들어간 '통사적 피동'의 구분도 존재한다.[5]

2) 한국어 피동문 만들기

아래는 한국어를 배우는 외국인 학습자에게 피동문을 만드는 방법을 제시할 때 이해하기 쉽도록 능동문의 동작주와 목적어가 무엇이냐에 따라 각각 피동문을 만드는 방법을 나눈 것이다.

① 동작주가 사람이고, 목적어가 사람이나 인체의 일부일 때

문형: N+이/가 N에게/에 의해서 V(피동사)
    가. 아기가 엄마에게 안겼어요.
    나. 존슨 씨 발이 모르는 사람에게 밟혔어요.

---

4) 박덕유(2009: 328)에 의하면 능동문의 주어가 피동문에서는 부사어로 바뀌는데, 유정명사에는 '-에게', 무정명사에는 '-에', 그리고 대체로 '-에 의해서'가 사용된다고 하였다.
5) 박덕유(2009: 327) 참조.

> 다. 영이의 손이 철수한테 잡혀요.
> 라. 도둑이 경찰에 의해서 잡힐 것 같아요.

② 동작주가 사람이고, 목적어가 사물일 때

> **문형**: N+이/가 N에 의해서 V(피동사)
> 가. 훈민정음은 세종에 의해 쓰였습니다.
> 나. 문이 선생님에 의해 열린다.
> 다. * 문이 선생님에게 열린다.

③ 동작주가 동물일 때

> **문형**: N+이/가 N에게 V(피동사)
> 가. 쥐가 고양이에게 먹혀요.
> 나. 내가 개한테 물렸어요.
> 다. * 내가 개에 의해서 물렸어요.

④ 동작주가 사물일 때

> **문형**: N+이/가 N에/에 의해서 V(피동사)
> 가. 나무가 태풍에 의해서 꺾였어요.
> 나. 창문이 바람에 닫히다.

⑤ 동작주를 특별히 명시할 수 없을 때

> **문형**: N+이/가 V(피동사)
> 가. 날씨가 풀렸다.
> 나. 남산 위에서 서울 시내가 다 보입니다.
> 다. 새로 나온 물건이 많이 팔립니다.
> 라. 밖에서 무슨 소리가 들리는 것 같아요.
> 마. 꽃병이 탁자 위에 놓여 있습니다.
> 바. 벽에 동양화가 걸려 있다.

⑥ 통사적 피동문

> **문형: N+이/가 V+아/어지다(피동사)**
> 가. 접시가 (동생에 의해서) 깨지다.
> 나. 케이크가 (나에 의해서) 만들어지다.
> 다. 에어컨이 켜지다.

피동접미사를 사용한 피동문은 자연히 이루어진 일을 뜻하는 반면에 '-아/어지다'의 연결에 의한 통사적 피동문은 자연히 이루어진 일 외에도 인위적인 행위가 가해졌다는 면에서 차이가 있다.

3.2. 한국어 사동 표현

1) 한국어 사동문의 특징

사동은 피동에서 사용되었던 '이, 히, 리, 기' 뿐만 아니라 '우, 구, 추' 등의 파생접사를 사용하여 파생을 이루는 점에서는 공통적이지만 사동과 피동은 하임과 입음이라는 상반 작용의 의미를 이루고 있다.[6] 사동은 스스로 주동해서 한 것이 아니라 남에 의해서 시킴을 받았다는 의미를 더 드러내야 할 때 사용하는 표현이다. 예를 들어 돌도 안 지난 아이가 혼자 우유를 들고 마시는 모습은 상상할 수 없을 것이다. 따라서 '아이가 우유를 마신다.'라는 문장을 만들었을 때 실제 상황을 완벽하게 반영했다고는 볼 수 없다. 아이에게 우유를 먹게 한 또 다른 동작의 주체가 있을 테고 이는 '엄마가 아이에게 우유를 먹인다.'와 같은 사동 문장으로 표현할 수 있다. 사동법은 주동에 비해 사동주인 논항이 하나 더 부여되어, 타동이나 이중 타동의 문장 구성을 이룬다. 따라서 한국어 사동문을 만들 때도 개별의 사동사에만 초점

---

6) 김기혁(2008) 참조.

을 맞출 것이 아니라 통사적인 특징에 중점을 두어 교육하여야 할 것
이다.

2) 한국어 사동문 만들기

한국어 사동문은 피동문에 비해 만들기가 용이하지만 직접 목적어
하나만 필요로 하는 경우도 있고, 직접 목적어와 간접 목적어가 모두
필요로 하는 경우도 있기 때문에[7] 이 부분을 유의해야 오류를 피할
수 있다. 따라서 외국인 학습자에게 사동문을 만드는 방법을 제시할
때도 주동문에 목적어가 있는지 여부에 따라 구분하여 가르치는 것이
효과적일 것이다.

① 목적어가 하나만 있는 경우

> **문형**: N+**이/가** N**을/를** V(**사동사**)
> 가. 친구가 저를 웃겨요.
> 나. 아이가 종이비행기를 날려요.
> 다. 나쁜 친구들이 불쌍한 아이를 놀려요.
> 라. 모기를 보면 살리지 말고 죽여야 돼요.
> 마. 아침마다 알람시계가 저를 깨웁니다.

② 직접 목적어, 간접 목적어가 있고, 간접 목적어가 사람이어서 조
사 '-에게'를 쓰는 경우

> **문형**: N+**이/가** N+**에게** N+**을/를** V(**사동사**)
> 가. 저는 팔을 다친 친구에게 옷을 입혔습니다.
> 나. 어머니가 아기에게 우유를 먹여요.
> 다. 아빠가 아이에게 신발을 신겼어요.
> 라. 선생님께서 학생들에게 책을 읽히세요.

---

7) 백봉자(2001 : 438-439)에서 제시한 구분 방법을 따랐다.

> 마. 간호사가 환자에게 주사를 맞혀요.

③ 직접 목적어, 사물을 가리키는 간접 목적어가 있는 경우

> **문형: N+이/가 N을/를 N+에/로 V**
> 가. (저는) 친척집에서 살다가 (거처를) 기숙사로 옮겼어요.
> 나. (당신이) 이 양복을 세탁소에 맡겨 주세요.
> 다. 아내는 남편이 선물을 어디에 숨겨 놓았는지 몰랐어요.
> 라. 그는 편지를 모두 불에 태워 버렸다.

④ 형용사 사동문[8]

> **문형: N+이/가 N을/를 V**
> 가. 사람들이 길을 넓히다.
> 나. 조명탄이 사방을 밝히다
> 다. 정부에서 공공요금을 낮췄어요.

⑤ 통사적 사동문

> **문형: V+게 하다**
> 가. 선생님께서 학생들이 집에 가게 하셨어요.
> 나. 버스에서 어린 아이를 의자에 앉게 했어요.
> 다. 선생님께서 학생들을 교실에 있게 하셨다.
> 라. 언니가 아이에게 과일을 먹게 하다.

　사동접미사를 사용한 사동문은 직접적인 사동의 의미가 있는 반면에 '-게 하다'의 연결에 의한 통사적 사동문은 주어가 다른 사람에게 스스로, 혼자 행동하게 시키는 것이므로 간접적인 사동의 의미가 있다는 면에서 차이가 있다.

---

8) 박덕유(2009: 332~333)에 의하면 형용사가 사동사로 바뀔 때에도 (넓다→넓히다, 밝다→밝히다, 낮다→낮추다) 새로운 동작주가 도입되고, 동작주의 주어가 목적어로 바뀌는 것으로 나타나 있다.

3.3 한국어 피동, 사동 교육 방안

1) 피동문·사동문 내에서의 조사결합 교육

피동과 사동에 해당하는 접사별 어휘 목록을 제시하는 차원에서 더 나아가 3장에서 제시한 바와 같이 통사적 구성에 대한 교육이 이루어져야 한다. 하지만 접사와 동사의 명확한 결합 규칙이 없기 때문에 그 연결고리를 밝혀 쉽게 설명할 수 있다면 학습자들의 오류를 많이 줄일 수 있을 것이다.[9] 기계적으로 문장을 변형하는 연습은 교육적으로 크게 장려되는 것은 아니지만 외국인 학습자들은 조사 사용에 오류가 가장 많이 나타나므로 이에 대한 교육은 간과할 수 없다고 생각한다.

2) 관용어 교육

접미 피동사나 접미 사동사는 본래 의미에서 관용어화하여 의미가 바뀐 경우를 많이 보게 된다. 한국어 교육 시에도 이러한 관용어에 대한 교수가 이루어져야 좀 더 실제적이고 다양한 표현이 가능할 것이다.

> ① 접미 피동사에 의한 관용어
> 가. 기가 막혀서 말도 안 나온다.
> 나. 아이가 눈에 밟혀 떠날 수가 없다.
> 다. 농번기에는 일손이 달린다.
> 라. 걱정이 많아서 일이 손에 안 잡힌다.

---

9) 최해주(2007) 참조.

② 접미 사동사에 의한 관용어

  가. 경미는 시집가라는 말에 낯을 <u>붉혔다.</u>

  나. 애인이 <u>바람을 피우니</u> 속이 썩었다.

  다. 어머니가 옷에 <u>풀을 먹인다.</u>

  라. 전쟁에 나간 아들 소식이 끊겨 어머니의 <u>애를 태웠다.</u>

  마. 잘못을 인정하기는커녕 더 <u>화를 돋우고</u> 있네.

  바. 거짓말이 계속되자 가족들도 <u>마음을 돌렸다.</u>

  사. 개업한 지 한 달 째 <u>파리만 날리고</u> 있다.

3) 통사적 결합에 의한 교육

  '-게 되다'나 '-게 하다'와 같은 통사적 결합에 의한 표현을 한국어 교육의 항목으로 넣어야 하는지에 대한 논의가 있다. 박덕유(2006)에 의하면 '되다'는 선행어를 피동 동사 형태로 바꾸는 문법요소라기보다는 피동성 의미를 가진 낱말 범주이며, '-게 되다'는 피동문을 만드는 형태로 보기 어렵다고 하였다.

  가. 경찰이 도둑을 잡았다.

  나. 도둑이 경찰에게 잡히었다.

  다. 경찰이 도둑을 잡게 되었다.

  라. 도둑이 경찰에게 잡히게 되었다.

  위의 예문에서 (다)는 (가)와 형태가 같은 능동형이고 '-게 되다'를 피동형으로 만들고 싶으면 (라)와 같이 파생적 피동접사 '히'와의 결합으로 이루어진다는 것이다. 필자도 접미 피동사 이외의 형태를 문법적 피동문으로 인정하느냐의 문제에 대해 회의적으로 생각하는 바이나 문법적으로 인정하지 않는다 해도 한국어 교육에서는 '-게 되다'가 통사적 피동 표현으로서의 의미적인 역할이 분명히 있기 때문에 이에 대한 교육도 함께 이루어져야 한다고 본다. 예를 들어 '놀라다'는 자체가 피동의 의미를 갖고 있으므로 별도로 피동 접미사가 붙지 않기 때문에 피동 표현으로 쓰고 싶을 때는 '놀라게 되었다'와 같이 '-게 되다'와 같이 표현한다. 어떤 문법 항목을 연구 범위에 포함시키는 것과 교육 대상에 포함시키는 것의 문제는 별개의 것이기 때문에 한국인 화자들이 많이 발화하는 것이라면 교육 대상에 포함시켜 외국인 학습자들도 다양한 표현을 익힐 수 있도록 배려해야 할 것이다.

4) 상황, 의미 중심의 교육

지금까지 한국어 피동, 사동 표현에 대한 교육은 대부분 피동 혹은 사동 접미사를 익힌 후 상황을 제시하지 않은 상태에서 기계적으로 동사 바꾸기나 문장 변형 연습 정도에 그치는 경우가 대부분이었다. 좀 더 실제적이고 효과적인 교육이 이루어지려면 상황을 고려한 담화나 텍스트가 주어져야 하며 이를 통해 학습자들은 실제 의사소통 상황으로 인식하여 자연스럽게 익힐 수 있는 장점이 있다. 김청자(2003)에 의하면 한국어 피동의 경우 대부분 행동의 결과나 과정성, 피해성 등의 여러 의미적 특성을 나타내므로 그러한 상황을 설정해서 텍스트를 구성한 다음, 의미에 맞는 여러 형태들이 자연스럽게 쓰이도록 구성해야 할 것이라 말하고 있다.

다음은 피동, 사동 활용 단계에서 상황과 의미를 고려한 활동 항목의 예로 첫 번째는 자유 주제 작문이고 두 번째는 동영상 보고 내용 요약하기 활동이다.

① 자유 주제 작문

학생들에게 과제를 내줄 때 문법이나 어휘를 가지고 개별의 문장

을 만들게 하는 것은 생산적이지 못할 경우가 많다. 따라서 어느 정
도 의사 표현이 가능한 3급 학생들에게 피동/사동을 가르친 후 과제
로 '피동/사동' 표현을 7개 이상 사용해서 자유 주제로 작문을 시켜
보았다. 각각의 문장은 모여서 하나의 완성된 이야기가 되어야 함을
전제하였다. 다음은 학습자들이 제출한 작문 중에서 글의 흐름이 비
교적 자연스럽게 잘 된 글을 고른 것이다.

<학생1>

> 어제 잠을 잘 때 갑자기 <u>문이 열렸다</u>. 개 한 마리가 들어왔다. <u>내 손이</u>
> <u>개에게 물렸다</u>. 남자 친구에게 전화했다. 갑자기 <u>전화가 끊겼다</u>. 마침 이 때
> 엄마가 집에 들어오셨다. <u>엄마가 나에게 약을 먹였다</u>. 먹었지만 안 나았다.
> 그래서 <u>엄마는 나에게 옷을 입히고</u> 병원으로 데려갔다. <u>의사가 나에게</u>
> <u>주사를 맞혔다</u>. 주사를 맞은 후에 바로 나았다. 집에 와서 <u>그 개를 죽이고</u>
> <u>끓였다</u>.

<학생2>

> 갑자기 <u>문이 열렸어요</u>. <u>귀신이 보였어요</u>. <u>귀신이 저를 죽이다가 다시</u>
> <u>살렸어요</u>. 그리고 <u>귀신이 저에게 어떤 약을 먹여서</u> <u>저를 땅에 눕혔어요</u>.
> <u>귀신이 저를 울리고 싶어했는데</u> 저는 경찰에게 전화해서 <u>귀신이 잡혔어요</u>.

② 내용 요약하기

한국어 교육에서 실제적인 의사소통 능력이 강조되면서 각종 멀티
미디어 자료를 활용한 수업이 활발하게 진행되고 있다. 특히 영화나
드라마는 시대적인 상황과 함께 살아있는 한국어를 접할 수 있게 해
준다는 점에서 교육적인 의의가 있다. 또한 화면에 나오는 한국인들
의 얼굴 표정이나 말투, 시선, 태도 등에서 비언어적인 의사소통에 대
한 정보를 얻을 수 있으며 자연스럽게 한국의 문화를 이해할 수 있게
해 준다. 본 연구에서는 피동, 사동을 배운 학습자들이 교재에 나온

내용만으로 이해하고 넘어갈 것이 아니라 드라마 동영상[10]을 본 후 배운 문법을 사용하여 줄거리 요약하기, 드라마에 나온 각 상황별로 피동, 사동 문장을 만들어 보기 등의 활동을 제안해 보았다.

※ 줄거리 요약하기
■ 드라마의 줄거리는 무엇입니까? 보기의 어휘와 문법을 순서대로 사용하여 이야기해 보세요[11]

```
<보 기>
① 묻다      => 사동          ⑥ 결혼하다 => AV + -자고 하다
② 맞다      => 사동          ⑦ 기다리다 => V + -다고 하다
③ 화가 나다 => 하도 V + -아/어/해서 ⑧ 보다     => AV + -자마자
④ 벗다      => 사동          ⑨ 뺏다     => 피동
⑤ 울다      => 사동          ⑩ 선물하다 => V + 더
```

---

10) 본 연구에서는 MBC TV에서 방영했던 '논스탑'이란 청춘 시트콤을 활용하여 수업용 부교재를 만들어 보았다. 시트콤은 일반 드라마와는 달리 한 회마다 바로 결론이 나기 때문에 내용 전개가 빠르고 전체 상황을 이해하기도 비교적 쉽다. 또한 학습자들과 비슷한 상황에 처해 있는 대학생이나 젊은 직장인들의 이야기가 주를 이루므로 내용적인 면에서도 공감을 얻을 수 있다는 장점이 있다.
11) 본 실험은 3급 학습자를 대상으로 하였으므로 배운 내용을 제대로 활용할 수 있는지 확인하기 위해 피동, 사동 외에 다른 3급 목표 문법들도 몇 가지 함께 질문하였다.

꼬마 영찬은 혜선을 좋아하는데 혜선이 승기를 더 좋아하는 것 같아
질투한다. 그래서 영찬은 승기의 얼굴에 케첩을 _____ 야구공으로
눈까지 _____. 승기는 _____ 몰래 영찬의 바지를
_____ 영찬을 _____.
......
영찬과 혜선의 첫데이트날, 영찬은 혜선에게 꽃과 머리핀을 선물하고
즐거운 시간을 보낸다. 영찬은 혜선에게 _____ 이야기하고 혜선은
10년 동안 _____ 한다. 하지만 예쁜 꼬마 아가씨를
_____ 영찬은 마음을 _____, _____
머리핀을 다시 여자아이에게 주면서 데이트 신청을 한다.

(정답)

꼬마 영찬은 혜선을 좋아하는데 혜선이 승기를 더 좋아하는 것 같아
질투한다. 그래서 영찬은 승기의 얼굴에 케첩을 __묻히고__ 야구공으로
눈까지 __맞힌다__. 승기는 ___하도 화가 나서___ 몰래 영찬의 바지를
__벗기고__ 영찬을 __울린다__.
......
영찬과 혜선의 첫데이트날, 영찬은 혜선에게 꽃과 머리핀을 선물하고
즐거운 시간을 보낸다. 영찬은 혜선에게 __결혼하자고__ 이야기하고 혜선은
10년 동안 _____기다려 주겠다고_____ 한다. 하지만 예쁜 꼬마 아가씨를
__보자마자__ 영찬은 마음을 __빼앗기고__, ___혜선에게 선물했던___
머리핀을 다시 여자아이에게 주면서 데이트 신청을 한다.

※ 피동문, 사동문 형태 확인하기

■ 아래 사진의 상황을 보고 '피동문' 혹은 '사동문'을 만드십시오.

①

(케첩이) 묻다 => (케첩을) 묻히다
"꼬마가 승기 얼굴에 케첩을 묻혔어요."

②

(공에) 맞다 => 맞히다
"꼬마가 승기의 눈을 맞혔어요."

③

(바지를) 벗다 =>벗기다
"승기가 꼬마의 바지를 벗겼어요."

④
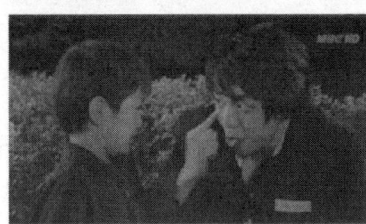

(꼬마가) 울다 => 울리다
"승기가 꼬마를 울렸어요."

⑤

(여자를) 업다 => 업히다
"여자가 남자에게 업혔어요."

⑥

(마음을) 빼앗다 => 빼앗기다
"그녀에게 내 마음을 빼앗겼어요."

4 결론

비록 많은 언어에 피동, 사동 표현이 사용되기는 하지만 한국어의 피동, 사동 표현은 형태적 다양성이나 문장을 구성할 때의 복잡함 때문에 실제 한국어 교육 현장에서는 상당히 많은 학습자 오류가 발견된다. 특히 피동 교육 시에 단순히 능동문을 피동문으로 바꾸는 것에만 중점을 둘 경우 학습자들로 하여금 한국인들은 발화하지 않는 어색한 문장을 생성하게 하는 경우가 많으므로 결과에 초점을 맞추어 문장을 볼 수 있도록 교육하는 것이 필요하다.

본 연구에서는 피동, 사동의 제시 체계를 명확하고 단순하게 구분하여 외국인 학습자의 이해를 돕고 학습의 효율성 또한 높일 것을 제안하였다. 외국인이기 때문에 오류가 많이 발생하는 조사결합에 대한 교육 및 실제 활용도 면에서 접미 피동사나 접미 사동사가 들어간 관용어 교육도 이루어져야 함을 언급했다. 또한 현재 시중에 나와 있는 대부분의 한국어 교재에서는 피동과 사동 표현을 단순히 어휘로 제시하는 데 그쳐 한국어 학습자들이 문장이나 텍스트 내에서 올바르게 쓰는 연습이 부족했다는 데 기인하여 '하나의 주제를 가진 긴 글 쓰기', '드라마를 보고 줄거리 요약하기', '사진 보고 상황에 맞는 문장 만들기' 등 실제적인 상황 속에서 피동, 사동 표현을 연습해 보는 활동을 제안하였다.

이처럼 앞으로 외국인 학습자들이 보다 쉽게 이해하고 많이 연습해 볼 수 있는 다양한 형태의 한국어 교육 자료가 개발되기를 기대한다.

마지막으로 본 연구에서 오류를 분석하는 대상자의 수가 너무 적어서 언어권별, 등급별 오류 유형의 구분이라든가 모국어와의 대조 분석 등에 대한 연구가 불충분했다는 점이 아쉬운 점으로 남으며 향후 충분한 자료를 바탕으로 학습자들이 범한 오류에 대해 더 발전된 연구가 이루어지기를 기대해 본다.

참고문헌

김기혁(2008), "국어국문학 : 한국어 문법 범주와 언어 유형론", 『인문학연구』 Vol.13, 경희대학교 인문학연구소.

김윤신(2006), "사동, 피동 동형동사의 논항교체 양상과 의미해석", 『한국어 의미학』 Vol. 21, 한국어의미학회.

김정남(2009), "'-게 되다'의 의미와 분포 -한국어 교육 자료 개발을 위한 기초 연구의 일환으로", 『한국어 의미학』 Vol. 30, 한국어의미학회.

김청자(2003), "한국어 피동 표현의 특성과 교수법 개발에 대하여", 국제한국어교육학회 제13차 국제학술대회 발표자료집, 국제한국어교육학회.

김형복, 김문기(2011), "한국어 문법 '-게 하다'와 '-도록 하다'의 교수・학습 방안 연구", 『우리말연구』 29집, 우리말학회.

강현화(2003), "스페인어권 한국어 학습자의 어미, 조사 및 시상, 사동 범주의 오류 분석", 『한국어 교육』 Vol.14, No.2, 국제한국어교육학회.

김상수, 송향근(2006), "한국어 교육의 오류분석 연구 동향 분석", 『이중언어학』 Vol.31, 이중언어학회.

박덕유(2009), 『학교문법론의 이해』, 도서출판 역락.

백봉자(2001), "외국어로서의 한국어 교육문법 -피동/사동을 중심으로", 『한국어 교육』, 국제한국어교육학회.

송홍규(2010), "파생적 피동문의 유형과 접사의 기능 분석", 『우리어문연구』 37집, 우리어문학회.

신혜원, 김은아, 김은영(2006), "TV 드라마를 활용한 한국어 교육 자료 개발의 실제 -ENJOY 한국어를 중심으로-", 『한국어 교육』, 국제한국어교육학회.

오충연(2008), "使動 派生과 相", 『한국어 의미학』 Vol. 25, 한국어의미학회.

왕문용(2006), "국정 문법교과서의 피동법 기술에 대한 고찰", 『국어교육』 Vol. 119, 한국어교육학회.

윤현애(2011), "구어 장르 구분을 기반한 한국어 피동 표현의 담화 기능 연구", 한국문법교육학회 학술발표논문집 Vol. 2011, No. 1, 한국문법교육학회

이수미(2009), "한국어 피동 개념의 재해석과 적용 가능성에 대한 연구", 『국어교육』, 한국어교육학회.

이정택(1999), "사동의 개념", 『선청어문』, 서울대학교 국어교육과.

조인정(2004), "피동문 동작주 표시 제약", 『한국어교육』 Vol.15, No.3, 국제한국어교육학회.

최영환(1990), "국어 사동에 대한 연구", 한국국어교육연구회논문집 Vol.39, 한국어교육학회.

최해주(2007), "한국어 피동, 사동 표현의 효율적인 교육방안 연구 -한국어 문법서 및 교재 분석과 학습자 오류 유형을 중심으로-", 『새국어교육』, 한국국어교육학회.

황주하(2011), "한국어 교육에서의 피동 표현 교육 방안 -파생 피동사에 의한 피동법을 중심으로", 한국문법교육학회 제15차 전국학술대회 발표자료집, 한국문법교육학회.

중국인 학습자를 위한
한국어 어순 교육 방안 연구

 1 머리말

한 개인이 중국어나 한국어를 외국어로서 배울 때 많은 어려움이 따르는데, 그 이유는 주로 한국어와 중국어의 말 순서 체계가 다르기 때문이다. 따라서 한국어 어순에 익숙하지 않으면 복잡한 문장을 읽을 때나 한국어로 말할 때 혼란을 느끼게 된다. 특히 고급 단계에 올라가면 학습자들이 쓰기에 대한 두려움이 생기기도 한다. 특히, 읽기와 듣기 등 외국어 기능 영역에서는 어순이 큰 문제가 되지 않지만, 외국어를 한 문장이라도 말하거나 쓰려고 할 때는 어순이 당장 문제가 되므로 어순은 외국어 교육에서 중요한 부분이라고 할 수 있다.[1]

한국어 교육에서 어순과 어휘, 문법 영역은 서로 밀접한 관계가 있다. 비록 어려운 어휘와 문법이라도 정확한 어순 배열을 무시하면 아

---

1) 송경안(1995:284) 참조.

무 의미가 없게 된다. 따라서 교사가 학습자들에게 어순 교육을 바르게 해야 한다. 한국어 학습자들이 어순에서의 오류를 먼저 해결한다면 한국어 교육이 그만큼 용이하게 될 것이다.

이에 본고에서는 대조분석의 방법으로 한국어와 중국어 두 언어의 어순에 대해 개괄적으로 고찰하고, 중국인 학습자를 위한 효과적인 한국어 어순 교육 방안을 고찰하고자 한다.

2 어순 교육의 필요성

언어는 인간의 생각을 표현하는 수단이며 인간의 생각을 표현하는 과정에서 생성하는 산출물이기도 하다. 각자 생활하는 환경이 다르므로 나라마다 사람들의 사고방식이 다르기 마련이다. 가령 똑같은 개념을 전달해도 문장을 만드는 구성 성분의 순서가 다를 수 있다. 모국어를 사용한다는 것은 누구에게나 자연스러운 현상이지만 외국어는 그렇지가 않다. 이는 언어들 사이에 많은 문법적 차이점이 있기 때문인데, 그 중에서도 가장 먼저 극복해야 할 점이 바로 어순일 것이다.

인간은 새로운 언어를 배울 때 지적 욕구가 발생하게 된다. 한국어를 배우는 중국인 학습자도 마찬가지이다. 짧은 시간에 다량의 어휘 학습을 하고자 하는 욕구 때문에, 어순을 정확히 알아야 한다는 의식은 다소 소홀한 편일 수 있다. 그리고 실제 교육현장에서 원어민 교사들은 학습자가 사용하는 모국어와 한국어의 차이점을 잘 모르기 때문에 무의식으로 어순에 대한 교육을 소홀할 수도 있으며, 한편 비원어민 교사들이 그 차이점을 알면서도 한국어 지식이 부족해서 설명하는 데에 미진할 수도 있다.

학습자들은 한국어 능력 수준이 향상되면서 복합적인 구문과 어려운 어휘를 배우게 된다. 이 때 어순에 대한 이해가 부족하다면, 문장 생성에 있어 어려움을 겪을 수밖에 없다. 또한 오류를 감소하기 위하여 학습자들이 회피전략을 사용할 수도 있다. 이는 간단한 구문만 사용할 뿐 복합적인 구문을 창출하는 데에 회피해서 한국어 실력을 더 이상 향상시키지 않는다는 것이다. 겉으로 봤을 때 의사소통 과정에서 전혀 문제가 없지만 사용하는 언어가 다소 건조함과 밋밋함을 느끼게 된다. 따라서 언어를 학습하는 과정에서 이러한 지식 부족으로 인한 소극적인 학습 태도의 발생이 외국어 학습 과정에서 걸림돌이 될 수가 있다고 본다.

최근 외국인을 위한 한국어 교육에서 가장 중점적인 목표로 삼고 있는 것은 의사소통 능력의 향상이다. 예전의 문법번역식이나 청각구두식 교육방법에서 의사소통식 교육으로 변화해 오면서 학습자들의 유연하고 상황에 맞는 말하기 능력이 향상되었음은 괄목할 만한 성과이다. 그런데 의사소통 중심의 학습 활동을 중요시하는 교실 환경에서 주로 다루고 있는 학습 대상은 여전히 조사, 어미, 구로 이루어진 표현과 명사와 서술어 중심의 어휘이다. 어순 교육은 학습 과정에서 상대적으로 소외되고 있는 실정이다. 어순 교육이 보다 구체적으로 이루어진다면 이를 문법, 어휘 교육과 병행하여 전개함으로써 학습자들에게 한국어를 더 체계적으로 학습하게 할 수 있다. 뿐만 아니라 어순을 잘 파악하면 학습자들이 더 어려운 구문을 이해하는 데도 실제적인 도움이 될 수 있다.

어순의 중요성은 문법적 또는 비문법적 문장을 판단하는 문제뿐만 아니라 문법적인 문장의 의미 차이를 나타내는 데에도 기여한다. 올

바른 문법적인 문장을 만드는 데 중요하게 작용하는 것이 바로 어순이다. 중국인 학습자들은 한국어를 학습할 때 두 언어의 서로 상이한 구조로 인해 많은 어려움을 겪게 되고 오류를 범하게 된다. 이러한 오류를 예방하기 위해 어순 교육은 필수적이다. 또한, 목표어의 말의 순서를 파악하고 그 순서대로 생각하고 학습하는 능력을 기르면 목표 언어의 문장 구성 원리가 자연스럽게 습득되어 훨씬 효율적인 학습이 될 것이라고 생각한다. 따라서 고급 학습자라면 한국어의 기본 어순에 대한 지식을 알아야 하며 기본 어순으로 변형된 수사 기교를 활용한 문장의 의미적 차이를 파악하는 능력이 있어야 한다.

한국어 문장을 '쓰기'와 '말하기'로 연습할 때, 역시 한국어식 어순으로 생각하는 훈련을 계속해야 정확히 쓰고 말할 수 있게 될 것이다. 이미 문장이 제시되어 있는 듣기나 읽기와 달리, 말하기와 쓰기는 직접 본인이 문장을 산출해 내야 하므로 오류 및 실수를 범할 가능성이 높은데, 오류 및 실수를 피하기 위해서는 한국어식으로 생각하고 표현하는 훈련이 필요하다. 어순에 대한 지식이 부족하면 말하기와 글쓰기 자체의 논리성이 떨어질 수도 있기 때문에 초급부터 어순에 대한 교육을 충분히 학습해야 한다.

3 어순에 관한 연구사

어순은 문장성분에 나타나는 일정한 순서라고 볼 수 있는데, 한 언어의 문장을 구성하는 성분들이 문장 안에서 다른 성분들과 어떤 관계를 유지하는가를 살피는 영역이다. 어순에 관한 연구사는 크게 세 가지로 나눠서 알아보도록 하겠다. 즉, 한국어 어순에 관한 연구, 중국어 어순에 관한 연구, 그리고 한국어교육에 관한 어순 연구이다.

3.1. 한국어 어순에 관한 선행 연구

최현배(1965)는 한국어 어순을 문장 성분별로 구분하여 꾸밈말과 임자말, 꾸밈말과 풀이말, 부림말과 풀이말의 순서를 밝혔다. 한국어 어순 연구는 채완(1986)에 의해 크게 형태적 관점, 기능적 관점, 심리적 관점에서 이루어져 왔다. 형태적 관점에서의 연구는 주로 어순 유형론의 수립 및 어순의 통시적 변화에 대한 관심으로 집중되어 왔다.[2] 유형론적 연구로서 채완(1982,1983)은 어순 유형론 측면에서 수량사구의 어순 변화 및 어순의 의미 기능을 분석하였다. 채완(1986)에서는 심리적 측면에서 한국어 유음반복어의 어순과 병렬의 어순을 고찰하였는데 반복어 어순이 심리적, 인지적 동인에서 결정된다고 주장하였다.

이외에 80년대에 유동석(1984), 김승열(1988)에서는 기능적 관점에서 한국어 어순에 대해 연구하였으며,[3] 90년대에 들어와 성기철(1992)와 김기혁(1995)에서 각각 미시적·거시적 관점으로 한국어의

---

2) 채완(1986:7)에 따르면 한국어의 어순의 구체적인 현상에 대한 깊은 연구는 드물고, 목적어가 동사에 앞서는 SOV 언어로서 어순이 비교적 자유롭고, 후치사 언어에 속하며, 수식어가 피수식어에 앞선다는 정도의 피상적인 관찰의 단계에 머물러 있다고 할 수 있다.

3) 유동석(1984)은 기능적 관점에서 한국어 어순을 분석, 연구하였는데 한국어 어순의 공시적 혹은 일시적 변화가 의사소통 기능과 밀접한 관계가 있음을 지적하였다. 김승열(1988)은 기능문법, 특히 Simo Dik(1978,1980)의 기능문법 이론을 대폭 수용하고, 그의 주요 개념들과 이론의 틀을 원용하여, 한국어의 어순을 분석 설명하였다.

기본 어순과 이외의 자리바꿈 현상에 대해 연구했다.[4] 2000년대에 와
서 이관규(2002)[5], 이익섭 외(2003)[6], 허용 외(2003), 임홍빈(2007)[7]
등 한국어 어순의 상대적인 자유 배치와 관련된 제약 조건에 대해 다
른 시각으로 연구했다. 특히 허용 외(2003)는 한국어가 비교적 어순
이 자유로운 언어라 할지라도 어순에 아무런 제약이 없는 것은 아니
며, 어떤 성분을 문장 내의 어떤 위치에 놓느냐 하는 것은 그때그때
특수한 효과를 가지며, 어순의 재배치가 어떤 요인의 지배를 받는가
하는 것에 관심을 두었다.

3.2. 중국어 어순에 관한 선행 연구

중국어 어순 연구의 전통적인 방법은 기본적으로 통사관계에서 어

---

4) 성기철(1992)에서는 한국어 어순 문제의 골격이 되는 관형어와 부사어의 기
   본적인 어순 및 자리바꿈 현상에 대해 논의했다. 김기혁(1995)은 한국어에는
   고정어순과 자유어순의 두 어순을 가지고 있다고 언급하였다. 그는 고정어순
   을 상대적인 고정어순과 절대적인 고정어순으로 나누었는데, 상대적인 고정
   어순은 다음과 같다. 첫째, 동사가 문장의 끝에 온다. 둘째, 주어는 목적어의
   앞에 온다는 것이다. 절대적인 고정어순은 수식어는 피수식어의 앞에 위치하
   고 문법 형태소인 어미, 조사는 어휘 형태소의 뒤에 온다고 하였다.
5) 이관규(2002)는 개별 언어로서의 한국어에 대하여 다른 언어와 구분되는 특
   성 중 형태적 특성으로는 후치사 어순의 특징인 조사와 어미의 사용을 언
   급하고, 통사론적 특성으로는 영어의 '주어-서술어-목적어'와 히브리어의
   '동사-주어-목적어'와 달리 '주어-목적어-서술어'의 어순을 갖는다고 언급
   하였다.
6) 이익섭 외(2003)는 한국어에서 명사구의 문법적 역할은 격조사에 의해 명시
   적으로 표시되기 때문에 주어와 목적어의 상대적 위치가 바뀌더라도 격 기능
   은 어순보다도 격조사에 따라 결정된다고 하였다.
7) 임홍빈(2007)은 언어 유형론적 접근으로 한국어의 어순을 고찰하였다. 언어
   유형적 접근이 가지는 한계를 지적하고, 그 대안으로 핵의 위치에 관한 매개
   변수적 접근이 어느 정도 설득력을 가질 수 있음을 밝혔다.

순현상을 분석하는 것이 주를 이루었는데 대표적으로 黎锦熙(1924) 朱德熙(1982:278) 등을 들 수 있다. 언어 유형학적 관점에서 중국어의 어순이 SVO인가 SOV인가의 문제는 80년대에 미국으로부터 활발히 전개되었고 여러 학자들의 의해 연구돼 왔다.[8)]

魏岫明(1992)은 1970년대와 80년대 해외파 학자들 사이에 진행된 중국어 어순 논쟁을 세밀하게 고찰하여 이들의 연구 내용의 타당성과 문제점들을 제시했다. 그는 중국어의 특수 어순 구문인 '把'구문, '动

---

8) 첫째, 중국어를 SVO 언어로 보는 견해로 梅广(1980), 屈承熹(1983) 등이 있다. '중국어 문장 구조는 주어(主语), 술어(谓语), 목적어(宾语)를 가지며 대다수의 문장이 시사(施事)명사는 동사의 앞에 출현하고, 수사(受事)명사는 동사의 뒤에 위치하는 것이 일반적이고, 안정적인 구조라고 주장한다.'라고 하였다. 둘째, 중국어를 SOV 언어로 보는 관점이다. Li & Thompson(1974)은 네 가지 측면, 즉 1) S+V+PP → S+PP+V, 2)把자문의 출현, 3)被자문의 출현, 4)복합어, 후치사, 동사 접미사의 출현 등을 논거로 중국어가 SVO 언어에서 SOV언어로 바뀌고 있다고 지적하였다. 戴浩一(1976)은 중국어의 어순이 SVO에서 SOV로 변한 주요 원인은 북방 알타이어의 영향이라고 생각한다. 그의 이러한 견해는 Hashimoto(1975)의 연구에 근거한 것이다. 그는 먼저 중국어를 남방 방언과 비교하여, 현대 중국어에는 있고 남방 방언에는 없는 많은 SOV 특징을 발견하였다. 戴浩一(1988)은 중국어의 어순 유형을 SOV로 보아야 비교적 많은 언어 현상을 설명할 수 있는 적합한 방법이라고 보았다. 또 역사언어학적 관점에서 중국어는 SVO에서 SOV의 유형으로 점점 바뀌었다고 보며 '把' 구문의 출현을 중국어가 SOV 구조로 변화하고 있다는 증거로 제시하고 있다. 셋째, 郑守信(1975)은 중국어가 SOV 유형의 경향과 SVO 유형의 경향을 모두 갖추었다고 주장하였다. 언어를 정보 전달 기능에 중심을 두고 기술하는 것이다. 어순도 언어가 가진 전달 기능을 최대화하는 임무를 띤 하나의 수단으로 파악되고 있다. 기능 어순의 관점에서의 연구는 구 정보와 신정보, 화제, 강조가 어순에 미치는 영향을 주로 연구해 왔다. 적절히 이해되기 위해서 내용은 정보 단위로 나눠지고 올바른 강조와 순서가 주어져야 한다. 구어에서 강조하고자 하는 말에 강세를 줌으로써 화자가 어떤 말을 강조하고자 하는지를 청자가 들음으로써 알게 할 수 있다. 그러나 문어에서는 강세를 이용할 수 없으므로 어순이나 절의 종속관계 등에 의존하게 된다. 초급의 어순 연구자들은 화제 이론의 일부로서 이루어져 왔다.

词复写文' 및 기타의 어순 자료를 통해 학자들이 중국어 어순을 규정
하는 핵심 내용들이 과연 타당한 것인지를 진단하였다.

2000년 이후에 중국 학자들은 각각 다양한 측면에서 중국어 어순
에 대해 연구해 왔다. 范晓(2001)9), 刘丹青(2004)10), 刘钦荣(2004), 安
玉霞(2006), 丁孝莉(2007)11), 岳凌(2007)12), 宋颖桃(2008) 등이 있다.
刘钦荣(2004)은 "汉语句子语序的再思考"에서 인지론의 시각으로 중
국어 문장의 어순에 대해 연구하였다.13) 安玉霞(2006) "汉语语序问

---

9) 范晓(2001) "关于汉语语序问题一和二"를 발표하였는데 외국어로서의 중국
　 어 어순에 관한 연구 현황, 어순 연구의 개념과 방법 및 구문 어순 등에 대해
　 기술하였다.
10) 刘丹青(2004)은 Greenberg(1966)와 Hawkins(1983) 등의 어순 유형화 모델
　 중에서 개사 유형이 출현 빈도가 가장 높은 매개 변항(Parameters)이라는
　 것에 주의를 기울여, 개사 유형과 어순 유형에 대한 연구를 진행하였다.
11) 丁孝莉(2007) "汉语语序的理据性探讨"에서 중국어는 고립어에 속하여 풍부
　 한 性(성), 格(격), 数(수)의 변화를 갖지 못하기 때문에 어순과 허사가 중요
　 한 문법 수단으로 사용된다. 또한 중국어 어순은 분명한 논리성을 가지고
　 있다. 예컨대, 인지의 시각으로 보면 감지 순서 원칙, 부분보다 전체가 먼저
　 나타난다는 원칙이 있다. 논리적인 층면에서 봤을 때, 시간 순서 원칙, 공간
　 순서 원칙, 범위 원칙, 주성분이 먼저 나타난다는 원칙이 있다. 또한, 어순의
　 층면에서 보면, 수식어가 중심어의 앞에 놓인다는 원칙, 주어가 평론어 앞에
　 놓인다는 원칙, 주제어가 술어 앞에 놓인다는 원칙 등이 있다.
12) 岳凌(2007) "汉语语序研究的历史、现状及思考"에서 문장 성분 구성을 다루
　 는 구성주의, 화용론과 어순 유형학 등 시각으로 중국어 어순 연구의 역사와
　 현황을 살펴본 결과에 따라 "语序研究的基本过程是从现象到规则，再到原
　 则，然后又从原则回到层面"(어순의 연구는 현상→규칙→원칙→층면의 과
　 정을 걸쳤다.)
13) 중국어 문장 순서의 단위는 词(word)가 아니라 语块(chunk)이며 문장 내의
　 순서는 词序(word order)가 아닌 语块序列(chunk sequence)이어야 한다고
　 주장하였다. 또한 어순의 배열 규칙은 문장 구성으로 해석할 뿐만 아닌 문장
　 의미론에 입각해서 해설할 수 있다. 더불어 중국어 어순이 '预计度'(예상도)
　 와 관련이 있다. 이는 중국어 어순의 배열 규칙은 다음과 같다. 즉, 主体(+6)
　 →情由(+5)→时间(+4)→空间(+3)→状况(+2)→前邻体(+1)→中枢(0)→幅度/
　 后邻体(-1)→客体／系体(-2).

題研究綜述"에서 언어유형학, 의미론, 정보론, 인지론 등 층면에서 중국어 어순 문제에 대해 서술하였다.14) 宋穎桃(2008)에서 중국어의 어순은 한족(汉族)의 독특한 사고 특징과 문화심리를 반영하였다.15)

이외에 한국 학자들에 의한 중국어 어순 연구도 있다. 남궁양석(2001)은 화용론을 중심으로 한 기능론의 관점에서 어순 결정요인 등에 대해 고찰하였고,16) 신미섭(2010)은 중국어 어순에 대한 이론 고찰을 통해 중국어의 어순 양상과 어법적 기능 그리고 중국어 어순에 내재하고 있는 각종 제약 요인들을 살펴보았다.17)

중국어의 기본 어순이 무엇인가에 대해 학자들이 서로 다른 관점을 가지고 있다. 그럼에도 불구하고, 현대 중국어가 SVO의 문장 어

---

14) 어순은 매우 중요한 문법 형식이며 문법 수단이다. 어순을 통해 문법 구조의 문법 의미를 표시하는 형식이며 언어 표현과 수사의 수단이라는 관점을 표시했다. 중국어는 형태 변화가 발달되지 않기 때문에 많은 문법 의미와 문장 유형은 어순을 통해 나타나기도 한다.

15) 중국어 단어를 형성하는 요소의 배열 순서, 문장을 만들 때 단어의 배열 순서 및 문맥 속에 문장의 표현 순서는 문화적 요인과 긴밀한 관계가 있다. 중국어 语素(어소), 단어, 문장의 배열 순서가 한족의 형상(形象) 사고가 주됨으로 이미 아는 것부터 시작하여 미지한 부분까지 추론한다. 목표 사물보다 참조물을 먼저 보게 되는 사고 특징이 있으며 유교사상 중의 중용(中庸) 사상이 주도하는 문화 심리가 있다.

16) 중국어에서 어순을 결정하는 요인을 정보 초점·구조를 중심으로 탐색하여 중국어의 어순 구성 현상을 해석하려고 시도하였다. 그리고 통사적 요인, 의미론적 요인, 인지화용론적 요인으로 나누어 어순 결정요인의 동태적 연구-어순과 정보구조, 화제와 초점의 기능적 탐구-를 시도하였다.

17) 중국어의 기본 어순 양상은 진술관계를 나타내는 어순(主语-谓语), 지배관계를 나타내는 어순(述语-实语), 보충관계를 나타내는 어순(述语-补语), 수식관계를 나타내는 어순(定语-中心语, 狀语-中心语)으로 나타난다. 특수 어순 양상은 '把'구문, '被'구문, 主语宾语互换文, 存现文, 主谓谓语文과 '连'구문 등을 중심으로 다루었다. 중국어 어순을 제약하는 요인으로 통사적 제약 요인, 의미적 제약 요인, 화용적인 제약 요인, 인지적 제약 요인을 연구하였다.

순이라는 것이 주류 관점이다. 양적인 면에서도 SVO가 현대 중국어
어순의 대세이다.

3.3. 한국어교육에서 어순에 관한 선행 연구

한·중 어순 대조에 관한 연구는 곽추문(1993), 차혜봉(2002), 태평
무(2005), 김려금(2007), 이택명(2010)[18], 손금추(2011) 등이 있다. 곽
추문(1993)은 한국 고등학교의 문법 교재를 기준으로, 한국어와 중국
어의 구문에 대해 비교 분석하였다.[19] 차혜봉(2002)은 영어와 한국어,
중국어의 어순 비교를 다각도로 대비 분석하였다.[20] 태평무(2005)는
중국어와 한국어 어순의 특징을 살펴보았고 구조-기능 측면에서의
중국어와 한국어 어순의 특성대비, 논리-의미 측면에서 중국어와 한
국어 어순의 특성대비, 정보론 측면에서의 중국어와 한국어 어순의
특성대비를 기술하였다. 김려금(2007)은 한국어와 중국어 부사어의
어순을 기술하였으며, 그들의 어순 특징에 대해 언어 유형론적 관점

---

18) 이택명(2010)은 한국어와 중국어의 기본 문장성분을 분석하였고, 두 언어의
주요 기본 어순을 분석하였다. 중국어를 한국어로 번역하는 문장성분의 어순
을 모색하였고 나아가서 반대로 한국어를 중국어로 번역하는 실례들을 통해
서 문장성분의 어순상의 특징을 살펴봄으로써 두 언어에 있어서 어순상의
유사점과 차이점을 고찰하였다.
19) 그는 문장 구성과 문법요소의 기능방면에서 특히 시제, 부정법, 높임법, 피동
과 사동의 표현에 관계되는 것에 대해 서술하였다.
20) 기본 어순에 있어서 영어와 중국어는 SVO, 한국어는 SOV라는 가정하에 한
국어에 우세한 이중언어 사용자인 중국 연변지구 조선족 학생들의 영어 어순
학습에서 한국어 어순의 영향 정도 및 영어와 비슷한 어순인 중국어의 영향
정도를 알아보고자 하였다. 또한 한국어, 중국어, 영어는 어순이 비슷한 점도
있지만 서로 다른 점도 있다는 것에도 초점을 맞추어 각 언어의 영향 정도가
어떻게 나타나는가를 어순 평가지를 만들어 한국 학생들과의 비교를 통해
고찰하였다.

에서 설명하였다.21) 손금추(2011)는 언어 유형론적인 어순 원칙을 토대로 중국어와 한국어의 기본 어순, 명사구, 합성명사와 후치사구의 어순을 고찰하였다.

중국인을 위한 한국어 어순 교육에 관련된 연구는 주로 2005년 이후에 이루어졌다. 장미라(2008)는 학습 단계별 어순교육 내용을 제시하였다.22) 안씬(2009)은 한국어와 중국어의 어순 대비를 바탕으로 중국인 학습자가 한국어를 학습하는 데 문장 구조를 이해하여 자연스럽고 정확하게 문장을 만드는 교수 방안을 제시하였다. 이혜진(2010)은 한국어와 중국어 어순을 비교해보고 어순을 중심으로 독해 실험을 통해 양국어의 어순이 차이가 나면 어순이 동일한 경우에 비해 독해력이 떨어진다고 논증하였다. 또한 그는 어순 차이를 극복하기 위한 독해지도 방안으로 끊어 읽기와 앞에서부터 읽기 기법을 고찰하였다.

박성숙(2010)은 총 22개국 143명의 한국어 학습자를 대상으로 한국어 듣기, 쓰기, 말하기, 읽기 영역과 학습자 모국어의 어순유형별 오류양상에 대해 설문 조사를 진행하였다. 또한, 한국어 교재에 나타난 어순 내용을 살펴보고 한국어능력시험에 나타난 어순 관련 문항을 분석하였으며, 이를 한국어 교육에 적용하는 방안을 모색하였다. 더 나아가 초급과 중급 단계에 필요한 어순 교육 내용을 고찰하고 이에 바탕으로 어순 교육 방안을 제시하였다. 심방(2011)은 한국어와 중국어

---

21) 두 언어의 부사어는 동사를 중심으로 그와 친밀하고 가까운 것이 동사 가까이에 놓는다는 공통점을 갖고 있다. 한국어는 SOV언어로서 그에 따르는 비교적 고정적인 부사어 어순을 갖고 있다면, 중국어는 부사어 어순이 고정적이지 않고 변화를 겪고 있는 흐름 속에서 관찰해 보면 중국어는 SVO 언어와 SOV 언어 사이 어느 중간 단계에 있는 것으로 보인다.

22) 그는 초급 단계에서 한국어 기본구조의 어순, 주어와 목적어의 중복 구조의 어순을 제시하고, 수식 구조의 어순에 따라 관형어, 관형절, 부사어의 수식을 교수할 수 있다고 하였다.

의 어순에 대한 선행 연구를 전제로 하고, 어순의 유형과 한·중 상용 어순을 살펴보고, 어순 교육의 현황을 조사하여, 중국인 학습자에게서 나타나는 어순 오류 양상을 분석하였다. 이에 중급 단계의 중국인 학습자를 위한 효과적인 한국어 어순 교육 방안을 마련하는 데 시도해 보았다. 왕함(2012)은 한국어와 중국어의 어순 유형을 각각 살펴보고 두 언어의 어순을 대조하여 차이점과 유사점을 밝혔다. 또한 한국어 어순 교육 원리를 제시하고 초급 한국어 어순 교육 내용과 초급 한국어 능력시험의 평가기준으로 중국인 초급 학습자에 대한 어순 교육 내용을 선정하였다. 마지막으로 중국인 초급 학습자들을 위해 실제 한국어 어순 교육을 어떤 방법으로 진행해 나가야 할지에 대해 논의하고 학습자들이 효과적으로 한국어 어순을 학습하게 하기 위한 어순 교육 방안을 제시하였다.

한국어 어순 연구에 관한 논문은 비교적 많이 발표되었지만 중국인 학습자를 위한 한국어 어순 교육 연구는 최근에 들어서야 몇 편이 나왔다. 하지만 초급과 중급 단계까지 어순 교육 방안을 다루었을 뿐 고급 학습자를 위한 어순 교육 방안까지는 다루지 않았다. 그리고 한국어 어순 연구와 중국어 어순 연구에 관한 논문을 보면 거의 서양 어순 이론에 영향을 받아온 것이 대부분이다.

어순 연구에 대한 대표적인 것은 두 가지 관점이다. 즉, 유형론적 관점과 인지심리학적 관점이다. 본고에서는 언어유형학이론을 본 연구의 비교 기준 틀로 삼고자 한다. 또한 수사법에서 사용하는 용어를 빌려 각각 정치법(正置法)과 도치법(倒置法)23)의 시각으로 한·중

---

23) http://ko.wikisource.org/wiki에 따라, 正置法이란 문장의 성분을 정상적인 차례로 배열하는 방법을 말한다. 단, 부사어와 목적어는 순서가 바뀔 수도 있다. 예) 나는 오늘 학교에 갔다. 나는 그를 유심히 보았다. → 나는 유심히 그를 보았다. 倒置法이란 문장 성분의 정상적인 배열을 뒤바꾸어 놓아 내용

어순에 대해 대조·분석한 다음에 이를 토대로 효율적인 어순 교수·학습 방안을 모색할 것이다.

 한·중 어순 대조와 특징

4.1. 한국어의 어순과 특징

한국어는 대체로 자유어순(自由語順)의 언어에 속한다. 일반적으로는 SOV(주어+목적어+서술어)의 틀을 별로 깨지 않고 쓰이고 있다. 다만 어떤 문장 성분을 강조하거나 어조(語調)를 고르게 하고 싶을 때에 그것을 맨 앞에 내세우는 경우가 있는데 이를 도치법(倒置法)이라 하고, SOV의 틀의 일반적 배열을 정치법(正置法)이라고 한다.

4.1.1. 정치법(正置法)

한국어 정치법의 배열 순서는 SOV로 각 문형 속의 구성 요소가 체언이면 관형어가 앞에 올 수 있고, 용언이면 부사어가 그 앞에(수식어는 바로 앞자리가 아닌 경우도 있음) 첨부될 수 있는 것이 정치법이다. 이를 보다 구체적으로 제시하면 다음과 같다.

(1) 주어는 문두에 놓이고, 서술어는 문미에 놓인다.

　　예) 꽃이 핀다. 바람이 분다.

을 강조하거나 두드러지게 하는 표현 방법이다. 예) 잘도 먹는다, 과일을.

(2) 목적어와 보어는 주어와 서술어의 사이에 놓이되, 목적어와 부사적 보어의 배열순서는 어휘의 공기관계에 따라서 정해져 대체로 목적어 다음에 온다.

　　예) 그 사람은 <u>친구를 주치의로</u> 삼았다.

(3) 부사어인 간접목적어는 직접목적어의 앞에 배열된다.

　　예) 할머니는 <u>손주에게 용돈을</u> 주셨다.

(4) 수관형사를 포함하여 관형어는 체언 앞에 오지만, 수사는 체언 뒤에 온다.

　　예) <u>높은</u> 산이 가까이 보인다.
　　　　<u>두</u> 사람이 온다. → 사람이 <u>둘이</u> 온다.

(5) 부사어는 수식언으로 용언 앞에 오지만, 부정부사 '~안·못'은 일반 부사 뒤에 온다.

　　예) 영수는 <u>자주</u> 방문한다.
　　　　우리 차는 <u>빨리 안</u> 간다.
　　　　이 자동차는 자갈길이라 <u>잘 못</u> 달린다.

(6) 본용언과 보조용언은 순서를 바꿀 수 없다.

　　예) 불씨가 이미 <u>꺼져 버렸다</u>.
　　　　영미는 바쁜 어머니를 <u>도와 드렸다</u>.

(7) 수사와 단위 명사는 주종관계이므로 순서를 바꿀 수 없다.

예) <u>세 마리</u> 토끼 : 쌀 <u>두 말 닷되</u>

(8) 보어(부사적 보어)는 체언 뒤에 온다.

예) 영수는 <u>바보가</u> 아니다.
물이 <u>얼음이</u> 되었다.
그는 아들을 <u>제자로</u> 삼았다.

(9) 관형어는 지시관형사 · 수관형사 · 성상관형사의 순서로 놓인다.

예) <u>저 두 젊은</u> 사람

(10) 선어말어미는 주체높임(-시) · 시제(-았-) · 서법(-겠-) · 공손법(-삽 · 사/자 · 오 · 습-) 순으로 배열된다.

예) 사랑하는 임은 이미 <u>떠나시었겠습니다.</u>

4.1.2. 도치법(倒置法)
1) 도치문의 특징

한국어의 주성분과 대등관계에 있는 말들은 대체적으로 도치시킬 수 있다. 그러나 정치법에서 예시한 바와 같이, 주종관계에 있는 단어 상호간에서는 도치가 허용될 수 없다. 즉 '관형어와 체언', '본용언과 보조용언', '수사와 단위명사', '주어와 주격보어', '목적어와 목적격보어' 등은 도치시킬 수 없다.

2) 도치문의 유형

도치법은 강조하고 싶은 단어를 어두에 두므로 문장 구성성분의 자리를 바꾸어 배열하는 것을 가리킨다.

(1) 서술어를 주어 앞이나 목적어 앞으로 옮길 수 있다.

예) 드디어 <u>왔도다</u>! 이 도령이.
<u>보아라</u>! 저 푸른 하늘을.

(2) 서술어를 부사어 앞으로 옮길 수 있다.

예) <u>달리자</u>! 좀더.

(3) 직접목적어나 간접목적어인 부사어를 문두로 옮길 수 있다.

예) <u>빵을</u> 너는 먹느냐?
<u>영희에게</u> 철수가 꽃을 주었다.

(4) 부사어를 문두에 옮길 수 있다.

예) <u>경찰에게</u> 도둑이 잡혔다.   <u>열심히</u> 영수가 공부했다.

(7) 감탄사는 문두와 문미에 자유롭게 올 수 있다.

예) <u>오</u>! 기쁘다 : 기쁘다 <u>오</u>!

4.2. 중국어의 어순과 특징

고립어로서의 중국어의 가장 특징적인 것은 엄격한 의미에서의 형태변화가 없는 것이다. 중국어는 어근 합성법이 특히 발달하였으며 문장에서 단어와 단어 사이의 문법관계는 형태변화가 아니라 주로 어순과 허사에 의해 나타낸다.[24]

중국어 문장성분 구성을 살펴보면, 일반적으로 주어는 서술어 앞에 있고, 목적어는 동사 뒤에 있으며 수식어는 피수식어 앞에 있다. 그런데 어떤 조건 때문에 문장성분의 위치가 변화하는 상황이 종종 있다. 이런 현상을 도치라고 한다.

4.2.1. 정치법(正置法)

(1) 주어는 문두에 온다.

예) 鸟在鸣叫。(새가 운다.)

(2) 목적어는 서술어 뒤에 온다.

예) 那个人在吃饭。(그 사람이 밥을 먹는다.)

(3) 관형어는 피수식하는 체언 바로 앞에 온다.

예) 远远地能看见葱绿的 山 (푸른 산이 멀리 보인다.)

(4) 본용언과 보조용언은 주종관계이므로 순서를 바꿀 수 없다.

---

24) 태평무(2005:13)에서 인용.

예) 那本书在一天之内读完了。(그 책은 하루만에 다 읽어 버렸다.)

(5) 수사와 단위수사는 주종관계이므로 순서를 바꿀 수가 없다.

예) 三只雄 (곰 세 마리)

4.2.2. 도치법(倒置法)

1) 도치문의 특징

(1) 도치된 문장성분은 다시 제자리로 복위할 수 있다. 복위한 후에도 문장의 의미와 구성은 다른 점이 없다.

예) 多么高兴啊, 他们!　　→　他们多高兴啊!
　　(너무 좋아 보여요, 그들은!　→　그들은 너무 좋아 보여요!)
　　小王要回来了, 明天。　→　小王明天要回来了。
　　(샤오왕이 돌아오겠다, 내일은.　→　내일은 샤오왕이 돌아오겠다.)

(2) 읽을 때 후치된 부분과 전치된 부분 사이에 쉼표로 표기하고 잠시 멈추며 후치된 부분을 가볍게 읽는다.

예) 回去吧, 你! (돌아가라, 넌!)
　　都睡了吗, 他们? (다 잤어, 그들은?)

(3) 어세(즉, 말투)를 표현하는 의문사나 감탄사 등 단어가 문장의 뒷부분에 올 수 없고 반드시 전치된 부분에 이어서 붙여야 한다.

예) 走吧, 快点儿! (가자! 빨리!)
　　你喝酒了吗, 晚上? (술 마시니? 저녁에?)

2) 도치문의 유형

(1) 주어와 서술어 도치

서술어와 주어 사이에 쉼표로 표시하고, 대체로 의문문과 감탄문에 많은 편이다.

> 예) 已经去上课了, <u>他们</u>。(이미 수업하러 갔어, <u>그들은</u>.)
> 好不好看, <u>这电影</u>？(재미있어? <u>이 영화가</u>?)

(2) 부사어 후치

일부 부사와 개사로 만든 관용형에 제한된다.

> 예) 滚出来, <u>给我</u>！(나와! 넌!)
> 小王高一<u>些</u>, <u>比小李</u>。(샤오왕은 좀 커, <u>샤오리보다</u>.)

(3) 목적어 전치

'목적어+동사'처럼 배열된 문장은 모두 다 성립되는 것은 아니다.

> 예) <u>小说</u>, 我要借。   → 我要借小说。   (O)
> (<u>소설</u>! 빌릴래.   → 난 소설을 빌릴래.)
> 他<u>哪儿</u>也不能<u>去</u>。   → 他也不能<u>去哪儿</u>。(X)
> (그는 아무데도 못 가 → 없음)

4.3. 한국어와 중국어 어순 대조

4.3.1. 어순의 유형

일반적으로 어순의 연구는 Weil(1844)에 의해서 시작된 것으로 알려져 있다(이소영, 1993:223). 그는 문장의 화제-논평 구조에 대해 언급하고 언어 유형론의 관점에서 SVX형 언어는 전치사[25]와 명사-수식어 구조를, SXV형 언어는 후치사[26]와 수식어-명사 구조를 지닌다고 일찍 설파한 바 있다(이소영 1993:224참조). 이후 언어의 유형적 연구를 체계화한 사람으로는 Greenberg(1963/1966:73-77)가 알려져 있다. 그는 약 30개 언어의 유형을 조사했는데, 이 언어 유형 구분의 기준으로 다음 3가지를 제시하고 있다.

a. 전치사(pr)와 후치사(po)의 존재 유무
b. 평서문에서 S, O, V간의 관계
c. 부가어적 형용사의 명사 선행 관계

S, O, V간의 조합 가능성은 VSO, SVO, SOV, VOS, OSV, OVS 등 6가지이다. 그러나 그는 연구 대상언어 30개를 근거로 VOS, OSV, OVS 어순의 언어는 나타날 수 없으며, 세계의 언어는 VSO(Ⅰ), SVO(Ⅱ), SOV(Ⅲ) 중의 하나를 보인다고 결론을 짓고 있다.

한국어나 일본어는 SOV어순이지만 중국어나 인도 유럽어는 SVO의 어순이다. 간략하게 제시하면 다음과 같다.

(1) 한국어: 주어+목적어+서술어
    예) 나는 너를 사랑한다.
(2) 중국어: 주어+서술어+목적어
    예) 我 愛 你. (나는 사랑한다 너를.)

---

25) Naver 국어사전에 따라 전치사 (前置詞): [명사] <언어> 명사나 대명사 앞에 놓여 다른 명사나 대명사와의 관계를 나타내는 품사. 영어의 'in', 'on' 따위가 있다.
26) Naver 국어사전에 따라 후치사 (後置詞)[후 : 치사]: [명사] <언어> 체언 따위의 실질 형태소를 포함하는 단어의 뒤에 놓여, 그 단어가 다른 단어와 맺는 관계를 표시하여 주는 말.

한국어는 "너를 나는 사랑한다."의 식으로 목적어가 문두에 위치할 수도 있다. 이처럼 한국어는 중국어에 비해 어순이 비교적 자유롭다. 반대로 중국어는 한국어에 비해 어순이 자유롭지 못하다. 중국어도 한국어처럼 목적어가 문두에 위치하는 경우가 있는데, 이는 의미상으로 화자와 청자가 모두 알고 있는 한정적인 대상이어야만 가능하다.

<표 1> 서술어(V)와 목적어(O)의 관련된 특징(Greenberg 1963:73-113)

OV LANGUAGE	VO LANGUAGE
수식어+중심어	중심어+수식어
목적어+동 사	동 사+목적어
부 사+동 사	동 사+부 사
분 사+조동사	조동사+분 사
형용사+명 사	명 사+형용사
관계절+명 사	명 사+관계절
소유격+명 사	명 사+소유격
명 사+후치사	전치사+명 사

위의 도표에서 보듯이 한국어는 OV 언어 특징에 따르는 것으로 한국어 기본어순의 특징은 다음과 같다.

가. 목적어+동사 → (동사 +목적어)
    예) 그는 식당에서 <u>밥을 먹었다</u>. → (他在食堂吃饭了。)
나. 부사+동사 → (동사 +부사)
    예) 그는 오늘 <u>늦게 일어난다</u>. → (他今天起晚了。)
다. 형용사+명사 → (형용사 + 명사)
    예) <u>귀여운 소녀</u> (관형사형+명사) → (<u>可爱的 少年。</u>)
라. 소유격+명사 → (소유격 +명사)
    예) <u>나의 컴퓨터</u> (체언+'의') → (<u>我的 电脑</u>)
마. 관계절+명사／(관형사+명사) → (관형사 + 명사)

예) 어제 우리가 만났던 소녀   → (昨天我们遇见的 少年)

바. 명사+후치사(조사)   → (전치사 + 명사)

예) 나는 연구실에서 공부한다.   → (我在研究室 学习。)

(가~바)의 한국어 기본 어순 특징을 보면 직접 목적어와 동사의 순서는 OV이고 부사는 수식하는 동사보다 앞에 출현한다. 형용사, 소유격, 관계절과 같은 관형어도 수식하는 명사보다 앞에 오게 된다. 한국어에서는 후치사도 가지고 있는데 이를 조사라고 한다. 조사는 주로 체언 뒤에 붙어서 다양한 문법적 관계를 나타내거나 특별한 의미를 첨가하는 관계사로 의존형태소이다.[27]

VO와 OV의 순서로 볼 때, 중국어와 한국어는 완전히 반대의 어순이라 할 수 있다. 그러나 SV와 VS의 순서로 볼 때에는 두 언어가 같은 유형에 속하는 언어이다. 뿐만 아니라 주어 즉, 기본 어순과 긴밀하게 관련된 주제면에서 한국어와 중국어는 많은 공통점을 갖고 있다. 이런 유사한 특징을 활용해서 초급 단계에 학습자들에게 어순 학습에 대한 부담감을 덜어줄 수 있다.

4.3.2. 어순의 역할

한국어 문장성분은 조사로 구별할 수 있다. 서술어를 제외한 문장성분은 다 각자의 표지형태를 가지고 있다. 예컨대 주어 뒤에 붙이는 '가/이'·'은/는' 등이 있고, 목적어 뒤에 붙이는 '를/을' 등이 있다. 한국어 어순을 언급할 때 일반적으로 주어는 문두에 있고 서술어는 문미에 있으며, 목적어나 용언을 수식하는 성분은 서술어 앞에 있고 체언을 수식하는 성분은 주어와 목적어 앞에 있다. 한국어 어순의 주요

---

27) 박덕유(2009:228)에서 조사는 형식형태소이면서 의존형태소이지만 단어로 취급한다고 했다.

특징은 '문말결정형(文末決定形)'이다. 즉, 한 문장의 마지막에 문장의 서술어가 나타나며 문장의 뜻을 알아낼 수 있다.

중국어는 한국어와 달리 문장 성분을 표시하는 방법이 다르다. 중국어에서 조사가 없기 때문에 어순의 역할이 더 크다. 일반적으로 주어는 서술어 앞에 있고, 목적어는 서술어 뒤에 있으며, 체언 수식어는 주어나 목적어 앞에 있으며, 용언 수식어는 서술어 앞이나 뒤에 있다. 예를 들면 다음과 같다.

① [아궁이의 안]에서 [또] 와르르라는 (낙엽의) 소리가 들려<온다>.
　　[窑洞里][又]响<起> (枯叶的) 稀萩声。

한국어는 조사가 있기 때문에 문장성분의 위치가 변해도 각 성분이 맡은 역할이 변하지 않고 문장 내의 문법관계도 변하지 않는다. 그러므로 한국어 어순이 중국어보다 좀더 자유로운 편이다. 예를 들면 다음과 같다.

② 저는 친구에게 전화를 한다. (我给朋友打电话。)
③ 이 일을 제가 하겠습니다. (这件事情,（由)我来做。)

예문 ②는 정상적인 어순 표현이다. 목적어 '전화를'이 서술어 '하다'의 앞에 있다. 예문 ③처럼 목적어 '일을'을 주어 앞으로 옮기면 정상적인 어순이 아니지만 목적어로 표시할 수 있는 조사 '를'이 있기 때문에 위치가 바뀌어도 목적어로서의 역할이 변하지 않는다.

중국어는 영어처럼 조사가 없기 때문에 한국어보다 중국어의 어순이 안정된 편이며 일반적인 상황에서도 자주 변하지 않는다. 이는 어순이 변하면 문장성분도 따라서 변할 것이기 때문이다.

4.3.3. 어순의 변화

한국어와 중국어의 문장은 모두 정상적인 어순을 가지고 있다. 한국어의 기본 어순은 SOV 유형의 특징이 있지만 경우에 따라서 문장 성분들이 문장 안에서 비교적 자유롭게 배열될 수 있다. 그러므로 기본 어순이란 절대적으로 고정된 문장 성분들의 순서가 아닌 상대적인 어순을 말한다. 실제 생활에서 가끔 강조하는 부분을 먼저 말한 다음에 다른 부분을 말하는 경우가 생길 때 어순이 변할 수 있다. 이런 현상을 도치라고 부른다. 이론적으로 보면 문장성분의 위치가 다 옮길 수 있지만 실제로 그렇지 않다. 그리고 한국어보다 중국어에서 문장 성분의 도치현상이 적은 편이다.

한국어와 중국어에서 위치가 바꿀 수 있는 문장성분은 주로 주어, 서술어, 목적어, 부사어 등이 있다.

1) 주어 후치와 서술어 전치

정상 어순으로 보면 한국어와 중국어에서 주어는 다 서술어 앞에 온다. 표현 형식에 따라 어떤 경우에는 한국어와 중국어에서 주어가 서술어 뒤로 옮길 수 있다. 주어의 위치가 변한다면 따라서 서술어의 위치도 당연히 변할 것이다. 즉, 주어가 후치되면 서술어가 전치되는 것이다. 서술어를 강조하기 위해 일반적으로 문장이 길지 않고 말투가 강한 편이며 감정이 강력해서 구어에서 나타나는 경우가 많다. 예를 들면 다음과 같다.

먼저 한국어에 관한 예문이다.

① 누굽니까, 당신은?　　　　　(你是谁啊？)
② 뭐야, 저 울음소리!　　　　　(是什么呀，那个叫声？)
③ 당신뿐이야, 나의 친구는.　　(只有你，才是我的朋友啊！)

④ 싫어요, <u>저 사람들과 같이 가는 건</u>. (我可不愿意<u>跟他们一块去</u>。)
⑤ 아직 돌아오지 않아요, <u>저 아이가</u>. (还没回来呢, <u>那孩子</u>。)
⑥ 참네, <u>너는</u>!　　　　　　　　 (真是, <u>你呀</u>!)
⑦ 있어, 있어, <u>내 신발이</u>.　　　 (有啦, 有啦, <u>我的鞋</u>。)

다음은 중국어에 관한 예문이다.

① 没有了, <u>生活费</u>。　　　 (떨어졌어요, <u>생활비가</u>.)
② 真大, <u>那只船</u>。　　　　 (참 크네, 저 배는.)
③ 真凉爽啊, <u>北京的秋天</u>。 (참 시원하네, 베이징의 <u>가을이</u>.)

　위치가 바뀐 주어와 서술어 사이에 한국어나 중국어에서 일반적으로 마침표를 쓰지 않고 쉼표나 모점으로 대신 표시한다.

　2) 목적어의 위치 변화
　한국어에서는 조사 '를/을'이 있기 때문에 목적어의 위치가 바뀌더라도 문장에서 맡은 역할은 변하지 않는다. 문장 맨 앞으로 바꿀 수 있고 문장 맨 뒤로도 바꿀 수 있다. 그러나 중국어에서는 어순을 통해야만 목적어를 확인할 수 있다. 그러므로 일반적으로 목적어 위치가 변할 수 없고, 다만 직접 인용문으로 된 목적어를 문장 맨 앞으로 옮길 수 있다.

　(1) 직접목적어에 관한 예를 들면 다음과 같다.

　① 누가 버렸어, 그런 귀여운 강아지를?
　　(是谁扔掉的呢? 这样可爱的小狗.)　　　　(O)

② 기회를 그녀는 기다렸다.
(时机, 她等着。)　　　　　　(O)

예문 ①에서 목적어가 문장 맨 뒤로 가고, 예문 ②에서 목적어가 문장 맨 앞으로 온다.

(2) 간접목적어에 관한 예를 들면 다음과 같다.

나는 영수에게 꽃을 주었다. (我给英洙花儿了。)
→ 꽃을 나는 영수에게 주었다.　　　(O)
　(花儿被我给了英洙。)　　　　　　(O)
→ 영수에게 나는 꽃을 주었다.　　　(O)
　(英洙我花儿给了。)　　　　　　　(X)

3) 관형어의 위치 변화

한국어에서 관형어는 체언 앞에 놓이므로 체언을 수식한다. 단, 관형어로서의 수사는 후치(后置)하는 것이 자연스럽다. 예를 들면, '꽃 한 송이'(一朵花)에 대해 한국어에서 관형어의 위치가 변하려면 관형어와 피수식하는 체언과 함께 위치를 바꿔야 한다. 즉, '한 송이 꽃'처럼 '꽃'과 '한 송이'의 위치가 바뀌어야 한다.

중국어에서 관형어는 피수식하는 체언 뒤에 오는 경우가 있다. 예를 들면 다음과 같다.

① 我还期待着新的东西到来, <u>无名的, 意外的</u>。
（저는 역시 <u>무명하고 의외의</u> 새로운 것의 도래를 기다리고 있다.）
② 他们应该有新的生活, <u>为我们所未经历过的</u>。
（그들은 <u>우리들이 아직 경험해 보지 않은</u> 새로운 생활을 지내야지.）

중국어에서 관형어의 위치가 변하는 것은 피수식하는 부분을 강조할 수 있다. 예문 ①에서 '无名的，意外的'(무명하고 의외의)라는 수식어를 도치시켜서 피수식어 '新的东西'(새로운 것)의 특징을 부각시켜서 더욱 인상적인 느낌이 주어진다. 예문 ②는 또한 관형어 '为我们所未经历过的'를 도치시켜 피수식어 '新的生活'(새로운 생활)이 어떤 것인지를 강조하였다.

4) 부사어의 위치 변화

한국어에는 중국어의 보어와 대응되는 문장 성분이 따로 없다. 중국어의 보어는 일종의 부사어라고 할 수 있다. 다만 일반적으로 부사어는 동사 앞에 오고 동사를 한정, 수식함에 반하여 중국어의 보어는 동사 뒤에 쓰이고 동사를 보충 설명하는 것이다.

한국어의 부사어 기능은 수식의 기능으로 다음과 같다.

(1) 용언과 문장 수식

날씨가 <u>매우</u> 춥다.   <u>설마</u> 거짓말이야 하겠느냐?

(2) 부수적인 기능

① 철수는 매우 부자다.   (명사를 수식)
② 영희는 겨우 하나를 먹었다.   (수사를 수식)
③ 아버지는 아주 새 차를 사셨다.   (관형사를 수식)

중국어의 부사 기능은 다음과 같다.

(1) 부사어-동사

중국어에서는 동사, 형용사, 부사, 개사+명사가 부사어가 될 수 있다. 부사어는 일반적으로 동사 앞에 나타난다. 일부 부사어는 동사 뒤에 위치할 수도 있다.

> ① 他昨天喝酒了。 (그는 어제 술을 마셨다.)
> ② 他正在认真地学习。 (그는 열심히 공부하고 있다.)
> ③ a. 他出生在中国。 b. 他在中国出生。 (그는 중국에서 태어났다.)
> ④ a. 他坐在沙发上看小说。 b. 他在沙发上坐着看小说。
> (그는 소파에 앉아서 소설책을 본다.)

예문(①, ②)은 부사어가 동사 앞에 위치하는 일반적인 경우이다. 예문(③, ④)에서처럼 '出生', '坐' 등 주어에만 동작이 미치는 동사가 나타날 때에는 부사어가 동사 앞이나 뒤에 모두 놓일 수 있다.

(2) 부사어-관형어

중국어 문장에서 부사어와 관형어가 같이 쓰일 때 부사어는 관형어 앞에 놓인다.

> 最那边 (제일 저 쪽에)

(3) 목적어-부사어

중국어 어순은 SVO유형으로 부사어가 동사와 목적어 앞에 오는 것이 일반적이다.

> ① 시간부사: 周末我和朋友看电影了。
> (나는 주말에 친구랑 영화를 봤다)

② 장소부사: 我在学校食堂吃饭。(나는 학교 식당에서 밥을 먹는다.)
③ 빈도부사: 哲秀偶尔喝酒. 　　(철수는 가끔 술을 마신다.)

다만 정도부사어로 사용된 형용사는 일반적으로 동사와 목적어 앞에 위치하지만, '得'과 함께 쓰이는 경우에는 정도부사어가 목적어 뒤에 놓인다.

哲秀打篮球打得很好。 　　(철수는 농구를 잘 한다.)

그리고 사동의 '把'자가 쓰일 때 중국어 어순은 SOV유형으로 나타난다. 이 경우에서는 부사어가 목적어와 동사 뒤로 간다.

① 孩子们把手洗干净了。 　　(아이들은 손을 깨끗하게 씻었다.)
② 我把书放到书桌上了。 　　(나는 책을 책상에 놓았다.)

한국어와 중국어의 부사어는 모두 위치가 변할 수 있다. 즉, 부사어가 주어 앞이나 서술어 뒤로 위치를 바꿀 수 있다. 전반적으로 말하자면 전치하는 경우가 더 많다. 이런 점에서 한국어와 중국어는 비슷한 점이 많다. 그리고 한국어에는 조사가 있기 때문에 위치가 변하기가 수월한 편이다. 중국어에는 이런 현상이 보다 적은 편이다. 예를 들면 다음과 같다.

① 1층으로 올라가요, 빨리. 　　(立即上二楼。)
② 어두운 밤에 바람이 부르고 있다.(昏暗的夜晚, 风再刮着。)
③ 我的松鼠, 是常再眼前游行的, 或桌上, 或地上。
　　(나의 다람쥐는 자주 눈 앞에, 책상이니 땅이니, 왔다갔다 해요.)
④ 不知不觉地, 我已经漫步在街上。
　　(나도 모르게 이미 거리에 걷고 있다.)

5 한국어의 어순 교육 방안

5.1. 어순 교육의 원리

박성숙(2010)에서는 보다 효과적인 어순 교육을 위하여 형태와 의미 모두를 중시하는 형태초점 교수법 측면에서 고찰하였으며, 심방(2011)에서는 외국인 한국어 학습자들을 위한 어순 교육 원리를 제시하였다. 또한, 왕함(2012)에서도 한국어 어순 교육의 기본 원리에 대해 언급하였다. 한편, Krashen(1981)은 보다 성공적인 외국어 학습은 자연스런 의사소통방식의 습득과정으로 진행되어야 한다고 주장했다. 가령 외국어를 학습하는 최종 목표는 원어민처럼 원활하게 목표언어를 사용하는 것이라면 한국어를 학습할 때 한국어식 어순으로 생각하며 이해하고 발화한다면 한국어 학습의 효율성이 더욱 증대될 것이다.

중국인 학습자들이 한국어를 배울 때 모국어를 한국어식 어순으로 먼저 생각하는 과정을 거칠 것이다. 그러므로 한국어식의 어순 학습으로 모국어의 간섭으로 인한 어려움들을 어느 정도 없앨 수 있을 것이다. 4장에서 한·중 어순에 대한 대조 분석을 통해 한국어이든 중국어이든 어순이 상대적인 존재라는 것을 알 수 있다. 특히 중국어 어순에 대한 통시적인 연구를 보면 실제 중국어의 어순은 'SVO'와 'SOV'의 과도 상태에 처해 있다고 해도 과언이 아니다. 중국인 학습자들이 한국어를 배우는 초기에 모국어 어순과의 상이점을 느낄 것인데 인간의 패턴 찾기 능력에 의해 학습자가 두 언어의 유사한 부분을 찾아서 한국어에 접근하는 것이 더 현명한 방법이다. 따라서 한국어 기본 어순에 대한 지식을 학습한 다음에 도치법으로 인해 변화가 생기는 한국어 문장을 중국어 문장과 비교하면서 문장 구성성분의 유사한 배열을 도출해서 이해하고 연습활동을 하는 것이 오히려 수월할 수 있다. 즉, 상이한 부분을 찾는 것보다 서로 상이한 부분을 언어 자체 체계에서 변환시켜 같은 패턴으로 변형시키는 방법이다. 그리고 반복적인 연습 활동을 통해 학습자들이 이러한 학습 과정을 익히면 한국어식 사고방식을 형성할 수 있다는 생각을 해 본다. 이에 어순 교육 원리를 제시하면 다음과 같다.

① 한국어 어순에 대한 명시적인 교수가 필요하다.
② 가장 쉬운 어순, 즉 기본 어순부터 시작해서 복합적인 어순을 가르친다.
③ 학습자가 사용하는 모국어와 한국어를 대조하면서 교육하거나 학습할 필요가 있다.
④ 한국어 어순을 교육하는 것은 다른 학습 활동과 병행한다.
⑤ 언어의 네 가지 능력을 향상시키기 위해 많은 다양한 과제 수행 활동이 필요하다.
⑥ 학습자의 능동적인 학습태도를 유도해야 한다.

5.2. 어순 교육의 방법

장미라(2008)는 학습 단계별 어순교육 내용을 제시하였다. 그는 초급 단계에서 한국어 기본구조의 어순, 주어와 목적어의 중복 구조의 어순을 제시하고, 수식 구조의 어순에 따라 관형어, 관형절, 부사어의 수식을 교수할 수 있다고 하였다. 이에 따른 초급 단계의 교육 내용은 다음과 같다.

<표 2> 장미라(2008)의 초급 단계 한국어 어순 교육 내용

기본 구조	[주어+[(목적어)+[서술어]]]
수식 구조	[관형어+{주어/목적어}], [부사어+서술어]
중복 구조	[{주어/목적어}+{주어/목적어}]

왕함(2012)에서는 실제 교육 현장에서 적용할 수 있는 한국어 어순 교육의 방법으로 다음과 같이 나열하였다.

① 한국어의 기본어순을 중심으로 반복하여 학습한다.
② 문장성분을 하나씩 추가하여 단계적으로 어순을 교육한다.
③ 문장 외우기를 통해 어순을 교육한다.

4장에서 제시한 한·중 어순 대조 내용을 기저로 삼아 본고에서 주장하는 어순 교육 방법은 다음과 같다.

우선, 한국어를 배우는 학습들이 대부분 성인 학습자이기 때문에 명시적으로 한국어 문장 성분과 중국어 문장 성분을 대조하는 방식으로 제시하는 것이 더 효율적이다. 또한 중국 현지에서 한국어 수업을 진행하는 가설을 세워 보면 문법용어에 대해서도 학습자들이 혼동하지 않도록 중국어를 기준으로 삼아 설명하는 것이 훨씬 더 수월하게 받아들일 수 있다. 초급 단계에서 쉬운 문장으로부터 시작해서 말하기나 쓰기 등 연습 활동을 통해 한국어 어순에 대한 친근감을 키워나가야 한다. 이런 경우에 기본 어순에 대한 지식이 필요하되 한국어나 중국어 어순을 도치한 후에 비슷한 점을 이용해서 연습하는 것이 좋을 것이다.

예를 들면, 기본 문형인 "나는 너를 사랑한다."라는 문장의 성분 위치가 바뀌면 ① 나는 사랑한다 너를. ② 너를 사랑한다 나는. ③ 사랑한다 나는 너를. 이렇게 세 가지로 나눌 수 있다. 이와 비슷한 경우에 중국어 "我爱你"는 또한 문장 성분을 바꾸면 다음과 같다. ① 我爱。你。(사랑합니까? – 사랑해요. 누구를? -너를.) ② 你爱我。(뜻이 달라짐) ③ 爱。我(对)你。(사랑한다. 나는 너를.) 이와 같이 한국어 어순은 상대적으로 자유로운 편이기 때문에 한국어 성분을 먼저 바꾼 다음에 중국어와 대응시키는 연습을 통해 어순 학습에 대한 두려움과 불편함을 해소시켜 나가야 한다.

둘째, 이러한 어순 대조 분석을 거친 다음에 복합적인 문장을 접하게 한다. 그리고 문장 성분을 분석할 수 있는 능력을 향상시켜야 한다. 고등학교를 졸업한 중국인 학습자라면 국어 시간에 문장 성분 식별하는 연습을 해 본 경험이 있을 것이다. 비슷한 방식으로 한국어 복문장의 성분을 찾아내는 연습을 시킨다. 그 과정에서 비문을 찾아내는 안목이 생길 것이며 자연스럽게 학습자들도 오류를 예방하는 능력이 생길 것이다.

셋째, 한국어 초보 학습자가 중급에 올라가면 어느 정도 목표언어의 사고방식을 받아들이기 시작하고 학습자만의 새로운 언어 체계가 형성될 것이다. 이러한 반복적이고 복잡한 융합 시기를 지나면 학습자들이 모국어와 목표언어 사이에 자유자재로 두 가지 언어를 바꿔 사용하는 능력이 생길 것이다. 이런 경우에 개개인의 언어능력과 표현 취향에 따라 다양한 문장 구성력도 생길 것이다. 학습자들의 학습 발전 가능성을 발굴하고 개인 소양을 키우는 데 한문을 활용한 어순 연습을 투입할 수 있다.

어순에 대한 교육은 언어를 배우는 과정에서 지속적으로 교육할 필요가 있다고 본다. 특히 초 · 중 · 고급이라는 단계적인 것을 떠나서 형태적인 측면과 화용적인 측면에서 어순에 대한 학습이 지속적으로 진행될 필요가 있다. 중국어 어순이 'SVO'와 'SOV'의 인접 상태에 속해 있다는 특징을 이용해서 보다 다양하고 깊이 있는 연습 활동을 할 수 있다. 즉, 중국 고대 문어문(文言文)을 예로 삼아 어순을 연습하는 것이다.

고대 중국어는 다음과 같은 '비정상' 어순이 종종 있었다.

① 大王来何操(OV)?(何操 - 操何) (대왕님은 무엇을 가지고 오셨습니까?)
② 古之人不余欺(OV)也。(余欺 - 欺余) (옛날 사람은 나를 속이지 않았다.)
③ 不然, 籍何以(NPro)至此?(何以 - 以何) (아니면 내가 어찌 이렇게 할 수 있나?)

그러므로 중국인 학습자 입장에서 중국 고대 문어문을 배울 때 생기는 어순 문제가 외국어로서의 한국어를 학습할 때 접하는 문제와 비슷한 경우다. 따라서 고대 중국어를 번역하는 연습을 통해 언어 실력이 더 탄탄해질 수 있다. 예를 들면 다음과 같다.

(1) 주어·술어 구문

鮮矣仁。(어진 사람이 드물다.)

예문 '鮮矣仁'의 정치는 '仁鮮矣'로 볼 수 있다. 내용은 '仁이 드물다'. 즉, '어진 사람이 드물다(드물 것이다)'이다. '鮮矣仁'의 직역은 '드물 것이다, 어진 사람이'로 볼 수 있겠다. 강조하기 위해 도치했다고 볼 수 있다. 이 구문은 '仁'자 뒤에 '者'가 생략된 것으로 봐야 한다. 도치와 생략이 없는 표현이라면 '仁者鮮矣'라고 해야 할 것이다.

(2) 술어·목적어 구문

己所不欲, 勿施于人(자기가 바라지 않는 바를 남에게 베풀지 말라).

이 예문은 '己所不欲'이 '施'의 목적어인데 앞으로 도치되었다.

(3) 전치사 구문

为政以礼(정치를 하되 예로써 하다).

예문 '为政以礼'도 '以礼为政'이 기본형이다. 이 구조의 형식은 빈번하게 사용되는 숙어의 구문이며, 정치와 도치 두 가지 형식이 모두 흔히 통용되고 있다.

(4) 부정문

莫我知也夫(나를 알아준 이가 없도다)

이 예문은 부정어와 대명사가 같이 쓰일 경우 일반적으로 동사와 목적어(대명사)가 도치된다. 위 예문의 경우, '莫我知'의 구조를 살펴보면 술어와 목적어가 도치되어 있다. 목적어는 대명가 '我'이다. 이처럼 부정하는 구문에 대명사가 목적어로 사용되면 술어 목적어를 도치한다.

(5) 의문문

吾谁欺, 欺天乎(내가 누구를 속일 것인가? 하늘을 속일 것인가?)

'谁欺'는 '谁'가 '欺'의 목적어로서 '欺谁'의 도치이다.

(6) 감탄문

　惜乎。吾读书本期十年，今七年矣(아쉽도다. 나는 공부를 본래 십년
하려고 했는데 지금 칠년만 하고 말게 되니.)

　의문문과 감탄문은 평서문을 기준으로 볼 때 도치의 구조이다. 주
·술관계나 목·술관계가 평서문과 어순이 다르다.
　또한, 반대로 한국에 있는 한시라는 장르를 이용해서 중국어와 비
교해서 한국어 어순을 익숙해지도록 훈련할 필요가 있다. 예를 들면
다음과 같다.

　　翩翩黃鳥(편편황조) 펄펄 나는 저 꾀꼬리
　　雌雄相依(자웅상의) 암수 서로 정답구나
　　念我之獨(염아지독) 외로워라 이내 몸은
　　谁其與歸(수기여귀) 뉘와 함께 돌아갈꼬.

　이와 같은 방법으로 한국어 어순에 대한 이해력을 향상시킬 수 있
으며 이에 따른 표현력을 향상시키는 데에도 도움이 될 것이다. 지금
까지 정치법과 도치법을 기준으로 삼아 한국어와 중국어 어순에 대해
대조 분석하였다. 또한 중국인 학습자를 위한 효율적인 어순 교육 방
법을 제시하였다. 다소 부족함이 있지만 앞으로 보다 체계적으로 연
구할 것이다.

6 결론

본고는 한국어 어순 교육의 필요성과 중국어 어순, 한국어 어순과 한국어교육에서 어순에 대한 연구사를 제시하였다. 그리고 정치법과 도치법의 기준으로 삼아 한국어와 중국어 어순에 대해 대조 분석하였다. 또한 이를 토대로 삼아 중국인 학습자를 위한 효율적인 어순 교육 방법을 제시하였다.

본고를 통해 중국인 학습자들은 한국어를 배우는 초급 단계에서 모국어와 가장 큰 차이를 보여준 어순에 대한 인식을 갖게 될 것이다. 따라서 초급부터 교사들이 한국어 어순에 대한 명확한 지식을 가르쳐야 한다. 하지만 한국어 어순이 상대적으로 자유로운 편이기 때문에 초·중급 학습자는 우선 모국어와 목표언어의 상이점에 대한 정확한 지식을 배울 뿐만 아니라 되도록 중국어와 비슷한 부분에 대해 대조·분석하는 방법으로 한국어 어순에 대해 먼저 숙지하고 적응하려는 학습 방법이 훨씬 더 효율적일 수 있다. 그러므로 언어 간의 대조뿐만 아니라 언어 내의 대조도 필요하다. 특히 통시적으로 보면 중국어와 한국어의 공통점을 발견될 것이다. 그러므로 본고에서 고전을 사용해서 한국어 어순 교육을 시도해 보는 방안을 제시했다. 한국과 중국의 고전 작품을 한국어 교육의 텍스트로 삼으면 언어 실력뿐만 아닌 문학 소양도 함께 향상시킬 수 있다. 특히 중국에서 진행되는 한국어 교육이라면 더욱 큰 의미를 가져다 줄 것이다.

언어는 사고를 반영하는 도구이다. 그러기 때문에 어순 교육은 흔히 말하는 초·중·고급에 그치는 작업이 아닌 그 이상의 단계에도 교수·학습해야 할 부분이라고 생각한다. 현재 중국에서 한국어를 배우려는 사람들이 증가하고 있다. 더욱이 취직하기 위한 목적으로 대학에서 전공으로 공부하는 사람들과 한국어를 더 깊이 연구하기 위해 대학원에 다니는 학생 수도 점차 많아지고 있는 추세이다. 이러한 현실적인 요구에 부응하려면 한국어 어순 교육 등 질적인 향상이 필요할 것이다.

참고문헌

국립국어원(2007), 『외국인을 위한 한국어문법1』, 커뮤니케이션북스.
국립국어원(2007), 『외국인을 위한 한국어문법2』, 커뮤니케이션북스.
김승열(1988), 『국어어순연구』, 한신문화사.
남궁양석(2008), 『현대 중국어 어순의 정보구조와 초점』, 한국학술정보
이건화(2004), "한·영·독·스페인어 명사구의 어순 비교 연구", 『언어연구』 제41권 제3호.
이주행(1992), 『현대국어문법론』, 대한교과서주식회사.
이건환(2004), "한·영·독·스페인어 명사구의 어순 비교 연구", 『언어과학연구』 28.
이소영(1993), "국어 성분의 어순 연구", 『원우론총』 제11집, 223-241, 숙명여자대학교 대학원.
이익섭(1973), "국어 수량사의 통사기능에 대하여, 『어학연구』 9-1, 46-63, 서울대어학연구소.
이익섭 외(2003), 『한국의 언어』, 신구문화사.
임홍빈(1972), "국어의 주제화 연구", 『국어연구』 28, 서울대국어연구회.
임홍빈(1998), "통사적 파생에 대하여", 『국어문법의 심층2』, 태학사.
임홍빈(1999), "국어 명사구와 조사구의 통사 구조에 대하여", 『冠语文研究』 Vol.24 No.1, 서울대학교 국어국문학과.
유재윤(2004), "어순도치의 수사기법 고구", 『한자한문교육』 13집.
성기철(1992), "국어 어순 연구", 『한글』 12, 한글학회.
송경안·이기갑 외(2008), 『언어유형론1』, 도서출판 월인.
손금추(2011), "한·중 어순에 대한 유형론적 연구- 명사구, 합성명사, 부치사구를 중심으로", 경희대학교 박사학위논문.

송경안(1995),『독일어의 새로운 이해』, 서울: 한마당.

성기철(1992), "국어 어순 연구",『한글』12, 한글학회.

심 방(2011), "중국인 학습자를 위한 한국어 어순 교육 방안에 대한 고찰-중급 학습자를 대상으로", 경희대학교 석사학위 논문.

채 완(1982), "국어수량사구의 통시적 고찰",『진단학보』, 진단학회.

채 완(1985), "병렬의 어순과 사고방식",『국어학』, 국어학회.

채 완(1986),『국어 어순의 연구-반복 및 병렬을 중심으로』, 탑출판사.

최규일(2002), "한국어와 독일어의 말 순서 비교 연구", 한국언어학회 2002년 겨울 학술대회, 제주대학교.

박성숙(2010), "외국인을 위한 한국어 어순 교육 방안", 경희대학교 석사학위논문.

박호관(1998), "현대 국어 명사구의 유형과 특성",『우리말글』Vol.16.

변광수(2001), "동아시아, 동남아시아 언어들의 유형론적 특성에 관한 고찰",『언어와 언어학』Vol26, 한국외국어대학교 언어 연구소.

Chomsky, N.(1965), Aspect of the Theory of Syntax, Cambridge, M.I.T Press.

GreenBerg, Joseph H(1963/1966). "Some Universals of Grammar with Particular Reference to the Order of Meaningful Elements", Universals of Language. The MIT Press, Cambridge/Massachusetts.

齐沪扬(2007),『现代汉语』, 商务印出版社.

杨德峰(2004),『汉语的结构和句子研究』, 教育科学出版社.

姜吉云(2002),『通时国文法精说 下卷』, 한국문화사.

戴浩一(1994),「以认知为基础的汉语功能语法邹议」,『功能主义与汉语
　　　语法』, 北京语言学院出版社。

黎锦熙(1933),『新著国语文法』, 商务印出版社。

刘丹青(2003),『语顺类型学与介词理论』, 商务印出版社。

刘丹青(2008),『语法调查研究手册』, 上海教育出版社。

朱德熙(1982),『语法讲义』, 北京大学出版社。

찾아보기

저자 **박덕유** 인하대학교 국어교육과 교수
    김은혜 인하대학교 국어교육과 강사
    허유라 인하대학교 교육대학원 강사
    왕 정 청도농업대학교 한국어과 교수
    이혜경 인하대학교 언어교육원 강사
    이옥화 인하대학교 언어교육원 강사
    이 가 인하대학교 한국어교육전공 박사과정 수료
    김수진 인하대학교 국어교육전공 박사과정
    텟텟윗아웅 인하대학교 한국어교육전공 석사 졸업

한국어 학습자를 위한 문법교육 연구

초판인쇄 2012년 08월 20일
초판발행 2012년 08월 30일

저 자 박덕유 외
발 행 인 윤석현
발 행 처 도서출판 박문사
책임편집 이신
마 케 팅 권석동
등록번호 제2009-11호

우편주소 서울시 도봉구 창동 624－1 북한산현대홈시티 102－1206
대표전화 (02)992-3253
전 송 (02)991-1285
전자우편 bakmunsa@daum.net
홈페이지 http://www.jncbms.co.kr

ISBN 978-89-94024-97-4 93710   정가 14,000원